■ 酒店管理与烹饪专业规划教材

旅游服务形体训练

洪丽敏 等编著

ZHEJIANG UNIVERSITY PRESS
浙江大学出版社

内容提要

本书共六章,全面总结了编者十多年来形体训练与教学的实践经验。在系统阐述旅游服务形体训练概况及解剖学依据的基础上,分别讲述了形体热身训练、旅游服务形体基本素质训练,侧重讲解旅游服务形体姿态训练和健身房训练要点及方法,并简要介绍了形体舞蹈知识。本书充分反映了旅游服务行业的特色,凸显必备的职业姿态。教材图文并茂,练习设计精当,动作简单、连贯,易学易懂,具有较好的可读性和可操作性。

本书可供旅游服务专业学生使用,也可作为其他服务行业的形体培训教材,同时也是形体训练爱好者自我训练的良好伙伴。

图书在版编目 (CIP) 数据

旅游服务形体训练 / 洪丽敏等编著. —杭州:浙江大学出版社,2008.7 (2018.8 重印)
21 世纪旅游管理学精品教材
ISBN 978-7-308-05940-4

Ⅰ.旅... Ⅱ.洪... Ⅲ.旅游服务－工作人员－形态训练－高等学校－教材 Ⅳ.G831.3

中国版本图书馆 CIP 数据核字(2008)第 064271 号

旅游服务形体训练

洪丽敏 等编著

责任编辑	王元新	
封面设计	刘依群	
出版发行	浙江大学出版社	
	(杭州市天目山路 148 号 邮政编码 310007)	
	(网址:http://www.zjupress.com)	
排　版	浙江时代出版服务有限公司	
印　刷	浙江良渚印刷厂	
开　本	787mm×960mm　1/16	
印　张	17.5	
字　数	333 千字	
版 印 次	2008 年 7 月第 1 版　2018 年 8 月第 9 次印刷	
书　号	ISBN 978-7-308-05940-4	
定　价	39.00 元	

前　言

随着现代科学技术的飞速发展和人民生活水平的日益提高,人们的健康意识不断得到强化,越来越多的人开始追求高质量的健康生活方式。健身和健美活动日趋普及,形体健身更是越来越受到大众的青睐。从社会对个人综合素质的要求来看,无论你从事何种职业,要想在激烈的竞争中立足,得到同行以及周围人的重视,除了具备一定的专业知识和技能外,同时还需拥有健康健美的形体、高雅的气质和良好的身体素质。形体训练正是达到这一目标的有效途径。它在人体解剖学、运动心理学、运动训练学、运动生理学、人体艺术造型学、美学等科学理论指导下,以身体练习为基本手段,匀称和谐地塑造体形,增强体质。经常性的进行形体训练,可使身心得到全面发展,有利于培养健美的体态和高雅的气质,促进人体形态更趋完美,富有魅力。

近年来,旅游业进一步发展,旅游服务高端人才需求量不断加大,对旅游从业人员的要求不断提高,其中拥有正确的身体姿态、优雅端庄的行为举止和气质,更是旅游从业人员不可或缺的基本素质。如何通过形体训练,增强旅游从业人员体质,提高其对美的丰富想象力和创造力,已成为当前一项迫切任务和重大课题。本教材正是立足于旅游服务形体训练这一课题,从实际出发,坚持理论性与实践性相统一的理念,遵循传统与现代、继承与发展对等均衡的原则,充分反映了旅游服务行业的特色。教材图文并茂,练习设计精当,凸显必备的职业姿态,可供旅游服务专业学生使用,也可作为其他服务行业的形体培训教材,更可为形体训练爱好者自我训练提供有益借鉴。

本教材由浙江旅游职业学院专业形体教师编著,参编人员均有丰富的形体训练与教学实践经验,都是浙江省级精品课程——《形体训练》课程的主讲教师。教材由洪丽敏任主编,赵红勤任副主编,具体编写分工如下:第一、二章由赵红勤编写,第三章由陈丽梅编写,第四章由洪丽敏编写,第五、六章由张大治编写,图像由沈功斌拍摄,平面模特由王誉菲、蒋丹琳担任,全书由洪丽敏统稿。在教材编写过程中,得到了浙江旅游职业学院领导和老师的大力支持和帮助,尤其是戴桂宝和张永波老师,为本书编著倾注了大量心血,在此一并致谢!

由于编者水平有限,不妥之处敬请广大读者批评指正。

编　者

2008 年元月

目　录

绪　论

本章着重介绍形体练习的内容、特点,形体练习应遵循的原则以及对形体美的评价标准。通过对本章的学习,可使学生对形体练习的基本知识有一个初步的了解。

学习目标

通过本章的学习,使学生了解和掌握形体练习的基础理论知识及形体练习的重要性,从而在形体训练中能持之以恒,并在学习和日常生活中去发现、鉴赏和创造美,提高审美能力。

形体训练是构成动作语汇最基本的单位,是通向艺术教育的必经之路。形体训练的主要特征是以人体生理科学原理、美学原理为指导,以身体练习为主要手段,以发展专项素质为基础,以塑造健康优美的形象为核心,以提高形体的控制力与表现力为重点,以培养学生的良好个性与高雅气质为目的。本书主要针对从事旅游服务的学生,通过旅游服务的基本素质训练、技能技巧训练、健美协调训练和仪态训练,使学生具备现代人的健美外形和优雅的举止风范。由于旅游接待和服务这一职业的特殊性,使得服务人员的一言一行、一举一动都在众人的关注之下,良好的仪容会产生积极的效果。如果宾客接触到的服务人员都是仪表堂堂,彬彬有礼,精神焕发,富有朝气,充满活力,那么就可以先声夺人,对个人、企业能起到积极的宣传作用,给宾客留下良好的第一印象。因此,对旅游从业人员进行形体训练就显得尤为重要。

第一节　旅游服务形体训练概述

一、旅游服务形体训练简介

(一)形体和形体训练的概念

形体是指一个人的体形和姿态。体形就是我们身体的外形,而姿态则是我们平时一举一动所表现出来的行为习惯,它在很大程度上受后天因素的影响。因此通过形体训练,可以改变和纠正我们不正确的身体姿态,从而提高对正确姿态美的控制能力,使我们的体形向匀称、和谐、挺拔、健美的方向发展,形成一种具有高尚、优雅、洒脱而优美的气质和风度。旅游服务人员的工作特点是直接面对宾客,身体的姿态就显得格外重要。

形体训练是以人体科学理论为基础,通过各种训练手段来改善形体的原始状态,提高人体良好形态的控制能力和表现能力的基本素质训练。

人的素质就是构成人身体和心理的主要因素、基本成分、结构和功能,也就是人的身心发展的基本质量。人的身体素质主要指骨骼、肌肉、神经系统的基本因素、结构和功能。人的心理素质是指一般心理过程和个性心理倾向、特征。

形体训练的过程也是综合能力培养的过程。教育的核心是培养学生的创新思维和发展个性。而形体训练是具有这一核心所需要的可贵的环境和发展土壤。因此,形体训练不仅仅是身体素质的训练,也是精神文明教育和美育教育,它在全面调理身体形态的同时可提高学生的综合能力。

(二)旅游形体训练的目的和任务

1. 形体训练的目的

根据旅游专业高职生的培养目标和旅游服务业对员工的要求,学校形体训练的目的是:培养和塑造学生优美的形体和仪态,使其具有鉴赏、表现形体美的能力,逐步养成良好的职业素养,为今后从事旅游服务工作奠定扎实的形体实践基础和理论知识基础。

2.形体训练的基本任务

为了达到形体训练的目的,必须完成下列基本任务:

(1)全面训练和培养学生素质,塑造优美形体。高职生正处于青春期,这一时期不仅是身体生长发育的重要阶段,而且还是塑造优美形体的极佳时期。学生身体尚未定型,身体各部位可塑性大,教学要有针对性,不可带有片面性,安排内容要注意搭配,使学生身体形态结构得到匀称、协调的发展。

(2)根据学生的生理、心理特点,合理安排训练量和密度。了解学生生理和心理特点,是形体训练的一个重要环节。训练的量和密度,应根据不同年龄、性别和不同年级的学生所具有的生理和心理特点,有计划、有目的地安排。

(3)使学生掌握形体训练的基本知识,学会科学健美形体的方法,养成终身锻炼身体的习惯。

(4)对学生进行美育教育。形体训练要以自己丰富的内容和独特的形式,培养和提高学生的审美观。通过形体训练教学,不仅可以使学生练出一副健美的体魄,而且可以使他们懂得什么是美,如何发展自然美,如何提高心灵美,从而提高对美的感受、鉴赏、表现和创造能力。

(5)形体训练应根据自己的特点,把思想教育渗透到训练的每个环节中去,培养学生良好的职业道德观。

(三)形体训练的特点

形体训练与其他体育项目相比,具有不同的特点。只有了解这些特点,才能更充分地发挥形体练习的作用,有目的、有针对性地选择练习方法,达到有效锻炼身体的目的。

(1)适合不同水平的练习者

形体练习的内容依据学生的生理、心理特点创编,考虑到练习者不同年龄的需求,依据动作的形成规律,教师和练习者可自行选择适宜的练习方法。

(2)有效地锻炼人体各个部位

形体练习在内容上注意采用整体练习与局部练习相结合的方法,为全面并有重点地锻炼、"雕琢"人体提供了条件,既可以使肌肉的控制能力增强,又能培养正确的感知觉、锻炼身体的某部位或发展某项素质;在锻炼形体美的同时,进一步提高身体的健康水平。

(3)符合现代人追求美的愿望

爱美是人的天性。当今时代,人们对精神生活的追求有了更高的要求,不仅要求身体更健康,还要求更健美。形体练习就是把"美"的意蕴有意识地注入到练习中去,通过各种练习手段和方法,提高动作的表现力和肌肉的协调性、灵活性,从而获得健美的体态、健康的体魄,使之更符合现代人追求美的愿望。

(4)具有一定的艺术性要求

形体练习的动作内容符合人体的生理和心理特点,各类动作不仅要求准确、协调、幅度大、节奏感强、姿态优美,并要求在音乐的伴奏下进行练习,充分体现美的韵律、美的感觉,在完成练习的过程中充分体现动态美和静态美的艺术性要求。

(5)可以培养人的内在气质

形练训练不单在于塑造优美的体态,还在于通过训练将开朗、豁达、真诚、进取等精神灌输到人的心灵中,使人的动作和姿态富有美的韵味,从而真正展示出人的文化素质。一般来讲,学生通过科学、系统的形体练习,除了能使身材匀称外,还表现在举止得体上,坐、立、行落落大方,能够充分展示出蓬勃向上的青春活力。通过形体练习获得形体美,能够反映一个人的精神面貌与气质,是展现人内在美的一个窗口。

(四)旅游形体训练的内容

(1)形体的热身训练:包括头、肩、臂、腰、腿等部位。
(2)形体的基本素质练习:把杆练习、胸背力量、腰腹力量、手臂力量和柔韧等练习。
(3)个人仪态行为训练:包括站、坐、走姿等训练以及日常社交礼仪训练。
(4)健美操和形体舞蹈练习。

(五)旅游形体训练的原则

高职学生正处于身体的生长发育关键阶段,尚未定型,可塑造性很大,是形成良好体态、增进形体健美的关键时期,因此应抓住这一时机,并遵循如下练习原则,长期、系统、科学地进行形体练习。

(1)目的性原则

形体练习的积极性主要来自于明确的目的和端正的动机。因此,首先要对学生进行经常性的思想教育,使他们把形体练习同提高民族素质、职业素养、促进身体健康联系起来。这样有助于学生产生积极的情绪,自觉地克服练习过程中遇到的各种困难。同时,积极情绪的产生,又会对人体生理产生良好的影响。据有关资料表明,良好的情绪状态,体内可分泌出一些有益的激素,这些物质能将血液的流量、神经细胞的兴奋调节到最佳状态,并会增加一种有利于提高身体活动能力的化学物质,感知觉会异常敏锐,可取得更好的练习效果。其次,在形体练习的每一阶段,要力求达到预期的目的。形体练习是一项长期的任务,短期内不容易产生明显的变化,因此每个练习阶段都应有明确的目的要求,这些要求应成为练习者预期达到的目的。例如腿的柔韧练习应以纵、横劈腿为目的,腰部柔韧应以下腰为目的,每个练习组合应以掌握动作为目的,从而使练习者对内容产生兴趣,兴趣本身又会促使练习者积极主动的练习,通过课上课下的结合,以及体力、脑力的结合,必然会对肌体产生良好的效果,并随之在体形、气质上有所变化。这样练习者会感到有所收获,对调动和巩固练习的积极性有着重要的作用。

(2)从实际出发原则

从实际出发原则是根据练习者的不同年级、不同性别、不同身体基础、不同的练习水平,制定出相应的练习方案,选择出相应的练习内容,使练习者在参与练习的过程中,既能对身体各部位产生有效的刺激,又不至于产生畏难情绪或是引起过度疲劳。例如,对身体素质较差的学生,先选择难度稍低的练习组合,以基本素质、全面锻炼为主;对有一定基础、身体素质较好的学生,应选择中高难度的动作组合,以局部的练习为主,着重雕琢身体的各部位,并将扶把、离把练习交叉进行。此外,练习内容的安排应把握在让学生"跳起来才能摘到苹果的水平上"。同时又要将一般要求与区别对待相结合,对同一水平的人共同点提出一般要求,而对每个人的不同点加以区别对待,例如练习的时间、次数、动作感觉等。

(3)坚持经常性原则

学生进行形体练习,必须持之以恒、坚持不懈,使形体练习中各种有效的方法对人体各部分产生持久的影响,并逐渐形成一种"习惯",使举手投足间都能体现出一种"行为美"。学生进行形体训练,应有足够的时间保障,有条件的学校每周至少开设两次形体教学课,保证学生在校期间有足够的时间接受全面系统的锻炼。这不仅有助于学生正确理解形体姿态的规范要求,掌握形体练习的方法手段,进一步提高练习效果,对培养学生"终身体育"的思想有着极其重要的意义。

(4)循序渐进原则

形体练习的教学过程,必须遵循由易到难、由简到繁,逐步提高教学难度和要求的原则。在内容方法和运动负荷的安排上做到合理有序,应反映形体练习教学过程的客观规律。具体地讲,就是每节教学课的内容要合理安排,要遵循系统的练习程序;课的开始要先进行热身活动,然后再进行所要练习的内容,这样可以使练习者以最佳的状态进入练习,增强接受能力,提高练习效果,同时又能防止伤害事故的出现;课的结束部分要以放松整理活动或以游戏形式为主,使练习者尽快消除疲劳并产生快乐的情绪。对于基础素质较差的学生,应重视基础练习的内容,如在基本素质练习中,多采用简单动作,在扶把或离把练习中,多采用单一动作,要把感知觉练习部分作为重点内容。随着身体素质以及动作感觉的不断提高,逐步提出新的要求,逐步向高一级的动作过渡。

(5)全面性原则

形体练习应全面发展身体的各个部位、各种身体素质和基本活动能力,认真细致的"雕琢"人体的每一部分。在校学生正处于生长发育阶段,形体练习要力求全面影响人体,在各个不同阶段又要突出重点,并兼顾其他方面。同时,要把身体形态练习与内在气质的培养结合起来,使学生通过形体练习产生正确的审美意识,既使形体得到良好的发展,又拥有高雅脱俗的气质,在美好的艺术环境中得到健康成长。

(六)旅游形体训练的作用

(1)改善形体,培养优美体态

体形主要是指全身各部分的比例是否匀称和谐,体态主要是指整个身体及各主要部分的姿态是否端庄优美。俗话说:"站如松,坐如钟。"如果长时间不注意体态端正,就可能影响某些骨骼的正常生长发育,如脊柱弯曲、驼背等。因此,通过形体训练,可以对身体比例的均衡产生积极的影响,特别是能增加胸背肌肉的体积,消除腰腹部沉积的多余脂肪,改善不良的身体状态,使练习者身体匀称和谐,塑造高雅优美的气质,给人以朝气蓬勃、健康向上的感觉。

(2)增强体质,增进健康

经常进行形体训练,对身体许多器官、系统会产生良好的影响。长期进行形体锻炼可以使心肌增厚,心搏有力,心腔容量增大,心输出量增加,血管弹性增强,从而提高心脏的功能,提高全身供氧能力。

形体锻炼对呼吸系统的机能也有良好的影响。它能提高呼吸深度,增加每次呼吸时的气体交换量,这既有利于呼吸肌的休息,又可提高呼吸系统的功能储备,从而保证在激烈运动时满足气体交换的需要。

形体锻炼还能提高消化系统的机能。因为肌肉活动可消耗大量能量,加之形体锻炼的腰部及髋部全方位活动较多,刺激了肠胃蠕动,可增强消化机能,有助于营养物质的吸收和利用,从而提高对疾病的抵抗能力。

经常进行形体锻炼,还可以提高关节灵活性,增强肌肉的弹性。形体练习内容丰富,动作变化多样。各类动作的编排都是严格按照人体的解剖部位,有目的地使身体达到匀称、协调、健美的效果。形体练习的动作自然、协调、富有节奏感,能促进身体各部分肌肉得到均衡发展,同时能提高各肌肉群的力量、柔软、协调、耐力和反应能力,从而不断地增强体质。

(3)放松精神,陶冶美的情操

形体锻炼除了具有"健美"、"健身"功能外,还具有"健心"的特点。紧张的体力或脑力劳动以后,机体必然产生疲劳的感觉。现代生活的紧张节奏,会使人产生压抑感或其他一些不良的情绪。而形体练习是与音乐、舞蹈、造型美相结合的一项综合性的运动。在音乐的伴奏下,优美的旋律、跳跃的节奏,令练习者全身心得到放松;那富有激情、感染力的各种动作,让练习者进入无限美好的情境之中,抛掉一切烦恼和疲劳。通过形体练习可以陶冶美的情操,提高美的鉴赏力,把形体美、姿态美、精神美完美地结合在一起,使人容光焕发,身心得到健康和谐地发展。

第二节 旅游服务与形体训练的关系

旅游是现代社会人类重要的生活方式和社会经济活动之一。中国有着丰富的自然旅游资源和灿烂的历史文化。随着改革开放和社会主义市场经济的蓬勃发展,我国的旅游业已经成为颇具生机的朝阳产业。20世纪90年代后,旅游业已经成为我国国民经济新的增长点。据专家预测,到2020年中国将成为世界第一旅游大国。中国素有"礼仪之邦"的美誉,旅游业作为礼宾服务的"窗口"行业,对其从业人员的礼貌礼仪、仪表仪容提出了更高的要求。面对来自不同国家、不同地区、不同文化背景的宾客,提供高质量的旅游接待服务,不仅是旅游业发展的需要,也是树立中国良好形象的重要举措。旅游业是涉外工作的重要窗口之一,旅游服务人员的仪表风度、仪态举止、工作质量和服务态度,不仅是个人文化素质的体现,而且在一定角度上反映了时代的特点和一个国家、一个民族的精神风貌。

一、旅游服务人员仪态要求的特殊性

由于旅游服务人员工作的性质主要是面对宾客,因此必须时时刻刻在宾客面前表现出良好的精神面貌和优雅的气质特征,使宾客产生愉悦感、欣赏感和尊重感,这一特殊的服务性质决定了旅游服务人员无论在工作岗位还是社交场合,仪态美都显得十分重要。

一般来说,仪态包括一个人举止的姿态与风度两方面,姿态是指一个人身体显现出来的样子,如站立、行走、弓身、就座、眼神、手势、面部表情等。而风度则是一个人内在气质的外在表现。人的内在气质包含许多内容。如道德品质、学识修养、社会阅历、专业素质与才干、个人的情趣与爱好、专长等。它主要是通过人的言谈举止、动作表情及服饰装扮等方面体现出来的。

仪态属于人的行为美学范畴。它既依赖于人的内在气质的支撑,同时又取决于个人是否接受过规范和严格的体态训练。在人际沟通与交往过程中,它用一种无声的体态语言向人们展示出一个人的道德品质、礼貌修养、人品学识、文化品位等方面的素质与能力。

二、旅游服务人员仪态要求的重要性

(1)良好的仪态是旅游服务人员最基本的形象

旅游服务人员除了外貌与身材的自然美外,还应具有优雅的姿态和形体动作。通过旅游服务形体训练,可以使旅游服务人员具有良好的身体姿态,培养高雅优美的气质。旅游服务人员的美往往要通过各种动作来表现,旅游服务人员优雅的仪态能给宾客带来心理上的愉悦和美的享受,缩短与宾客之间的距离,同时优雅得体的仪态,不仅会使宾客赏心悦目,而且会令自己神采飞扬,从而在心理上滋生出一种自豪感与满足感。人的自信心一方面来自于外界的肯定、赞扬与积极评价,更重要的是来自于良好的自我感觉。好的仪态会带给自己一份好的心情,工作起来自然信心倍增,充满活力。对旅游服务人员进行系统的形体训练,使其具备良好的仪态具有非常重要的意义。

(2)良好的仪态能给宾客留下良好的印象

由于旅游接待与服务这一职业的特殊性,使得员工的一言一行、一举一动都在众人的关注之下,一句话、一个手势或一身着装,都将直接影响其公众形象,进而直接影响到企业的整体形象。宾客可以从仪容仪态来评价一个人的道德修养、文化水平、审美情趣和文明程度。这就要求旅游服务人员在任何场合都能把握好自己,在宾客面前始终保持良好的精神状态,注意养成谦恭友善、沉稳大方的举止和彬彬有礼、不卑不亢的态度,从而体现旅游服务人员高尚的人格和良好的风度。

(3)良好的仪态可以反映企业的管理水平和服务水平

旅游服务人员仪态不仅是个性魅力的全面展示,同时也在一定程度上反映了企业的管理水平和服务水平,作风严谨、管理严格的企业,都会要求自己的员工注重仪表仪容,以给旅游者留下良好深刻的印象,这有利于提高服务质量,对企业也能起到积极的宣传作用。对现代化旅游企业来说,仅有一流的硬件是远远不够的,还要加强企业的软件形象建设,这已成为提高接待服务质量和旅游企业竞争力的重要手段。

(4)良好的仪态可尽快缩短旅游服务人员与宾客之间的心理距离

俗话说"爱美之心人皆有之",美感享受属于人类高层次的心理需求。旅游接待与服务人员如果具备良好的仪容仪态,会在第一时间令宾客赏心悦目,在宾客脑海中留下良好的印象,从而大大缩短彼此交流与沟通的距离。

(5)良好的仪态是旅游服务人员尊重宾客的需要

礼貌服务,其中很重要的一点就是尊重客人的合理需求,并尽可能予以满足。旅游服务人员良好的仪态本身就是一种礼节形式,它可以使宾客感受到一个高贵客人所应享受的礼遇,进而使其求尊敬、求重视的心理得到满足。

三、形体训练是培养良好仪态的重要手段

形体训练能提高旅游服务人员的身体素质。旅游服务是一种高强度的服务性工作,它要求从业人员具备良好的身体素质来应对各种复杂的高强度的活动,以良好的精神风貌面对宾客。所以通过严格的形体训练可以提高旅游服务人员的体能,增加身体各个部分的协调运作能力,减轻长时间工作带来的身心疲劳,避免各种可能的身体损伤,始终保持充沛的体力和良好的精神风貌,以便更好地为宾客服务。

良好的形体素质是旅游服务人员自身良好心理状态的有力保障。良好的身体状况是拥有良好心情的前提条件,很难想象在身体不适或极度疲劳时还能拥有一个愉悦快乐的心情。通过适当的形体训练,能使人体耐受恶劣环境和长时间疲劳的能力大幅增加,从而为良好心情提供了保障。同时研究表明,一个人的心理状态与其身体素质密切相关,在通过形体训练改善身体状况的同时也能改善其心理状态。

个人良好仪态的养成,需要有一个不断强化、不断规范并辅之以严格训练的过程。不断强化,主要是指在日常教学和生活中应经常、反复地加以强调,使其从思想上对个人仪态在工作中的重要性引起高度的重视;而不断规范,则是指应严格按照旅游服务人员的仪态要求进行训练,以克服因个人生活习惯而养成的仪态不规范行为,如站姿、坐相、走姿等身体的各种姿态。形体训练包含许多内容,但必须经过系统的、长期的、有针对性的一系列训练,才能全面地塑造旅游服务人员良好的外在美形态。如站立训练看似简单,实际非常辛苦,每次必须保持一定的时间才能收到一定的效果。刚开始可采用靠墙站立,双脚距离与双肩宽度一致,收腹使臀部与背部贴墙,腰尽量挺起,立腰是挺胸收腹的基础。刚开始训练有一定适应期,时间间隔可稍短些,当学生有了一定的基础后,间隔时间可逐渐延长。经过长期规范而系统的训练,学生会逐渐养成规范的站立服务的习惯,而习惯一经形成,人的姿态美就可展现出来了。

第三节　形体训练的解剖学依据

形体训练是一门体育科学,是一项改造自己身体的运动。要改造自己的身体,纠正自己身体的缺陷,使自己形体美,首先要了解自己的身体形态、身体构造、骨骼、肌肉及主要肌肉的解剖学位置和功能,了解肌肉生长发展及运动的生理机制。形体训练多是静力性活动和控制能力的练习,也是通过肌肉的紧张和收缩,使身体固定于某种姿势上不动。其动作结构特点多为周期性和非周期性练习相结合。形体解剖学是研究正常人体形态结构、主要功能及其发展规律在形体训练中发生变化的科学。形体解剖学是从人体解剖的角度来探索形体训练的科学性,研究形体训练对人体形态结构和生长发育的影响,探讨人体结构的机械运动和肢体运动规律的一门新兴学科。形体解剖学是形体训练的基础理论课。要想通过形体训练来增强体质,增进健康美,首先应了解人体的生理解剖知识,懂得人体运动系统骨骼、肌肉和关节的构成、功能和特性。

一、形体解剖学基础知识

人体的运动系统是由骨、骨连接(关节)和肌肉三部分构成的,它们占体重的60%～70%。骨与骨连接构成人体的杠杆系统——骨架,肌肉附着在骨架上,其主要功能是使人运动,即以骨为杠杆,关节为轴,肌肉收缩为动力。除此之外,骨架和肌肉还有保持和支持人体的作用。

(一)骨　骼

骨骼主要由骨组织构成,具有一定的形态结构和功能。骨表面覆盖骨膜,内有骨髓。骨含有丰富的血管和神经,具有修复、再生和改建的能力。骨中的红骨髓有造血功能,黄骨髓有储存脂肪功能。骨还有人体所需钙和磷等矿物质的储备库。

骨骼构成了人体的支架,为骨骼肌提供了附着面,它和骨骼肌配合,承担着人体的重量,完成静止或运动的各种形态。骨骼还起到保护内脏器官的作用。

人在发育期结束之前,骨骼不断增长、增粗、增大,随年龄的增长,骨骼的结构和化学成分也在不断缓慢地发生变化。在发育时期,若营养充分、生活环境好,加之适量劳动和运动,且保持身体习惯姿势正确,能促进骨骼良好发育;相反,则会造成骨骼发育不良或畸形。

成年人的骨共有 206 块,多数是成对的,只有少数不成对。人体骨骼分为两大部分,即中轴骨和附肢骨。

骨是由占 28.2% 的有机物和占 71.8% 的无机物构成。骨的有机物使骨具有弹性，而无机物则使骨具有坚固性。

骨的功能有：

(1)骨的支持功能。骨与骨连接构成人体坚固的支架。一方面，支持各种软组织，使人体得到一定的身体轮廓和外形，保持着某些器官的特定位置，使血管和神经能有规律的定向地执行循环和传导功能；另一方面，支撑身体局部或整体的体重。

(2)运动功能。骨是运动的杠杆，在神经系统调节下，当肌肉收缩时可牵引骨绕关节的运动轴产生各种类型的运动。

(3)保护功能。骨构成体腔的壁，保护腔内的重要器官，如脊柱保护脊髓，胸廓保护心和肺，骨盆保护膀胱和子宫等。

(4)造血功能。骨是重要的造血器官，红骨髓有制造血细胞的功能。

(5)储备钙和磷的功能。骨盐中的钙和磷参与体内钙、磷代谢，处于不断变化的状态，因此骨还是体内钙、磷的储备仓库。

骨的生长发育是指骨的长长和长粗两个过程。骨的增粗，骨内膜有破骨细胞，人在发育时期，破骨细胞不断破坏和吸收骨质，使骨髓腔不断扩大；骨外膜内层的成骨细胞又不断制造骨质，使骨往外增粗。在破骨细胞和成骨细胞的作用下，骨长粗而骨管壁厚度不会增加过大。骨的生长主要依靠骨干和骨骺之间存在的骺软骨，骺软骨细胞不断骨化（软骨变成骨的过程），使骨干增长。年龄在 12～18 岁阶段，骺软骨增生骨化过程快，所以人的身高长得快。男子一般在 18～25 岁阶段，骺软骨逐渐骨化，使骨干与骺完全结合成完整的骨，骨干就不再增长了。女子比男子提前 2～3 年完成骨化。青少年时期，过早长期从事重体力或大运动量运动，骺与骨干愈合提早，身高增长结束提早，所以要注意合理安排青少年形体训练的运动量。

长期坚持运动和形体训练，可使骨密质增厚、骨变粗；骨面肌肉附着处突起明显，骨小梁的排列根据张力和压力的变化更加整齐有规律，这是由于骨的新陈代谢加强，骨的血液循环得到改善，从而在形态结构上产生良好的结果。少年时期骨的新陈代谢旺盛，骨质内的水分和有机质多，矿物质少，骨松质多，骨密质少，因而骨富有弹性，可塑性大。另外骨骼尚未完全骨化，有许多软骨存在。骨骼在不断的骨化和生长发育，各部分的骨均处于由量变到质变的过程。在这以后则会变成固定姿势。同时在不正确姿势下营养脊柱的血管会受到挤压，影响脊柱的发育。此外，在不正确的姿势下，胸部受压迫，对心肺的活动也会产生不良影响。

（二）关 节

骨与骨之间以结缔组织相连称为关节或骨连接。关节的结构包括基本结构和辅助结构两部分,关节有关节面与关节软骨、关节囊、关节腔四个基本部分。此外,不同功能的关节有其不同形式的辅助结构,以适应关节的灵活性和稳定性。

关节的作用主要是关节软骨具有弹性,能减缓震动和防止骨关节面的磨损。

以关节运动轴数目和关节面形状分为单轴关节、双轴关节和多轴关节三类。

关节的运动取决于关节面的形状,分为屈伸、水平屈伸、内收外展、内旋外旋和环转。

关节运动的幅度是指运动环节围绕某运动轴进行转动的最大活动范围。它是柔韧性素质的一个标志。关节运动幅度的大小,是肌肉工作能力能否充分发挥的前提之一。关节运动幅度大,不仅能保证动作的协调性,而且对优美身体形态的形成具有重要的意义,同时还可防止运动损伤。

影响关节运动幅度的解剖学因素有:

(1)关节头和关节窝之间的面积差。面积差越大,关节运动幅度越大;反之则较小。

(2)关节囊的厚薄与松紧度。关节囊薄而松弛,关节运动幅度较大;反之则较小。

(3)韧带的多少与强弱。韧带少而弱,关节运动幅度较大;反之则较小。

(4)关节周围的骨结构。关节周围的骨突起小,关节运动幅度较大;骨突起大,则运动幅度较小。

(5)关节周围肌肉的体积与伸展性。关节周围肌肉的体积小、伸展性好,关节运动幅度就较大;反之则较小。

(6)原动肌的力量与对抗肌的放松能力。原动肌的力量大,对抗肌的协调放松能力强,关节运动幅度较大;反之则较小。

此外,年龄、性别、训练水平以及天气等因素也会影响关节运动幅度。形体训练增强了关节周围的肌肉力量,加大了关节的稳定性。系统的柔韧性练习还可以增大关节囊周围肌腱、韧带和肌肉的伸展性,从而使形态动作舒展优美。

(三)骨骼肌

骨骼肌是附着在骨骼上的肌肉。它的收缩牵动着骨骼,引起人体的运动,产生各种形体动作。没有骨骼肌的收缩,人体不可能产生任何主动运动。

人体的骨骼肌分布广、数量多,一般认为有600多块。其占体重的比例因性别、年龄不同而有差异。成年男性约占40%,成年女性约占35%。四肢肌约占全身肌肉重量的80%,其中下肢肌约占50%,上肢肌约占30%。

人体各部分由于机能不一,骨骼肌发达程度也不一样。为了保证良好的站立姿势,背部、臀部、大腿前面和小腿后面的肌肉都要较发达。由于上下肢分工不同,下肢起支撑和位移作用,因而下肢肌都较粗大,上肢抓握动作多,故上肢肌数量多但较细小。同时由于语言、思维和表情活动的发展,呼吸肌、喉肌、舌肌和表情肌的机能也有很大的分化。

每一块肌肉都是一个器官。它以骨骼肌纤维为基础,连同其他结缔组织以及血管、神经等构成。骨骼肌一般由中间的肌腹和两端的肌腱构成。人体骨骼肌大体可分为短肌、长肌、阔肌和轮匝肌四类。短肌主要分布于躯干深部,较短小。收缩时产生的运动幅度虽不大,但较持久。长肌主要分布于四肢,收缩时可引起肢体大幅度的运动。阔肌主要分布于胸腹壁,除运动功能外,还有保护内脏的作用。轮匝肌分布于孔、裂周围,由环行肌纤维构成,收缩时可使孔、裂闭合。

肌肉具有伸展性、弹性和防止肌肉快速缩短或拉长的黏滞性。肌肉在外力作用下可以被拉长,这种特性叫做伸展性;当外力解除后,被拉长的肌肉又能恢复原状,这就是弹性。肌肉的伸展性和弹性来自肌肉内各种组织结构。弹性有助于肌肉产生更大收缩力。有针对性地训练可以发展肌肉的伸展性和弹性,这对增大动作幅度、增强关节柔韧性、预防肌肉拉伤有好处。黏滞性来源于胶体物质间的摩擦阻力。肌肉的黏滞性是肌肉在收缩和舒张过程中,肌组织内部及肌肉与其他组织之间摩擦阻力的外在表现。这种黏滞性会妨碍肌肉的快速收缩。气温、体温对肌肉黏滞性有明显影响。天气寒冷、体温低时,黏滞性增大。这是为什么在形体训练中特别强调要充分做好准备活动的原因。

二、形体基本素质

形体训练具有高密度、低强度的特点。从解剖学分析,形体基本素质训练包括力量、柔韧性、控制能力、协调性、灵活性和耐力等素质的训练。

(一)力 量

力量是指人体肌肉收缩时表现出来的一种克服阻力的能力。有力量则做动作控制力强、速度快,易于掌握各种复杂的动作。反之,力量差则腿伸不直、踢不高、支撑能力差、稳定性不强、不能稳健地展现身体形态。力量的大小取决于以下几方面:肌肉的生理横断面;支配肌肉收缩的神经中枢的作用程度;肌肉组织的生化积极性;完成动作的技术。在训练法中,对肌肉活动的不同形式形成了不同的力量概念,如绝对力量、力量速度和力量耐力。绝对力量取决于肌肉最大限度地任意收缩的能力;力量速度取决于肌肉迅速收缩时克服外部阻力的能力;力量耐力取决于人的肌体在做长时间的耐力活动时对抗疲劳的能力。培养力量的基本手段有极限训练法、重复训练法、动力训练法和静力训练法。在形体训练中多采用重复训练法、动力训练法和静力训练法，而极限训练法不适于形体训练。动力训练法适用于培养速度力量素质，其具体表现是弹跳力。弹跳力在形体训练中有着非常重要的意义，如各种大跳动作，它是表明练习者技术水平与素质的一种指标。静力训练法就是使肌肉经受长达 56 秒钟最大的重复性紧张。为了有目的地培养人体某块肌肉群，形体训练中广泛采用静力训练法，如各种控制动作和各种平衡姿势的腿部动作训练。

（二）柔韧性

柔韧性也称软度。它是指肌肉、韧带的弹性和关节的活动范围及灵活性。柔韧性的好坏在形体训练中起着重要的作用，柔软性好动作幅度大，身体的外部形态就舒展优美感人。良好的柔韧性能够增加形体动作的幅度，使动作更加舒展、优美、完善，是高质量完成动作的基本保证。要使形体训练的动作更加完善，需要全面发展身体各部位的柔韧性，否则，就无法发挥出动作的优美表现力和塑造力，也无法提高动作的技术。如形体训练中提高脊柱的柔韧性就具有非常重要的意义，脊柱的柔韧性对掌握波浪、摆动等动作至关重要。

柔韧性有主动柔韧性和被动柔韧性两种。主动柔韧性是练习者不借助外力，只靠自身的肌肉力量独立完成的关节最大可能的灵活性。被动柔韧性是靠同伴、器材或负重等外力的作用所完成的最大幅度的动作。只有同时发展主动和被动两种柔韧性，才能使身体各关节获得适宜的灵活性。但是，发展柔韧素质要与放松练习交替进行，以利于韧带和肌肉的伸展和放松，避免损伤。

影响柔韧性的好坏主要有三个因素：

（1）骨结构。构成关节的关节面之间的面积差越大，关节的灵活性就越大；反之，关节的灵活性就越小。

（2）关节周围关节囊的紧密程度和韧带的数量多少。紧和多者柔韧性相对差些。

（3）关节周围的肌肉和软组织的体积。体积大者柔韧性受到限制。

其中第一个因素是先天形成的，不易改变。第二、三两个因素可以通过形体素质训练得到改善。

（三）协调性

协调性是指练习者身体各部分在时间和空间上的相互配合，合理有效地完成动作的能力。它是形体训练中必须具备的素质之一。协调性可通过各种形体动作组合、舞蹈组合和健美操等练习来提高,因为这些练习需要全身大小肌肉都参加运动。许多肌肉是日常生活和其他运动项目中活动不到的,它的动作有对称的,有不对称的,动作变化较多。因此,在安排一些动作的组合练习时应选择那些需要上下肢、躯干、头等多部位相互配合,具有一定复杂性的动作,这样可锻炼大脑支配身体各部位同时参与不同运动的能力。要提高协调性,还应让练习者尽可能多地学习和掌握各种类型的动作。学习的动作越多,神经、肌肉的支配能力就越能得到锻炼和提高。

(四)耐　力

耐力就是在尽可能长的时间内,坚持完成某种规定动作的能力。耐力有一般耐力和专项耐力之分。一般耐力是指持续完成某项动作的能力,这项动作往往可使许多肌群参与活动,而且会对心血管系统、呼吸系统和中枢神经系统提出更高的要求。有了一般耐力,就能使练习者顺利完成大负荷的动作。形体的专项耐力是指完成某种非常剧烈但为时不长的动作的能力。有了这种能力,练习者就能够轻松自如、连贯流畅、动作优美和富于表现力地完成精彩、复杂和新颖的表演动作。

(五)灵活性

灵活性在身体素质训练中占有特殊的位置,它与其他身体素质的联系最为广泛,是一种最综合的素质。灵活性有一般灵活性和专项灵活性之分,一般灵活性是指一种能正确协调自身动作与合理完成动作的能力。专项灵活性则是一种能根据项目的特点,合理运用该项运动技术的能力。灵活性的基础在于运动技能的灵活、高度发达的肌肉感和神经系统的可塑性。练习者对自己所做动作的领悟能力越高、越正确,就越能更快地掌握新动作的要领。

身体素质训练的内容较多,但其中力量、柔韧性、协调性和灵活性是形体基本素质训练中最主要的内容,它们的好坏涉及身体形态的控制力和表现力的提高。因此,在形体训练中,每个动作都和增强形体专门素质的能力有密切的关系,练习者尤其需要加强基本素质的训练,以利于良好身体形态的形成,从而达到形体训练的目的。

三、形体训练的解剖学分析

人体是一个对称的整体,其肌肉结构对称、力量均衡,形成人体特有的美感。而在日常生活中,人体因生活习惯的不断影响,全身肌肉力量的均衡就会造成破坏,特别是行走重心偏移,人体左右两边的肌肉力量会日益不均衡,最终破坏整个人体的匀称、优美。现代人伏案工作的时间大大多于运动的时间,人体的脊柱前后弯曲度也随之过早地加大。这不但使人体原本处于稳定状态下的力学条件改变了,也使人的体形有了残缺感而失去青春的美感。这就需要人在随着年龄增长的过程中,不断地对身体的骨骼肌施加影响,从而保持或重新建立起全身肌肉力量的平衡,使全身肌肉在一个合理力量分布的条件下工作。因此现代形体训练的主要目的就是通过整理人体的肌肉力量来牵拉人体的骨骼,形成符合机体稳定状态下的力学条件,维护正常姿势下肌肉承受负荷的限度。构建合适的肌肉体积和肌肉力量,实现在不增加肌肉体积的前提下提高肌肉力量,以塑造完美的人体形态。从某种程度上讲,形体训练过程就是肌肉的训练过程。

形体训练包括动力性活动和静力性活动,以静力性活动为主。所谓静力性活动的练习,就是通过肌肉的紧张和收缩,使身体在某种姿势上控制不动,刺激相关肌肉的力量增加和骨骼、韧带的协调。在形体训练过程中,肌肉的运动始终贯穿着肌肉离心工作的原理。也就是说,所有的动作设计要符合肌肉运动产生张力的同时肌纤维处于被拉长收缩的状态;所有的动作过程要符合原动肌先放松让对抗肌收缩,当原动肌被适当拉长以后再主动收缩的要求;所有离心运动的原动肌都要有拉长收缩的阶段;所有向心的动作的原动肌都要利用肌肉收缩前的初长肌肉收缩产生张力,以最大的力量和速度达到动作的空间位置。离心收缩是形体训练中肌肉工作的主要形式。通过肌肉的伸展和肢体舒展,牵动处于人体运动链中的各个环节,利用各环节的平动或环动,以增长肌力和增厚肌肉中的结缔组织,合理配布全身肌肉力量,平衡全身肌肉力量,保持青春而完美的体形。

尽管形体训练的动作很多,且随意性很强,但总体上不外乎“开、拧、立、倾、绷、曲、直、圆”这8个字,通过这8个字的动作组合,就能展现出丰富多彩的形体动作,体现出优雅挺拔的体态。

“开”的动作包括肢体的离心打开舒展和躯干胸腹部肌肉的紧张性扩展和腰背部肌肉的紧张性收缩,其具体体现在腰骶环节—头颈环节,肩环节—指环节,髋环节—趾环节三部分的运动链上。“开”的动作一方面是通过动作过程中关节囊的两端被纵向拉开,增加了关节之间的距离,增厚了关节面软骨和关节囊,加强了关节的稳定性。另一方面通过以一个关节面为固定点,而另一个关节面围绕着固定点在关节弧面上的转动来增加关节运动幅度,牵拉关节周围的韧带和肌肉,实现关节的灵活性,从而合理调整肌力在骨骼肌结构中的配布,形成挺拔的肢体形态。

“拧”是“开”的进一步发展,通过以运动链中心为轴各环节相对反向转动,达到充分打开各个关节,特别是躯干各关节的目的。通过“拧”的运动,各关节与肌肉间的协调能达到一个较高的程度,提高肌体对抗外力损伤的能力。

　　"立"是人体的基本状态之一,表现为躯干的垂直,即头部、脊柱和骨盆的垂直。正常情况下,成年人的重心是位于第二骶椎前方约 7cm 处,相当于髋关节冠状轴的后方,并高于此轴约 4～5cm。这一重心位置的维持需要躯干肌肉的离心收缩、上肢肌肉的平衡协调和下肢肌肉对下肢各关节的固定。当人体支撑面的中心线与躯干的中心线重合时,人体就达到了一个最理想的站立姿态,因为这时人体各肌肉所承受的负荷总和达到最小。因此良好的站立姿势必须是头部端正,两眼平视,颈、肩放松,挺胸、收腹、双腿伸直,两臂自然下垂。在形体训练中,经常会出现一些不利于"立"姿的姿势形态,常见的有:(1)颈、肩紧张。在站立训练中放松肩、颈是完美站立的一个关键因素,正常人体脊椎呈 S 型,能使上部躯干重量顺利传递到下肢。有些学生在站立训练中,全身各部位都能符合站立姿势的要领,而不会放松颈、肩部分,不仅形态不美,还会使头、颈部的重量传至骶骨时,产生人体前倾,致使支撑面的中心线与躯干的中心线不能尽可能地重合。这样既破坏了站立的优美姿态,又使人体在维护站姿时感到疲劳。(2)臀部后撅。正常人体站立时脊柱的骶骨区域是向后突的,但过度的后突会使腰椎的前曲增加,造成体重传导不是通过脊椎前部的椎间盘,而是通过后方极易引起腰肌疲劳的椎间关节结构。这不但会使站姿难看,而且还会使腰肌容易疲劳,难以维持长时间站立。在形体训练中,如果忽视收紧腹部肌肉,不论臀部肌肉是否收紧都会不同程度地出现"撅臀"现象。撅着臀部不仅体形难看,还会增加腰椎的前突,使体重的传导不经过椎间盘,而经过椎间关节,椎间关节是不负重的,经久的负重会引起椎间关节的劳损。因此在形体训练中必须强调注意收紧腹肌的重要性,通过用力收紧腹直肌,可使向前下方倾斜的骨盆端立起来,从而促使组成骨盆后壁的骶尾骨向前方卷曲,减少骶骨的后突程度,这样臀部就不会撅起了。在收腹时要让学生用胸式呼吸,配合腹肌的收紧,产生一种提气、精神的感觉。(3)稳定性差。人在站立时,人体的重心位置一般是在身体正中面上的第二骶椎前方 7cm 处,若两脚左右开立或弓箭步,其重心垂直线落在两脚支撑面中间。因而,脚的支撑面积加大,人体的稳定性也愈大;相反,支撑面小,稳度也小。因此,在形体训练中要掌握人体重心的变化规律,并能保持人体的稳定性。

　　"倾"是人体的支撑面与身体呈一定的角度,达成一种动态的平衡,是"立"的动作在一定角度下的再体现。"倾"和"立"都一样要求骨骼肌肉的力量向躯干中心会聚,使人的重心位置得到提高,形成一个挺拔的姿态。

　　"绷"是人体运动链中每一个环节的肌肉所呈现出的一种紧绷状态,是把肌肉的张力综合起来由内向外地发散。关节的构造特点决定关节不能做单方向无限制的转动,而只能做往复转动或以关节为中心的圆锥形运动。运动链中各环节的绕关节轴转动,形成运动张力,张力的传导由人体的近侧端向远侧端传递,构成了运动链中各环节组成的平动或末端环节的弧动,使肌肉始终处于离心工作状态。末端环节的自如转动,说明人体全身各环节都能良好地运转。

"曲"是以运动链中的中间环节为固定点,肌肉向两侧拉伸,远端以离心运动为主,近端则相对固定以维持肢体在一定的形态上。"曲"是"绷"的动态延续,它加大了伸肌群的负荷,提高了屈肌群的紧张度,能更多储备弹性势能,帮助刺激肌肉力量和速度的增加。

"直"和"圆"是形体训练达到一个较高境界所能表现出来的形体姿态。所谓"直"是指人体的力量气势能上下、左右、前后互相贯通,整个动作表现得协调、平衡,达到和谐优美的境界,给人以自然天成,绝不矫揉造作的感觉。它需要人体肌肉、骨骼、韧带和其他各个器官的高度统一和协调,在运动的瞬间达到一种动态平衡,这是一个需要反复练习才能达到的状态。而"圆"是在三维立体范围内的体现,它使人的动作在外在给人以一个球形的感觉,即在动作过程中头和尾、手和脚都达到互相呼应、互相衬托、浑然一体的外在表现。

(一)身体各部位形体训练的解剖学分析

1. 颈部的练习

颈部是连接头部和躯干的重要部位,头的运动与颈部的运动分不开。人们平时许多动作都是在低头状态下进行的,尤其是学生因长时间低头看书写字,颈部肌肉始终处于紧张状态,加上坐姿不正确和缺乏体育锻炼,容易造成缩颈、探颈、歪颈等不良姿势,影响头部的正常位置。长期静坐伏案,容易对颈椎造成压力,引起颈椎病。

女性健美的颈部,应挺拔而修长。从外表看,颈部是扁平的圆柱状,颈肌匀称发达,皮肤光洁细腻,有一种柔美感。从侧面看,耳朵在肩膀的正中间。

要保持挺拔的颈部,首先要保持颈部的正确姿势。平时应抬头挺胸、颈部向上伸长、双肩平整、微收下巴颏。通过形体训练增强颈部肌肉力量,纠正不良的姿势,使颈部挺拔优美。

颈肌有胸锁乳突肌等。胸锁乳突肌位于颈部两侧,左右两侧的胸锁乳突肌形成"V"字形,该肌肉每一侧都有两头。

起点:胸骨柄前面和锁骨的胸骨端。

止点:颞骨乳突。

功能:近固定时,两侧收缩使头向后仰或伸,单侧收缩可使头侧屈并向对侧回旋。远固定时,上提胸骨协助吸气。

颈部练习主要锻炼胸锁乳突肌为主。

2. 肩部的练习

形体训练中肩部的练习方法有许多，通过这些方法的练习能达到匀称肩膀的作用。由于女性的骨骼比男性的小巧，因此要有比较丰满的肌肉和皮下脂肪来包裹才能使外形显出圆润的曲线。如过于肥胖，肩膀就显得臃肿，过于消瘦则显得瘦骨嶙峋，这都有损女性美。女性的肩膀，以皮肤光滑、柔软细嫩、富有光泽和弹性为美；以形状匀称圆滑、线条柔和流畅、围度适中为佳。可以通过形体训练来锻炼肌肉，塑造匀称的肩膀，同时平时注意挺胸沉肩，保持正确的姿势也很重要。

肩膀的肌肉主要包括斜方肌、三角肌、菱形肌。

上肢主要肌肉有肱二头肌、肱三头肌和前臂肌群。

斜方肌位于颈部和背部的皮下，一侧呈三角形，左右两侧相合成斜方形。

起点：枕外隆凸、上项线、项韧带、全部胸椎棘突。

止点：纤维分上、中、下三部分，分别止于锁骨外侧三分之一处，肩胛冈和肩峰。

功能：近固定时，上部纤维收缩，使肩胛骨上提、上回旋、后缩；中部纤维收缩，使肩胛骨后缩；下部纤维收缩，使肩胛骨下降、上回旋。远固定时，一侧收缩，使头向同侧屈和向对侧回旋；两侧收缩，使头和脊柱伸直。

肩部的练习主要以锻炼斜方肌、三角肌、菱形肌、肱二头肌、肱三头肌和前臂肌群为主。

3. 胸部的练习

要展示女性健美的胸部，首先要有自信心，敢于展示自己的魅力。其次在行动举止中保持挺胸、收腹、立腰、立颈的正确姿势。行走时昂首挺胸，站立时挺胸立背，静坐时上体挺直。同时要加强胸部的锻炼，发展胸部肌肉，使胸部丰满挺拔。胸部肌肉包括胸大肌和胸小肌。

胸大肌为扇形扁肌，位于胸前浅层。胸小肌位于胸大肌深层。

起点：锁骨内侧、胸骨前面半侧和第1～6肋软骨。

止点：肱骨大结节脊。

功能：近固定时可使上臂内收、旋内。远固定收缩时、拉动躯干向上臂靠拢、并提肋辅助吸气。

胸部的练习主要锻炼胸大肌和胸小肌。

4. 腹部的练习

女性的曲线美，从侧面看，胸部向前凸出，臀部向后突出，而腰腹部平坦，形成"S"形曲线造型。从正面看，肩部和髋部较宽，腰部较细，形成"X"型的曲线造型。腰腹是躯干和下肢的交接处，下肢结实，微呈圆柱，腹部扁平，因此，腰腹的健康与健美直接影响到躯干、下肢的美观和活动,以及整个躯干的曲线优美程度。腹部的健美,首先在平时要保持挺胸、收腹的好习惯。其次,要持之以恒地进行科学有效的形体锻炼,要动力性训练和静力性训练相结合,全面地锻炼腰腹肌肉。腹部肌肉包括腹直肌、腹横肌、腹内斜肌、腹外斜肌。

腹直肌位于腹前壁正中线的两旁,居腹直肌鞘中,为上宽下窄的带形多腹肌。肌的全长被 3~4 条横行的腱划分成多个肌腹,

起点:起自耻骨联合和耻骨嵴。

止点:止于胸骨剑突和第 5~7 肋软骨的前面。

功能:收缩时可使上体抬或下肢抬或上体和下肢同时抬,同时增加腹压。

5. 背部的练习

人的形体是由以脊柱为中心的躯干骨和上下肢骨组成的骨骼系统以及附着在骨周围的肌肉形态而决定的。保持背部优美的轮廓,有赖于生理弯曲度正常健康的脊柱。脊椎从颈部、胸部、腰部至骶部,贯穿人体主要部分,其作用非常大,支撑着人体的主要部分。健美的背部形态,从后面看,应是左右对称,线条挺拔,三围比例适中。从侧面看,则体现出人体正常的四个生理弯曲,即颈屈、胸屈、腰屈和骶屈,是一种柔和之美。要保持健美的背部,首先平时要保持抬头、挺胸、收腹、立腰的良好姿态,并经常注意变换体位,避免一侧肢体和局部用力过多,造成脊柱弯曲、含胸驼背的现象。其次通过形体锻炼消除背部多余脂肪,增长肌肉力量,形成端庄挺拔、柔和流畅的线条,增加美感。背阔肌是全身最宽大的肌肉,占背的上半部及胸侧部,还有部分被斜方肌遮盖。

起点:起于第七胸椎至骶骨所有椎骨的棘突、髂嵴后部。

止点:肱骨小结嵴。

功能:近固定时,使上臂伸、内收和旋内;远固定时,可将躯干向上臂拉引,还可提肋、辅助吸气。

背部的练习主要锻炼背阔肌、斜方肌和竖脊肌等肌肉。

6. 臀部和腿部的练习

女性健美的腿部应是大腿肌肉发达匀称、丰满,整个线条修长、柔和、纤美。腿形修长挺拔,无"X"型、"O"型腿。保持健美的双腿,平时站立时,两腿要尽量伸直并拢。行走时,大腿带动小腿用力,脚尖朝正前方,防止外八字脚和内八字脚,并通过形体锻炼消除腿部多余脂肪,增加腿部的肌肉围度和力量,改变不美观的腿形。下肢肌肉主要包括臀大肌、臀小肌、股四头肌、股二头肌和小腿后群肌肉。

女性的臀部在女性形体美中起着至关重要的作用。臀部起着连接腰部和腿部的重要作用,因而臀部肌群的发达程度关系到躯干和下肢的活动。一般来说,健美

的臀部,从后面看,臀部丰满圆滑,位置高、略微上翘、体积适中,臀大肌发达匀称,收缩有力。从侧面看,臀部轮廓圆满,线条流畅明显,向上柔和、平滑地过渡到腰,向下柔和平滑地过渡到腿,肌肉结实无下垂感,臀底线明显,呈圆弧状的半球形。要保持臀部的健美,行走站立时要收腹、立腰、夹臀,以提高臀部的重心位置和表现丰满的臀部形态。通过形体锻炼,可以使臀部的肌肉丰满结实。臀部肌肉包括臀中肌、臀小肌和臀大肌,臀大肌位于臀部皮下,该肌大且肥厚,形成臀部的隆起,是人体内最有力的肌肉之一。

起点:髂骨翼外面和骶骨、尾骨背面及骶结节韧带。

止点:股骨臀肌粗隆和髂胫束。

功能:使髋关节伸、旋外、外展和内收。

臀部和腿部的练习主要锻炼臀中肌、臀小肌和臀大肌等。

(二)常用形体训练动作的解剖学分析

1. 擦地

做擦地动作时,上身要直立,腰背肌、腹肌和臀肌必须收紧。擦地的腿称为运动腿,运动腿可沿前、侧、后方向擦地。不论沿哪个方向擦地,膝关节都必须伸直,脚从足跟向足指尖滑动。正确的擦地动作,能够有效地锻炼大腿肌肉群,足部的小肌肉群和足部的关键囊韧带、内外侧足弓。同时,小腿前群肌肉主动拉长,小腿后群肌肉主动收缩,末节趾骨端部点地时也能使小腿后部深层肌肉获得训练。这是形体训练不可缺少的基本功。

2. 蹲

蹲的练习一般分为半蹲和全蹲。练习时,要求上体保持直立、收腹、收臀、膝关节的中心点对着脚的中趾尖,逐渐屈膝关节直至足跟不离开地面到最大限度为半蹲。继续下蹲,足跟离开地面,大小腿之间的距离最接近时为全蹲。在练习中,腿部应该具备一种内在的对抗性力量,下蹲时,腿本身不愿意弯曲,但有一股力量强迫往下蹲。立起时,上身好像压着一副重担,腿部要用很大的力量才能立起来。

蹲的训练主要围绕膝关节运动,下蹲时,大腿前群肌肉、小腿后群肌肉必然拉长。肌肉是富有弹性的,类似皮筋一样,拉得长能够弹得远,但是张力大比张力小的皮筋,使用的力量亦要大、弹得也更远。所谓内在的对抗性力量,就是在下蹲过程中,腿部肌肉要主动收紧,而不是处在自然状态下拉长。

3. 踢腿

踢腿训练是在擦地的基础上进一步围绕髋关节的一种运动。目的是锻炼腿部力量、速度、髋关节的柔韧性和控制能力。因此是很重要的训练方法之一。

踢腿练习主要有正踢腿、侧踢腿、后踢腿。

（1）正踢腿

支撑腿充分伸直，挺胸、收腹、收臀，脚有稳定的支撑。运动腿绷脚面对着相应的眉梢向前踢，主要是屈髋关节肌肉用力。因此，髂腰肌、股直肌、缝匠肌、阔筋膜张肌和耻骨肌得到了锻炼。

要注意的是，在正踢腿时大腿前群肌肉主动收缩，位于大腿后面的对抗肌肉没有活动开或者准备不够时，放松能力会变得缓慢和不完全，直接影响动作的力量、灵活性、准确性和协调性。同时主动肌收缩的力量和活动时的动量，对不协调的对抗肌群必然产生过度的牵张，结果会导致后群肌肉附着点的肌位被拉伤。

为了防止上述伤害，首先要做好准备活动，将肌肉活动开，使支配肌肉活动的神经血管处于适宜的工作状态。这样，做踢腿时就能改善对抗肌的协调用力，既增强了肌肉力量和关节的柔韧性，又能防止拉伤。

（2）侧踢腿

单手扶把，运动腿向侧（外展）踢起。侧踢腿可发展臀大肌上部、臀中肌、臀小肌的能力，并能拉长限制大腿外展、外旋的耻骨囊韧带。

应注意，在侧踢腿练习时，人的骨盆必然向对侧倾斜。为了控制重心的变化，需要调整脊柱腰段的侧弯，使人体总重心能尽量靠近该侧髋关节，这样能削弱髋部及其肌肉上的负荷量。

（3）后踢腿

单手扶把，运动腿向前绷脚面点地，在上身保持正直的状态下，向后方踢起。后踢腿是绕着髋关节转动轴使大腿伸展，发展臀大肌、股二头肌、半膜肌、半腱肌和大收肌的力量，并能拉张限制大腿后伸的髂股韧带。

大腿后伸的程度是有限的，一般只有 15°～20°，但是向后踢腿就能达到 90°，这是依靠腰骶部的补偿运动才能达到，这样便要增加腰骶部的负荷量，容易引起损伤。如果先将大腿外旋，再后踢，腰骶部承受的负荷量会有所减轻，限制大腿后伸的髂骨韧带相对延长，腿不仅踢得高，也不至于伤腰。

4. 压腿、控腿（扶把练习）

人体端正直立，将运动腿置于把杆上，支撑腿伸直，重心在支撑腿上。它能训练髋关节的柔韧性，增强髋关节周围肌肉的控制能力和有效地掌握人体平衡。压腿时，上体向前压运动腿，增强髋关节柔韧性，同时也锻炼了位于脊柱两侧的肌肉和腰骶部的灵活性。

（1）正压腿、控腿

将运动腿足跟部放到把杆上，髋关节保持前屈 90°左右。在足与髋关节两端固定的条件下,重力(压腿时包括上身的重量)必然集中在运动腿中间和方向朝下的膝关节上。由于青少年的生理特点,构成关节的骺软骨尚未骨化,关节的活动度有一定的可塑性,这时由于要求膝关节必须尽量伸直,而伸直的膝关节易于导致小腿轻微的向后滑动。在重力、关节活动可塑性和小腿向后滑动三种因素影响下,能够引起小腿暂时性的过度后伸。

(2)侧压腿、控腿

侧压腿、控腿能有效地锻炼髋关节外展的肌肉,即臀中肌、臀小肌和梨状肌的能力,并能拉长耻骨间韧带。这些肌肉、韧带的增强,有利于髋关节的外展、外旋。侧压腿、控腿还能练习同一侧的腰、腹肌的力量及腰椎向两侧调节的能力。良好的腰椎调节能力是塑造优美形体不可缺少的条件。

(3)后压腿、控腿

后压腿、控腿的动作,即髋关节后伸,主要有髋关节和下腰椎参与,同时必须有髋关节周围肌肉和腰背肌的参与才能完成这一动作。由于它受到髂股韧带的限制,其活动幅度一般人只能达到 $15°\sim20°$。但如在青少年时期通过进行这一动作的训练,不仅能够拉长这条韧带,使运动幅度明显加大,而且可使姿态看起来更轻盈优美,同时还加强了髋关节周围的肌群和腰背肌力量。

第四节 旅游服务形体美的标准及其评价

一、形体美的概念

形体美主要是指人体的外形美、身体匀称、比例和谐。人类对美的认识随着社会实践不断发展,人体美的标准,在各个历史时期,由于各阶段、阶层以及所处的生活环境的不同,对人体美的理解与界定也不尽相同。我国古代由于受统治阶级和封建礼教的影响,视女子畸形、病态和柔弱为美,导致了种种摧残妇女身体的恶劣做法,如崇尚妇女细腰,畸形的小脚被称为三寸金莲等。这都充分反映了统治阶级腐朽的审美观。人们在改造自然的过程中,逐渐培养和发展了自己的审美观。现代的人们以自然健康为美。

二、形体美的基本要素

形体美的基本要素是指均衡、对称、对比、曲线、韵律。

(一)均 衡

所谓均衡是指身体各部分要达到恰当的比例关系,而这种比例关系应符合他的同族、同类、同年龄人的基本特征。例如,头与整个身高,上肢、下肢与身高,躯干与身高的比例等,必须符合人体正常生长发育的特点。这是千百年来正常人体作用于人们的视觉所形成的一种习惯性的典型美。美国艺术史家潘诺夫斯基深刻地指出:"美,不在于各种成分,而在于各个部位和谐的比例。"艺术哲学大师笛卡儿说:"恰到好处的适中与协调就是美。"比如一个上身长、腿短的人出现在人们面前时,人们马上就可得出上下不均衡的结论。均衡还指身体的协调。一个健美的体形应给人产生两种感觉,即竖着的直立感和横着的开阔感。这种协调不仅包含人体各部分长度、围度和体积的协调,也包含色彩、光泽、姿态动作和神韵的协调。

(二)对　称

人的对称是指左右对称,即从正面看和后面看达到左右两侧的平衡发展。控制人体对称轴的主要部位是脊柱,脊柱的偏斜、扭曲必然破坏人体的对称。除此之外,两肩、两髋、两膝、两外踝之间的连线都要和地面保持平行,同时面部器官和四肢也要对称。要做到对称轴的竖直,几条水平线(肩线、髋线、眉线)保持水平位置。因长期从事某种单一工作、劳作或不当的生活习惯形成的不良身体姿势,都会造成身体的不对称。然而,绝对的对称也会给人以呆板和僵硬的感觉。人的细小部分的不对称,往往使人生动活泼起来。如发型,佩戴装饰品左右稍有变化,使对称变得活泼而有风采。由此可见,对称美和不对称美是相对的,不是绝对的,是人们在社会实践中不断总结出来的美的真谛。

(三)对　比

在人们的审美观点中,常遇到两种不同的事物并列在一起,由于它们之间的差异,使事物显得更完美。如形体上的大与小、长与短、粗与细、屈与直,节奏上的快与慢、轻与重,行动上的动与静,都可以形成鲜明的反差,相互强调,相互辉映。

人的体形也必须符合对比美的规律。首先人的体形要符合性别特征。男子需符合男性的阳刚之美,女子需符合女性的阴柔之美。其次要注意躯干与肢体部位、上肢与下肢的对比、关节与肌肉部位围径的对比。同时也要注意身体各部位色泽的对比,如毛发与皮肤、眼白与瞳孔等。

(四)曲　线

人的体形还应取得曲线美的感官效果,即做到轮廓流畅、鲜明、简洁、线条起伏、对比起伏恰到好处,并具有性别特征。女子曲线应纤细连贯、平滑流畅;男子曲线应粗犷刚劲,肌肉垒块分明。女子的曲线要显示出柔润之美,男子的曲线要显示出力量之美。

(五)韵 律

韵律在形体表现中占有十分重要的地位,如动作的刚与柔、缓和急、抒情与奔放等。形体美在静态中有如雕塑,在动态中有如舞蹈,而无论是静态和动态都在节奏和韵律中表现出诗情画意,令人神往。

三、形体美的标准及评价

形体美的基本标准:五官端正,肤色红润,皮肤细腻并有光泽;生长发育良好,以骨骼为支架构成的人体各部分比例适当;肌肉均衡、发达,线条清晰,富有弹性;身体各部分围度正常;脊柱正直,双肩对称,姿态规范、端庄等。

在人类历史的发展过程中,形体美的标准是随着时代的变化而变化的。即使是同一时代的人,由于民族特点、种族差异、地理环境和审美习惯的不同,对形体美的标准也是不同的。普列汉诺夫说:"绝对的美的标准是不存在的,并且也不可能存在。"长期以来,人们都在探讨形体美的标准。古希腊人提出了人体各主要部分黄金分割的比例,达·芬奇说过:"美感完全建立在各部分之间神圣的比例上。"总的来说,形体美的标准是五官端正,结构协调,肌肉发达,体魄强健,生机蓬勃,英姿焕发。近代,国内外专家学者对形体美的评价标准取得了研究成果,将形态美、姿态美和气质美三方面作为形体美的评价标准。

(一)形态美

形态美的标准有如下几条:

1. 标准体重(kg)

标准体重计算公式:

男性标准体重(kg)=[身高(cm) －100]×0.9

女性标准体重(kg)=[身高(cm) －100]×0.95

肥胖度(%)=[(实际体重－标准体重)/标准体重]×100%

肥胖度(%)在±10%范围内为正常,在 10.1%～20%为过重,超过 20%则为肥胖。

2. 男子以股骨大转子为中心,上下身长相等;女子以肚脐为界,上下身比例为5:8。

3. 男女两臂侧平举时的长度等于身高。

4. 男女两肩的宽度,约等于 1/4 身高。

5. 男女大腿长等于 1/4 身高。

6. 男子胸围约等于 1/2 身高加 5cm;女子胸围不小于 1/2 身高。

7. 男子腰围约小于胸围 18cm;女子腰围不大于 1/2 身高。

8. 男子臀围约等于胸围(是身高的 50.6%);女子臀围约大于胸围 2～3cm(是身高的 56.5%)。

9. 男子大腿围约小于胸围 22cm;女子大腿围约小于腰围 8～10cm。

10. 男子小腿围约小于大腿围 18cm;女子小腿围约小于大腿围 18～20cm。

11. 男子脚踝围约小于小腿围 12cm;上臂围约等于 1/2 大腿围。女子脚踝围约小于小腿围 10cm,上臂围约小于 1/2 大腿围。

(二)姿态美

1. 站姿:男子挺拔刚健,女子亭亭玉立。要求头、颈、躯干和脚的纵轴在一条垂直线上,两腿直立并拢,双肩平而放松,两臂自然下垂,挺胸收腹,收臀,立腰,立背,颈直,下颌微收,双目平视前方,形成一种优美挺拔的体态。

2. 坐姿:端庄,优美,温文尔雅。女子要求两膝并拢;男子双膝可稍分开,略窄于肩宽。腰背要挺直,肩放松,挺胸,收腹,脊椎与臀部成一直线,微收下颌,目视前方。养成良好的坐姿有利于体形美的形成。

3. 走姿:男子自然稳健,风度翩翩;女子轻捷自如,优美大方。要求以标准站姿为基础,走时头与躯干成直线,目视前方,做到躯干移动正直、重心平稳、步位正确,步幅基本一致,两臂自然下垂前后摆动协调。膝盖正对前方,脚尖微外展,行走落地时从脚跟过渡到前脚掌,两脚后跟几乎在一条直线上,两脚交替前移的弯曲程度不要太大,步伐稳健均匀。

(三)气质美

聪慧、机智是男女共有的气质美的核心。然而,男女的气质美仍有区别。男性的气质美主要表现出阳刚气概,其特征是刚毅、顽强,善于自制,勇敢沉着,当机立断,胸襟开阔,豁达大度,待人诚恳,目光远大,勇于进取。女性的气质美表现为优雅、娴静、温和、柔顺、体贴、细腻、深情、宽容、纯真、善良等特征。

总之,评价人体形体美的标准是比较复杂的,涉及的因素比较多,因此形体美的标准应是相对的。人的美不仅仅是外表的美,还有内在的气质,是"综合美"在一个人身上的体现。青少年正处于长身体、学知识的时期,培养正确的动作姿态,塑造健美的形体是广大青少年健康成长的基础,也是社会精神文明和物质文明的重要组成部分。

复习思考题

1. 形体美的基本要求是什么？
2. 形体训练的作用是什么？
3. 形体美的内涵和基本标准是什么？
4. 人体运动系统由哪三部分组成？试举一动作为例说明解剖学知识的应用。

第二章

形体热身训练

本章概要

　　本章主要介绍形体训练前的热身训练的重要性;重点介绍形体训练中按头颈、躯干、上肢、下肢等身体部位的实际练习方法。

学习目标

　　通过本章的学习使学生了解热身训练的重要性,掌握形体练习中身体各部位的练习方法,有针对性地全面提高身体各主要部位的机能素质,使身体具备较好的软度、开度、柔韧性和灵活性,为过渡到形体技能训练奠定了基础。

第一节　旅游服务形体与热身训练

　　形体训练前要进行适宜的热身训练,热身操是形体训练的准备部分,它的目的是使练习者从生理和心理做好充分准备,使肌肉从平静的抑制状态逐步过渡到活动的兴奋状态,促进心脏功能逐渐加强,使血液循环和气体交换得到改善,新陈代谢旺盛,更好地适应锻炼时的生理要求。同时使肌肉、韧带、关节得到活动,神经系统的兴奋得到提高,使整个肌体由安静状态逐步进入工作状态,为即将进行的较为剧烈的身体活动做好各种准备,从而提高肌体的工作效率,预防运动创伤,使练习者真正达到预期的效果。

一、热身训练的作用

(1)形体训练中有许多动作幅度比较大,要求肌肉和韧带的柔韧性要好,如果所参与的肌肉和韧带预先没有舒展和拉长,关节也没活动好,训练中就会感到不适,严重的会出现拉伤,影响训练效果。热身训练可提高肌肉温度,以克服肌肉的黏滞性,预防运动损伤的发生。形体练习前进行一定强度的热身训练,可使肌肉的代谢过程加强,肌肉温度升高,这样不仅可以使肌肉的黏滞性下降,还可以增强肌肉、韧带的伸展性和弹性,减少由于肌肉剧烈收缩造成的运动损伤。

(2)热身训练可提高内脏器官的机能水平,以适应身体运动的需要。内脏器官的机能特点是生理惰性较大,适当的热身训练可在一定程度上预先动员内脏器官的机能,使内脏器官逐渐兴奋起来,克服内脏器官的惰性,使肌肉、韧带、关节得到充分启动,尽快进入适宜的、协调的运动状态,并可减轻开始运动时由于内脏器官的不适应所造成的不舒服感,为正式形体训练做好准备。

(3)热身训练可调节心理状态,并提高神经系统的兴奋性。形体锻炼前的热身训练可将锻炼者的心理状态调整到锻炼的情景中去,同时接通各运动中枢的神经联系,使大脑皮层处于最佳的兴奋状态投入形体锻炼,从而达到事半功倍的效果。

二、热身的原则

(一)热身训练应从系统的拉伸活动开始

一般形体训练多数都属于全身性活动,因此,要使全身参与锻炼的肌肉都能得到预热,热身活动就应从全身的系统拉伸活动开始。拉伸时要注意动作缓慢,避免突然用力;被拉伸的那部分肌肉切勿用力。

(二)热身训练应安排全身性活动

全身系统的拉伸活动后,应安排一些全身性的热身活动,如轻微的原地跑跳及原地连续性徒手体操等全身性活动。这些活动能使四肢关节活动范围增大,肌肉的黏滞性降低,有助于运动能力的提高,从而达到较好的锻炼效果。

(三)热身训练的时间和强度应根据具体的情况来安排

热身运动要安排轻松自如、由弱到强适度的练习,热身运动的时间长短、活动量的大小应根据锻炼者的年龄、身体状况、锻炼水平、季节气候等具体情况来安排。一般情况下,热身运动的时间应控制在总锻炼时间的 20% 左右,活动强度以身体感觉发热、微微出汗为宜。这时全身各部位机能已被调动起来,中枢神经系统的兴奋性提高了,关节的灵活性和肌肉的弹性增加了,各器官系统的活动也加强了,此时进入较大强度的运动,可有效避免可能出现的肌肉拉伤或关节扭伤的现象,确保主要训练内容的顺利完成。

(四)热身训练后的休息要有度

热身训练后一般应休息 1~3 分钟,然后再进行正式的运动;也可以热身后直接进行锻炼。但应该注意的是热身活动间隙的时间不能过长,否则会失去热身活动的意义。

三、热身训练的注意事项

为了更好地达到热身训练的目的,在安排热身训练时应注意以下几个方面:

(1)内容。根据形体练习的内容制定相应的热身训练内容,包括局部的练习和全身的热身练习。

(2)时间和量。热身训练时间一般在 10~15 分钟。但也要根据具体情况进行调整,如气温较低时,血液循环比较缓慢,肌肉、韧带和关节均比较僵硬,不够灵活,热身活动的时间要适当长些,量可稍大一些;气温较高时,新陈代谢旺盛,身体容易活动开,时间可短些,量也可小些。

(3)时间间隔。一般热身活动后可直接进行形体练习,中间不必休息,否则会降低热身活动的效果。如安排休息时间不宜过长,以 1~3 分钟为宜。

第二节　头颈部动作

形成姿态美,脊柱是关键。头颈位于脊柱的顶端,由于"状态反射"的作用,头颈的位置正确与否,对于形体姿态能起着至关重要的作用,是形体练习的重要部位。

一、头颈部屈、转、绕和绕环练习

(一)屈(前、后屈和左右屈)(见图 2-2-1~图 2-2-6)

预备姿势:八字步站立,两手叉腰,目光平视前方。

图 2-2-1　　　　　图 2-2-2　　　　　图 2-2-3

图 2-2-4　　　　　图 2-2-5　　　　　图 2-2-6

动作方法：

1. 头部前屈，即低头，接着还原。

2. 头部后屈，即抬头，接着还原。

3. 头部侧屈，即头向左（右）侧屈，耳部对准左（右）肩，还原。

动作要求：

1. 头颈部自然放松，前后屈幅度大，使颈部前后肌肉充分放松。

2. 前屈时下巴尽量靠前胸，后屈时后脑勺尽量触背。

教学方法：

1. 做头部前、后、侧屈时，动作缓慢而匀速，体会正确要领，反复练习。

2. 头部前、后、侧屈连贯练习。4 拍一节，重复 4×8 拍。

3. 可配音乐做。

音乐建议：用抒情类乐曲，节奏轻快明显，2/4 音乐。

（二）转（向左、右转）（见图2-2-7～图2-2-9）

预备姿势：八字步站立，两手叉腰，目光平视前方。

图 2-2-7　　　　　　　　　图 2-2-8　　　　　　　　　图 2-2-9

动作方法：头向左（右）转90°，还原。

动作要求：

1. 头部转动时要正，不要前屈和后仰，颈部保持直立和紧张度。

2. 头部左右转动时，颈部对抗肌要相对放松。

教学方法：

1. 学习左右转头，停1～4拍还原，反复练习。

2. 配合音乐，做左右转头加低头、抬头练习，每一个姿势停1～4拍，并结合手臂动作，反复练习。

音乐建议：用抒情类乐曲，节奏轻快明显，2/4拍音乐。

（三）绕和绕环

预备姿势：自然站立，两手叉腰，目光平视前方。

动作方法：

1. 绕：向左（右）绕头。头从一侧屈经前绕至另一侧屈，稍抬头（见图2-2-10～图2-2-15）。

2. 绕环：向左（右）绕环。头从一侧屈经前、侧、后还原的360°绕环动作（见图2-2-16～图2-2-24）。

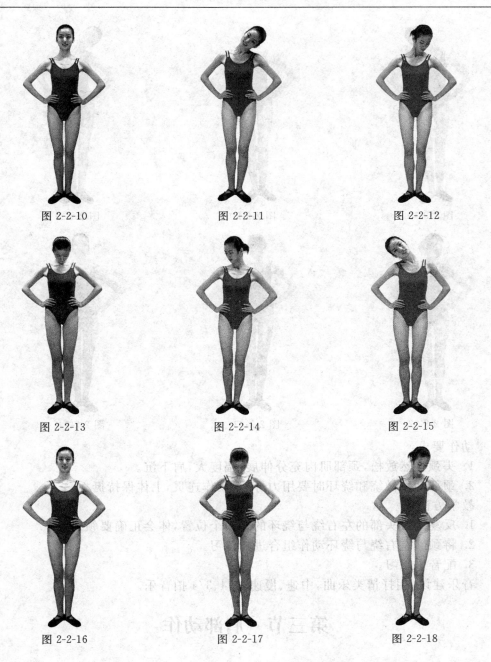

图 2-2-10　　　　　　　图 2-2-11　　　　　　　图 2-2-12

图 2-2-13　　　　　　　图 2-2-14　　　　　　　图 2-2-15

图 2-2-16　　　　　　　图 2-2-17　　　　　　　图 2-2-18

图 2-2-19　　　　　　图 2-2-20　　　　　　图 2-2-21

图 2-2-22　　　　　　图 2-2-23　　　　　　图 2-2-24

动作要求：

1. 头颈自然放松,颈部肌肉充分伸展,幅度大,肩下沉。

2. 颈部动作做绕和绕环时要用力舒缓,动作连贯,上体保持挺立。

教学方法：

1. 反复练习头部的左右绕与绕环的每一个位置,体会正确要领。

2. 将颈部左右绕与绕环动作组合进行练习。

3. 配音乐练习。

音乐建议：用抒情类乐曲,中速、慢速,4/4、3/4 拍音乐。

第三节　肩部动作

一、提肩、沉肩(见图 2-3-1～图 2-3-7)

提肩指肩胛骨做向上的运动;沉肩指肩胛骨做向下的运动。

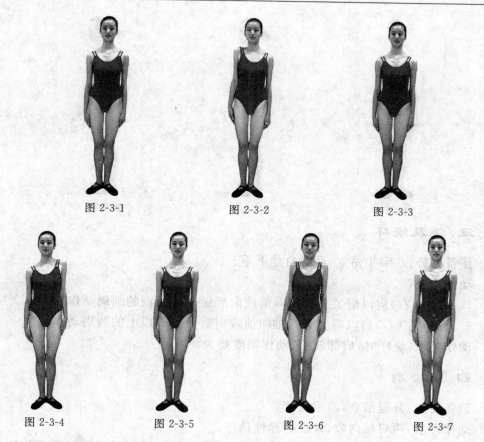

图 2-3-1　　　　　图 2-3-2　　　　　图 2-3-3

图 2-3-4　　　　图 2-3-5　　　　图 2-3-6　　　　图 2-3-7

预备姿势：八字步站立，两臂自然下垂。

动作方法：

1. 左肩上提，还原；右肩上提，还原。

2. 左肩、右肩依次提肩、沉肩。

3. 两肩同时提肩、沉肩。

二、收肩、展肩（见图 2-3-8～图 2-3-10）

预备姿势：八字步站立，两臂自然下垂。

动作方法：

1. 左（右）肩收肩、展肩。

2. 两肩依次收肩、展肩。

3. 两肩同时收肩、展肩。

图 2-3-8　　　　　　　　图 2-3-9　　　　　　　　图 2-3-10

三、绕及绕环

预备姿势：八字步站立，两臂自然下垂。

动作方法：

1. 绕：左（右）肩以肩关节为轴向前或向后做 360°之内的圆周动作。

2. 绕环：左（右）肩以肩关节为轴向前或向后做 360°以上的圆周动作。

动作要求：绕环时，肩部放松、动作幅度要大。

四、振　肩

预备姿势：分腿站立，两手叉腰。

动作方法：两肩做内收、外展的弹性动作。

动作要求：做提肩、沉肩时要最大限度上提和下沉。绕和绕环时，肩部放松，手臂伸直，幅度要大。振肩时要有速度、力度和弹性。

教学方法：

1. 先进行单一动作练习。

2. 动作熟练和规范后，进行肩部动作的组合练习。

3. 配音乐进行练习。

音乐建议：用抒情类乐曲，节奏轻快明显，2/4 拍音乐。

第四节　上肢和扩胸动作

一、上肢的练习

上肢包括手臂、手腕和手指。柔软的双臂及灵活的手腕和手指，能给人的形体美增添韵味，能使人的每一个动作产生动态美。因此，上肢是不可缺少的主要练习部位。

(一)手指屈伸

手指屈伸练习目的在于增强手指的灵活性和控制能力。

预备姿势：跪坐，双臂弯曲于胸前，五指张开，掌心向后。

动作方法：

1. 由小拇指依次屈至握拳，拳心向后。

2. 双拳外转，拳心向前，向上抬时肘至胸前平屈，由小拇指依次伸至五指张开。

动作要求：

手指的屈伸节奏要清楚，慢做时用力感觉在指尖上，握拳要紧，五指张开应充分，做时动作要连贯。

教学方法：

1. 先慢动作练习，动作熟练后再做快动作练习。

2. 配音乐做动作。

(二)手腕绕环

手腕绕环练习在于锻炼手腕的灵活性和手腕、手指的控制能力。

预备姿势：跪坐，双臂弯曲于体前，小臂与地面平行，手腕伸展，指尖下向，掌心向前，手型保持兰花指。

练习 2-1

动作方法：

1. 手腕屈，向上挑手指，指尖向上，掌心向后。

2. 指尖内转掌心向后。

3. 指尖经下向侧绕 4/3 周翻手腕至指尖向上，掌心向前。

4. 指尖向外绕手腕至开始姿势。

练习 2-2

动作方法：

1. 左手在左上方做手腕绕环一次还原至体侧。

2. 右手在右上方做手腕绕环一次还原至体侧。

动作要求：

1. 分解慢动作应注意指尖发力，并使动作路线清晰明确。

2. 连续动作应注意绕环圆润，节奏准确，并保持兰花指手型。

教学方法：

1. 分解慢动作练习，体会动作要领。

2. 连贯动作练习。

3. 配音乐练习。

音乐建议：用抒情类乐曲，中速、徐缓，4/4、3/4 节拍音乐。

（三）手臂控制

手臂控制动作包括举、屈、伸、摆动、绕环和波浪等练习。形体训练中大多数动作是通过手臂动作来完成的，而手臂的线条优美与否在很大程度上取决于手臂的形状，它赋予手臂以生命。手臂基本动作的练习是形体训练的重要内容之一。

预备姿势：立正，两手自然下垂。

练习 2-3（见图 2-4-1～图 2-4-3）

图 2-4-1　　　　　　　　图 2-4-2　　　　　　图 2-4-3

动作方法：

1. 左脚侧出一步成开立，同时两臂由体前交叉经上向外绕至侧平举（掌心向下）。

2. 两臂肩侧屈(两手半握拳,拳心相对)。

3. 两臂伸直成侧上举(掌心相对),眼看手。

4. 翻掌,两臂经侧还原。

5～8同1～4,但出右脚做。

练习2-4(见图2-4-4～图2-4-5)

图2-4-4   图2-4-5

动作方法:

1. 两臂于体前向内交叉,经上绕至侧平举。

2. 两臂经上至肩侧屈(两手半握拳,拳心相对),同时身体左转90°,左脚侧出一步,重心移至左脚,右脚尖后点地。

3. 身体右转90°,两臂伸直成侧上举(掌心相对)。

4. 还原。

5～8同1～4,但出右脚做。

练习2-5(见图2-4-6～图2-4-7)

图2-4-6   图2-4-7

动作方法：

1. 两手侧平举(掌心向下)。

2. 左脚侧出一步成开立，同时两臂经上向内绕环至侧平举。

3. 左脚向右脚并拢，同时两臂上举(掌心相对)。

4. 还原。

5～8同1～4，但方向相反。

动作要求：

1. 两臂伸直，注意整个两臂肌肉的控制力。

2. 动作用慢速和中速进行，呼吸要均匀。

教学方法：

1. 原地练习手臂的动作，反复练习。

2. 结合腿的动作完整的练习。

3. 配合音乐完成动作。

音乐建议：用抒情类乐曲，中速、徐缓，4/4、3/4节拍音乐。

(四)手臂的摆动

手臂摆动的范围一般不超过180°，可以在不同面上进行各种摆动。手臂的摆动是以肩为轴，包括前后摆动和左右摆动。

预备姿势：八字步站立。

1. 手臂的前后摆动(见图 2-4-8～图 2-4-10)

图 2-4-8　　　　　　　　图 2-4-9　　　　　　　　图 2-4-10

动作方法：

(1)两臂以肩为轴，同时向前向后摆动。

(2)两臂以肩为轴，同时左臂向前摆动，右臂向后摆动，接着相反做。

2. 手臂的左右摆动（见图 2-4-11～图 2-4-13）

图 2-4-11　　　　　　　　　　图 2-4-12　　　　　　　　　　图 2-4-13

动作方法：两臂以肩为轴，同时向左摆动，接着向右摆动。

3. 手臂的侧摆动（见图 2-4-14～图 2-4-17）

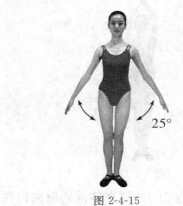

图 2-4-14　　　　　　　　　　　　　　　　　图 2-4-15

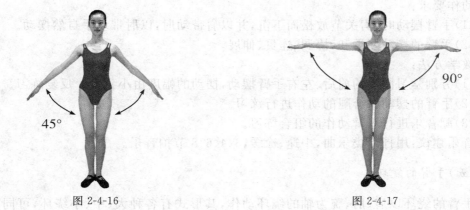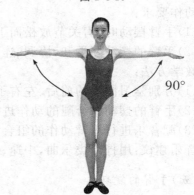

图 2-4-16　　　　　　　　　　　　　　　　　图 2-4-17

动作方法：两臂以肩为轴，同时向侧摆动，摆动的幅度由小到大。

4. 手臂体前交叉摆（见图 2-4-18～图 2-4-23）

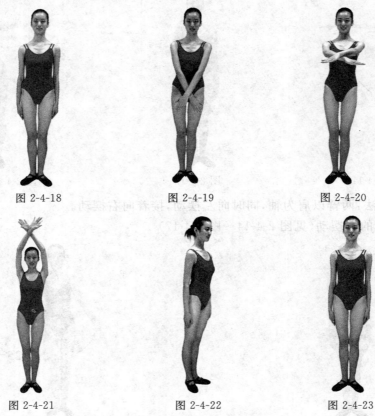

图 2-4-18　　　　　　　　图 2-4-19　　　　　　　　图 2-4-20

图 2-4-21　　　　　　　　图 2-4-22　　　　　　　　图 2-4-23

动作方法：两臂在体前同时向内摆动，再向外摆动。

动作要求：

(1)手臂摆动时，肩关节放松而下沉，并以肩带动肘，以肘带动手自然摆动。

(2)手臂的摆动要柔和、协调、连贯、伸展。

教学方法：

(1)分别学习同步的前后、左右手臂摆动，摆动的幅度由小到大。反复练习。

(2)手臂的摆动结合腿的动作进行练习。

(3)配音乐进行手臂动作的组合练习。

音乐建议：用抒情类乐曲，中速、徐缓，3/4、6/8 节拍音乐。

(五)手臂的绕环

手臂的绕环以肩、肘、腕为轴的绕环动作，其形式有各种大、中、小绕环，可同方向、不同方向及同时或依次绕环。

大绕环

预备姿势:八字步站立。

1. 两臂向前向后大绕环(见图 2-4-24～图 2-4-32)

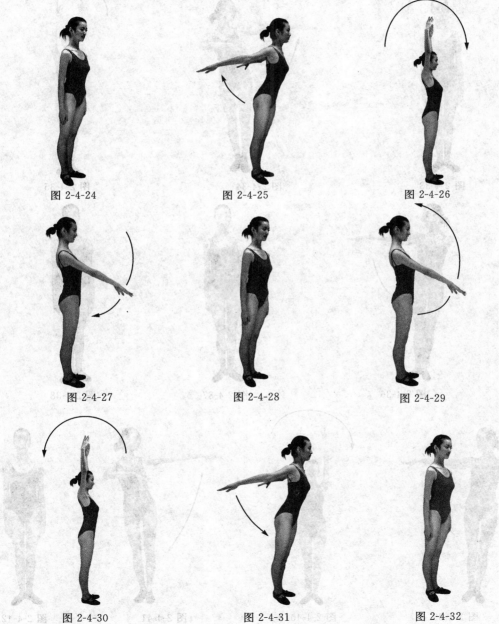

图 2-4-24   图 2-4-25   图 2-4-26

图 2-4-27   图 2-4-28   图 2-4-29

图 2-4-30   图 2-4-31   图 2-4-32

　　动作方法：两臂以肩为轴，由上举做向前绕环动作或由体前经上向后做绕环动作。

　　2. 两臂向左和向右大绕环（见图 2-4-33～图 2-4-42）

图 2-4-33　　　　　　图 2-4-34　　　　　　图 2-4-35

图 2-4-36　　　　　　图 2-4-37　　　　　　图 2-4-38

图 2-4-39　　　　图 2-4-40　　　　图 2-4-41　　　　图 2-4-42

动作方法:两臂以肩为轴,经右向左绕环一周和经侧向外绕环至侧举。

3. 手臂向外和向内大绕环(见图 2-4-43～图 2-4-52)

图 2-4-43　　　　　　　图 2-4-44　　　　　　　图 2-4-45

图 2-4-46　　　　　　　图 2-4-47　　　　　　　图 2-4-48

图 2-4-49　　图 2-4-50　　　　　图 2-4-51　　　　　图 2-4-52

动作方法:两臂以肩为轴,经侧向外绕环至侧举和侧举经下向内绕环至体侧。

动作要求:

(1)两肩放松,手臂伸直成一直线,大绕环时两臂尽量向远处伸。

(2)绕环方向和面要准确,速度均匀,幅度大。

教学方法:

(1)原地分别练习各类手臂大绕环,正确掌握动作路线和方向,逐渐由慢至正常速度。

(2)手臂的绕环配合脚的动作进行。

(3)配音乐进行手臂的绕环练习。

音乐建议:用抒情类乐曲,用4/4抒情慢板音乐。

中绕环

预备姿势:八字步站立,两臂侧举

1. 手臂向内水平中绕环(见图 2-4-53～图 2-4-55)

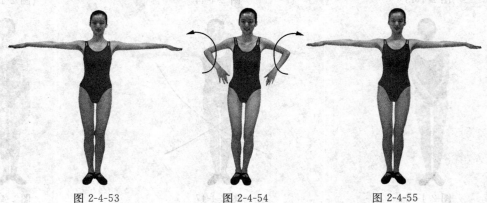

图 2-4-53　　　　图 2-4-54　　　　图 2-4-55

动作方法:两臂以肘为轴,小臂经下向内绕环一周。

2. 手臂向外水平中绕环(见图 2-4-56～图 2-4-58)

图 2-4-56　　　　图 2-4-57　　　　图 2-4-58

动作方法:两臂以肘为轴,小臂经上向外绕环一周。

动作要求:

(1)中绕环时大臂固定,肘放松,小臂尽量向远处伸。

(2)绕环的面要准确,速度均匀,幅度大。

教学方法:

(1)原地单臂练习向内和向外水平中绕环,正确掌握方向和面。

(2)原地两臂侧举练习向内和向外水平中绕环。

(3)配音乐做练习。

音乐建议:用抒情类乐曲,用4/4抒情慢板音乐。

小绕环

预备姿势:八字步站立,两臂侧举

1. 手臂向前和向后小绕环(见图2-4-59～图2-4-62)

图 2-4-59　　　　　　　　　　　　　　图 2-4-60

图 2-4-61　　　　　　　　　　　　　　图 2-4-62

动作方法:两臂以腕为轴向前绕环一周和向后绕环一周。

2. 手臂 8 字小绕环(见图 2-4-63)

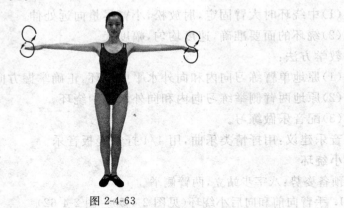

图 2-4-63

动作方法:两臂以腕为轴,手向下绕环一圈,接着向上绕环一周,成 8 字。

动作要求:小绕环时腕关节要固定、放松,手的绕环幅度要充分,速度均匀。

教学方法:

(1)原地练习各类小绕环动作,正确掌握方向和面,反复练习。

(2)配音乐练习。

音乐建议:用抒情类乐曲,用 4/4 抒情慢板音乐。

(六)手臂的波浪(见图 2-4-64、图 2-4-65)

图 2-4-64　　　　　　　　　　　　　　图 2-4-65

手臂波浪是以臂部各关节依次做柔和的屈伸动作。

预备姿势:八字步站立,两臂侧举(掌心向下)。

动作方法:以肩带动肘、腕、指依次弯曲,手指放松下垂,接着再从肩、肘、腕、指各关节依次推移伸展到指尖。

动作要求：由肩部开始发力，使肘、腕、掌、指各关节由屈至伸，形成依次、连贯的推移运动。动作圆滑、连贯。

教学方法：

1. 先做侧举的波浪动作，然后可在前举、上举及斜举等不同部位做。

2. 可两臂同时做波浪动作，也可两臂依次做波浪动作。

3. 配音乐做手臂的波浪动作。

音乐建议：用抒情类乐曲，中速、慢速 4/4、3/4 音乐。

二、扩胸动作练习

扩胸运动能促进人体胸椎得到充分的伸展，增加背部脊柱弹性，有利于呼吸功能的提高和血液循环的改善。

预备姿势：立正，两手自然下垂。

练习 2-6（见图 2-4-66、图 2-4-67）

图 2-4-66　　　　　　　　　　图 2-4-67

动作方法：

1. 左脚顺脚尖方向迈出成弓箭步，同时两臂经前至胸前平屈（掌心向下）后振一次。

2. 两臂经前翻掌至侧举后振一次。

3. 同 1。

4. 还原。

5～8 同 1～4，但出右脚做。

练习 2-7（见图 2-4-68、图 2-4-69）

图 2-4-68   图 2-4-69

动作方法：

1. 左脚向左侧出一大步成开立,同时两臂经前至胸前平屈（掌心向下）。

2. 向左转体 90°成左腿在前的弓箭步,同时两臂经前翻掌至侧举后振。

3. 同 1。

4. 还原。

5～8 同 1～4,但方向相反。

练习 2-8（见图 2-4-70～图 2-4-72）

图 2-4-70   图 2-4-71   图 2-4-72

动作方法：

1. 两臂经前至胸前平屈后振一次（掌心向下）。

2. 两臂经前翻掌至侧平举后振一次,同时左脚顺脚尖方向迈出成弓箭步。

3. 翻掌,两臂经体侧向前绕至侧上举(掌心相对)。

4. 两臂经前还原。

5~8同1~4,但出右脚做。

动作要求:振动迅速,富有弹性。

教学方法:

1. 教师讲解示范,学生模仿,反复练习。

2. 配音乐进行扩胸练习。

音乐建议:抒情类乐曲,用速度稍快,节奏明显2/4音乐。

三、胸、背部训练法

(一)含胸、挺胸

准备:直立,两臂自然下垂。

动作要领:低头含胸,抬头挺胸。开始时动作可以慢一点,逐渐加快。

(二)仰卧撑挺身

准备:直臂,双手远离臀部撑于垫上,呈直膝挺胸后仰坐姿势。

动作要领:用力向前上方挺腹,使腰、臀部挺起在一条线上,同时抬头挺胸吸气收腹还原,呼气。

(三)俯卧后举腿

准备:两腿并拢,两臂前伸,呈俯卧姿势。

动作要领:左臂上举,右臂不动,在左臂上举的同时,右腿绷直后举,稍停后还原。两腿交替练习。

(四)俯卧抬上体

准备:两腿并拢,两臂屈肘抱头,成俯卧姿势。

动作要领:抬头、挺胸、塌腰,将上体抬起,稍停后,还原。

(五)俯卧挺身

准备:两腿并拢,两臂伸直,成俯卧姿势。

动作要领:两臂和两腿同时向后上方摆动,挺胸、抬头、塌腰,成反弓形,稍停后,还原。

第五节　腰、腹部动作

一、腰、腹部练习

　　旅游服务人员工作时大都是站立的,腰是连接上、下体的枢纽。要使体态匀称健美,就应多做腰、腹部的练习,使腰腹肌发达。这样既可以消除多余的脂肪达到形体美的目的,又可以防止由于旅游服务工作的长期站立而引起的腰肌劳损。

　　练习 2-9

　　预备姿势:大分腿半蹲,膝关节向内侧,两臂侧举。

　　动作方法:

　　1. 右臂向左伸,同时胸部向右挺。还原。

　　2. 同前,但向另一侧做。反复练习。

　　练习 2-10

　　预备姿势:分腿站立,也可半蹲,两臂侧平举。

　　动作方法:

　　1. 上体向右侧屈,左臂上举,右臂置于体前。

　　2. 同前,向另一侧做。反复练习。

　　练习 2-11

　　预备姿势:分腿站立,两手扶头后。

　　动作方法:

　　1. 向后屈体,上体不直起,再做一次弹性屈体。

　　2. 两臂上举,上体不直起,再做一次弹性屈体。

　　3. 左分步,右脚提足踵,右手支撑在右大腿上,左臂上举,做弹性体侧屈。

　　4. 上体直起,还原;同前,向另一侧做。反复练习。

　　练习 2-12

　　预备姿势:左前臂和右手掌支撑成左侧卧。

　　动作方法:

　　1. 右腿侧举,至最高处停止不动。

2. 同前,右侧卧做。反复练习。

练习 2-13

预备姿势:两腿分开,跪坐右足跟,两臂前平举。
动作方法:

1. 跪立,再坐左足跟。
2. 同前,另一侧做。反复练习。
3. 向右侧做弹性屈体,再向左侧做。反复练习。

练习 2-14

预备姿势:仰卧,腿上举,两臂置于体侧。
动作方法:

1. 两腿由上经左向下至右绕一周。
2. 同前,方向相反。反复练习。

教学方法:

1. 教师讲解示范,学生模仿练习。反复练习。
2. 配音乐进行练习。

音乐建议:抒情类乐曲,用速度稍快,节奏明显 2/4 音乐。

二、腰、腹部训练法

(一)仰卧挺臀

准备:仰卧,两臂屈肘,两手垫后脑,腿伸直。
动作要领:以颈肩部和两脚跟为支点,用力向上挺起腰部、臀部和大腿,使身体中间离地成反弓形,同时吸气。随即放松腰、臀、腿部肌肉,恢复直体还原,同时呼气。

(二)跪腿屈直体

准备:两腿并拢屈膝跪于垫上,两手自然放于两腿边,向前弯腰屈体并低头。
动作要领:直腰展体向上摆举双臂,顺势抬头、挺胸,使躯干与两大腿成竖直状,然后低头向前弯腰屈体,还原成预备。

(三)仰卧举腿

准备:仰卧,两手置于体侧。

动作要领:吸气,用力将伸直的两腿并拢举起与躯干成直角,呼气,腿放下还原。

(四)仰卧起坐

1. 直体仰卧起坐

准备:直体仰卧,直臂往后伸。

动作要领:吸气,在向上向前摆动两臂时,收缩腹肌使上体坐起,尽量使脸靠近腿部,坐起后即后仰呈仰卧姿势。

2. 双手抱头屈膝仰卧起坐

准备:屈膝仰卧,两手抱于头后。

动作要领:吸气,两手抱于头后,收缩腹肌使上体坐起,尽量使胸部靠近大腿,坐起后即后仰成屈膝抱头仰卧姿势。

3. "两头起"

准备:直体仰卧,直臂往后伸。

动作要领:在摆动两手坐起上身的同时,快速举起伸直的双腿,手尽量触及脚尖,然后放松腹肌还原。

第六节　腿部下肢动作

通过腿部各种动作的练习,增强腿部的力量和控制能力,提高下肢动作的协调性、柔韧性、灵活性和腿部线条的优美性,使身体形态更加规范、优美。

一、提踵下蹲

练习 2-15(见图 2-5-1~图 2-5-3)

图 2-5-1　　　　　　　　　图 2-5-2　　　　　　　　　图 2-5-3

预备姿势：直立,两手叉腰。

动作方法：

1. 提踵立,还原。

2. 反复练习。

练习 2-16

预备姿势：直立,两手叉腰。

动作方法：

1. 提踵立。半蹲,脚踵仍提起。

2. 提踵立。还原。

二、踢腿练习

练习 2-17(见图 2-5-4、图 2-5-5)

图 2-5-4

图 2-5-5

预备姿势：直立,两手叉腰。

动作方法：

1. 右腿屈膝侧举。

2. 用力向侧踢,脚面向上。

3. 还原到1。

4. 还原。

5~8同1~4,换左腿做。

练习 2-18(见图 2-5-6、图 2-5-7)

预备姿势:立正,两手自然下垂。

动作方法:

　　1. 右腿向后上方用力踢出,同时两臂上举后振(掌心向前)。

　　2. 还原。

　　3. 同 1,换左腿做。

　　4. 还原。

　　5. 右腿向左侧踢起,两臂侧平举。

　　6. 还原。

　　7. 动作同 5,反向做一次。

　　8. 还原。

图 2-5-6　　　　　　　　　　　图 2-5-7

三、跳跃练习

练习 2-19(见图 2-5-8~图 2-5-10)

图 2-5-8　　　　　　　图 2-5-9　　　　　　　图 2-5-10

预备姿势:立正,两臂斜后举。

动作方法:

1. 两脚跳起,两臂摆至前平举。

2. 两脚跳起,两臂摆至斜后举。

3. 两脚跳起转体 180°(或 360°),两臂摆至上举(掌心相对)

4. 还原。

5~8 同 1~4,但转体方向相反。

练习 2-20(见图 2-5-11、图 2-5-12)

图 2-5-11　　　　　　　　　　　　　图 2-5-12

预备姿势:立正,两手自然下垂。

动作方法:

1. 右脚跳起,左腿屈膝前屈,右手屈肘触左膝部。

2. 左脚跳起,右腿屈膝前屈,左手屈肘触右膝部。

3. 右脚跳起,左腿屈膝右手侧举,左手触左脚面。

4. 左脚跳起,右腿屈膝左手侧举,左手触左脚面。

5~8 同 1~4。

教学方法:

1. 教师讲解示范,学生模仿练习。反复练习。

2. 配音乐进行练习。

音乐建议:抒情类乐曲,用轻快活泼有跳跃感,2/4 音乐。

四、腿、臀部训练法

(一)坐姿转髋

准备:坐姿屈膝,两腿并拢,双手撑于体侧。

动作要领:向左转髋使两腿倒向左侧,同时两臂用力支撑保持坐姿稳定。在左腿侧面触贴地板后随即转体向右。左、右反复做。

(二)仰撑转髋

准备:直臂仰撑姿势,全身挺直。

动作要领:向左(右)转臀45°左右,呼吸自然。

(三)坐姿单腿屈伸

准备:坐姿,两腿伸直并拢,两手撑于体侧。

动作要领:屈起左腿使大腿接近胸腹部,同时向上弹伸小腿,使左腿举起,稍停。放下左腿,右腿继续做。

(四)跪撑后摆腿

准备:两手直臂撑地,双腿屈膝跪撑(大腿与地面垂直,小腿与地面平行)。

动作要领:左腿伸直向后上方用力摆起,同时挺胸、塌腰、收臀。当左腿摆到不能再往上时,收回还原,右腿继续做。

(五)站立侧踢腿

准备:右手扶支撑物,左手叉腰站立。

动作要领:左腿向侧踢起,膝伸直。连续做15~20次后,换右腿做。

复习思考题

1. 热身活动对形体训练有何影响?
2. 热身活动应注意哪些方面?
3. 热身活动的作用有哪些?

旅游服务形体基本素质练习

通过身体各部分的基本素质练习,有针对性地全面发展身体各主要部位的机能素质,使身体具备较好的软度、开度、力量性、柔韧性和灵活性,让身体各部分肌肉和关节的柔韧性和能力相结合,为过渡到旅游服务姿态训练奠定基础。

形体基本素质练习是形体训练的重要内容之一。通过形体基本素质练习,能够促进身体正常发育,增强体质,提高身体活动能力,使身心得到全面的发展。同时,对培养青少年的心理、智力、意志品质等方面也有良好的作用。

形体基本素质练习,可对人体的腿、腰、腹、胸、背、手等各身体部位进行强化训练,从而提高肌肉群的力量和弹性,加强腿部支撑人体站立、立腰、立背的力量以及身体各部位的柔韧性,促进协调能力的发展,培养正确的身体姿势,改善和提高形态的控制能力。柔韧性和力量是形体基本素质中最主要的内容,它们的好坏直接涉及控制力和表现力的提高。特别是青少年正处在生长发育时期,有很大的可塑性,更需要加强形体素质练习,以利于良好身体形态的形成。

形体基本素质练习应注意的问题有:

(1)形体基本素质练习内容较多,应由易到难,由简单到复杂。

(2)每次形体基本素质练习要有重点,同时也要注意全面锻炼身体,避免内容单一化。

(3)在进行形体基本素质练习前要热身,结束后要放松。

(4)在做双人配合练习时,要考虑对方的接受能力,用力适度,以免发生伤害事故。

(5)练习时要强调对称动作的练习,避免身体对称部位的不协调。

第一节　身体的方位和脚、手的基本位置及动作

一、身体的方位

为了便于教学和练习,能够准确说明练习者在场地上练习时的方向,把开始面对的方向(场地的正前方)确定为 1 点,按顺时针方向,每 45°为一个基本方位点,将场地划分为 8 个方位点。场地的四个角右前方、右后方、左后方、左前方,分别是 2、4、6、8 点,场地的前方、右侧、后方、左侧分别是 1、3、5、7 点。

二、脚的基本位置和动作

(一)脚的基本形态

1. 勾脚:脚的五趾并拢伸直,脚尖用力向回钩。

2. 半勾脚:脚的五趾并拢伸直,趾关节做屈的动作。

3. 绷脚:脚的五趾并拢伸直,脚背绷直。

4. 扣脚:在绷脚的基础上,踝关节向脚的内侧做横摆动作,脚心尽量向上翻。

5. 撇脚:在勾脚的状态下,踝关节向脚的外侧做横摆动作,脚趾尽量向外撇。

(二)脚的基本位置

1. 正步(并立):两脚并拢,脚尖向前,脚踝最大面积接触。重心在两腿上。

2. 八字步(自然位):两脚跟靠拢,脚尖打开 45°~60°,向斜前方。

3. 大八字步(自然位):在八字步的基础上,一脚横向迈一步,两脚跟左右相距约一脚,两脚尖打开。

4. 丁字步：一脚脚跟在另一脚脚心处，形成"丁"字形，脚尖向斜前方。

脚是人体的"根"，动作的稳定性在很大程度上取决于"根"的牢固程度。因此，做各种脚位练习时，要求身体要直，挺胸立腰，收腿、收臀、收腹，全脚掌着地，重心落于两脚上。

教学提示：

(1)扶把练习，保持上身的稳定，体会脚的正确动作要领。

(2)离把练习，掌握后练习各种脚位提踵立。

(三)基本芭蕾脚位介绍

1. 一位

动作方法：两脚跟靠拢，脚尖向两侧分开，两脚成一直线。

2. 二位

动作方法：在一位的基础上，两脚跟分开相距约一脚，重心落在两脚上。

3. 三位

动作方法：在二位的基础上，一脚跟收回相叠在另一脚的脚弓处，两脚一前一后，平行站立。

4. 四位

动作方法：两脚前后平行，脚尖向两侧打开，两脚相距约一脚左右。

5. 五位

动作方法：两脚前后平行靠拢，脚尖向两侧。

脚的五个位置站立时必须注意把身体重心均衡地落在每个脚的三个支点上，也就是大脚趾、小脚趾和脚跟，髋、膝关节充分外展。

· 按次序学习芭蕾舞的五个脚位或将四位脚放最后学。

· 单手扶把或双手扶把进行练习，再脱把练习。

· 结合手位练习。

教学提示：

(1)站立时髋部要保持正直，腿部、臀部、腹部的肌肉向上收紧。

(2)练习前，要先充分活动各关节，再进行脚位的练习，以免造成损伤。

(3)脚位的练习要求两腿外旋，要有较好的开度。在练习中，如果开度达不到要求，不可强求，可先站八字步和大八字步，以免造成损伤。

(4)可采用 4/4 拍音乐节奏。

三、芭蕾舞基本手位

(一)基本手型

芭蕾舞对手的形态要求是:肩放松,肘、腕自然微屈,手臂呈弧形,手指并拢,自然伸直,拇指与中指稍向里合,从腕到指尖为一圆滑的弧线。

(二)基本手位

预备姿势:面向一点,右丁步站立。

节奏:4/4拍。

前奏:1~4拍不动。

1. 一位:1~4拍,两臂弧形下垂于体前,呈椭圆形,手心相对,指尖相对,两手相距约一拳左右,稍离开大腿根部(见图3-1-1)。

2. 二位:5~8拍,两臂保持一位的弧形抬至胸前,手心相对(见图3-1-2)。

3. 三位:1~4拍,两臂保持弧形上举,在额前上方,手心相对(见图3-1-3)。

4. 四位:5~8拍,一臂停留在三位,另一臂回落到二位,两臂保持弧形(见图3-1-4)。

5. 五位:1~4拍,一臂仍停留在三位,二位的手臂向侧打开至弧形侧举,稍偏前(见图3-1-5)。

6. 六位:5~8拍,在三位的手臂下落到二位(弧形前举),另一臂仍保持弧形侧举(见图3-1-6)。

7. 七位:1~4拍,在二位的手臂向侧打开至弧形侧举,稍偏前,另一臂仍保持弧形侧举,手心向前下方(见图3-1-7)。

8. 5~8拍,还原预备姿态。

图 3-1-1　　　　　图 3-1-2　　　　　图 3-1-3　　　　　图 3-1-4

图 3-1-5　　　　　　　　图 3-1-6　　　　　　　　图 3-1-7

（三）芭蕾舞的手位练习

1. 按次序学习芭蕾的七个手位。

2. 初学时每一个手位节奏可多控制几拍,反复练习。

3. 结合脚位进行练习。

4. 对手位进行重新组合练习。

教学提示:

（1）在练习芭蕾手位时,肩要放松,双手在变位过程中,两臂始终保持圆弧形,肘、腕、指关节自然微屈,不可出现棱角。

（2）手臂在前或侧面时,肘部不能下塌,要高于手腕,肩、肘、腕、指,依次由高到低的顺序不要改变。

（3）在动作过程中,要以肩关节为轴,整个手臂同时移动,肘和腕关节不要有多余的动作,头、眼随手走,身体各部位协调配合。

（4）练习时运用内力,上身保持平稳,收腹立腰,不要出现晃动。注意气息的运用。

第二节　扶把基本训练

　　扶把练习是一种辅助身体形态训练的手段,以便使初学者能够更快地掌握身体重心、掌握平衡,提高控制能力和转体动作的稳定性,培养准确的肌肉感觉,是保持良好形体的训练方法之一。经过有目的、有计划地把杆内容练习,可以使胸、脊柱、臀、脚踝、臂变得优雅,能够增强练习者的信心,巩固动作概念,最后离开把杆而独立完成动作技术,进而形成高贵的气质。

扶把练习包括擦地、蹲、小踢腿、小弹腿、单腿蹲、画圆、控制、压腿、大踢腿等几个部分的训练内容。扶把常用方法有两种:一是双手扶把。面向把杆,身体离把杆约两拳的距离,双手轻放在把杆上,两手距离与肩同宽,肘下垂,肩放松、下压。二是单手扶把。身体的侧面对把杆,单手在身体的侧前方轻扶把杆。无论采用哪一种扶把方法,都要求扶把的手轻轻放在把杆上,而不能抓把或身体不必要地靠把,否则会使动作走样、变形。没有把杆的可用椅子、桌子、窗台、肋木等器具替代进行练习。

一、起踵练习

音乐 2/4 拍,中速。

准备姿势:双手扶把,一位站立(见图 3-2-1)。

动作方法:

1. 第 1～4 小节:第 1～4 拍双脚跟慢提起,脚尖着地(见图 3-2-2);第 5～8 拍,立踵控制,慢慢还原。

2. 第 5～8 小节:动作同第 1～4 小节。

3. 第 9～12 小节:左脚侧移一步成二位(见图 3-2-3)。

4. 第 13～16 小节:动作同第 1～4 小节(见图 3-2-4)。

5. 第 17～20 小节:左脚向右脚退一步成五位(见图 3-2-5)。

6. 第 21～24 小节:双脚跟慢提起,脚尖着地(见图 3-2-6)。

7. 结束音乐:双手收回一位。

图 3-2-1　　　　　　　图 3-2-2　　　　　　　图 3-2-3

图 3-2-4　　　　　　　图 3-2-5　　　　　　　图 3-2-6

教学提示：

1. 起踵时双脚跟尽量上提，脚尖用力向上顶。双肩放松，腿、臀部肌肉收紧。

2. 速度应均匀，重心往上，控制身体平稳，立起、落下要稍慢。

3. 还原身体重心落在脚掌上，保持上身不松弛。

二、擦　地

音乐 2/4 拍。

准备姿势：右手扶把，左手二位，五位站立。

动作方法：

1. 准备拍（2 小节）：手从一位经二位侧打开成七位（见图 3-2-7、图 3-2-8）。

2. 第 1～2 小节：第 1 拍左脚全掌向前用力擦地、绷脚，伸出约一脚距离，重心在右腿上；第 2 拍左脚面逐渐绷直，脚尖前点地，脚跟提起（见图 3-2-9）；第 3 拍左脚尖擦地收回的同时，脚跟逐渐下压至着地，重心在右腿上；第 4 拍左脚收回至右脚前，成五位。

图 3-2-7　　　　　　　图 3-2-8　　　　　　　图 3-2-9

3. 第 3～4 小节:动作同第 1～2 小节。

4. 第 5～6 小节:第 1 拍左脚全掌向侧擦地、绷脚,伸出约一脚距离,重心在右脚上(见图 3-2-10);第 2 拍左脚面逐渐绷直,脚尖右侧点地,脚跟提起,重心在右脚上;第 3 拍左脚尖向回擦地的同时,脚跟逐渐下压着地;第 4 拍左脚收回至右脚后,成五位站立。

5. 第 7～8 小节:动作同第 5～6 小节。

6. 第 9～10 小节:第 1 拍左脚全掌向后擦地、绷脚,伸出约一脚距离,重心在右腿上;第 2 拍左脚面逐渐绷直,脚跟提起,用大脚趾内侧点地(见图 3-2-11);第 3 拍左脚尖向回擦地的同时,脚跟逐渐下压着地;第 4 拍左脚还原五位站立。

图 3-2-10　　　　　　　　　　　　　　图 3-2-11

7. 第 11～12 小节:动作同第 9～10 小节。

8. 第 13～16 小节:动作同第 5～8 小节。第 7～8 拍左脚收回前五位,双脚立起右转体 180°,同时右手离把打开至七位。左手收回扶把,双脚落地成前五位。

9. 第 17～28 小节:右脚为动力腿,动作同第 11～12 小节。

10. 结束拍(2 小节):右手收回到一位。

动作要点:

1. 主要发展脚背、踝的力量和柔韧及腿部肌肉的控制能力。

2. 右脚向前擦地时,要以脚尖领先,脚尖与支撑腿的脚跟成一直线。

3. 擦地收回时,脚尖主动向支撑腿的脚跟靠拢,脚掌紧贴地面收回,脚面、膝盖向外展。

4. 后擦地脚尖点地时,用大脚趾内侧点地脚面、膝盖外展。

教学提示:

1. 各方向的擦地可分别单独进行练习,把拍节放慢。

2. 各方向的擦地连接起来练习,拍节较慢。

3. 各方向的擦地以正常速度连接起来练习。

三、压脚跟

音乐 2/4 拍。

准备姿势：左手扶把，右手一位，五位站立。

动作方法：

1. 准备拍（2 小节）：手从一位经二位侧打开成七位。

2. 第 1～2 小节：第 1 拍右脚向前擦地、绷脚，伸出约一脚距离，脚面绷直，脚尖前点地，重心在左脚上；第 2 拍右脚跟迅速有力下压着地，又快速提起，脚面绷直；第 3 拍重复第 2 拍动作；第 4 拍右脚向回擦地成五位站立。

3. 第 3～4 小节：动作同第 1～2 小节。

4. 第 5～6 小节：第 1 拍右脚向侧擦地、绷脚，伸出约一脚距离，脚面绷直，脚尖侧点地，重心在左脚上；第 2 拍右脚跟迅速有力下压着地，又快速提起，脚面绷直；第 3 拍重复第 2 拍动作；第 4 拍右脚向回擦地成五位站立。

5. 第 7～8 小节：动作同第 5～6 小节。

6. 第 9～10 小节：第 1 拍右脚向后擦地、绷脚，伸出约一脚距离，脚面绷直，脚尖后点地，重心在左脚上；第 2 拍右脚跟迅速有力下压着地成四位脚，又快速提起，脚面绷直；第 3 拍重复第 2 拍动作；第 4 拍右脚向回擦地成五位站立。

7. 第 11～12 小节：动作同第 9～10 小节。

8. 第 13～16 小节：动作同第 5～8 小节。第 7～8 拍右脚收回前五位，双脚立起左转体 180°，同时左手离把打开至七位。右手收回扶把，双脚落地成前五位。

9. 第 17～28 小节：左脚为动力腿，动作同第 11～12 小节。

10. 结束拍（2 小节）：左手收回一位。

动作要点：

1. 注意起踵要充分，压脚跟要干脆有力，身体保持直立。

2. 脚跟下压时，经脚的四位站立姿势。

3. 压脚腿的脚跟与支撑腿的脚跟成一条直线，经脚的一位站立姿势。

4. 压脚跟的脚尖与支撑腿的脚跟对齐，经脚的四位站立姿势。

教法提示：

1. 两手扶把杆，两脚四位站立提踵练习。

2. 前、侧、后、侧各 8 拍压脚跟练习。

3. 前 4 拍向前擦地绷脚，后 4 拍向前擦地压脚跟练习。

4. 前 4 拍向侧擦地绷脚，后 4 拍向侧擦地压脚跟练习。

5. 前 4 拍向后擦地绷脚,后 4 拍向后擦地压脚跟练习。

6. 前、侧、后、侧各前 4 拍擦地绷脚,各后 4 拍压脚跟练习。

四、压　腿

音乐 4/4 拍。

(一)正面压腿

预备姿势:身体侧 45°面对把杆,八字步站立,手臂自然垂直于体侧。

动作方法:

1. 准备拍(1 小节):第 1、2 拍,左手臂三位,右手扶把,正吸右腿。第 3、4 拍,左直腿绷脚面放杆上(见图 3-2-11)。

2. 第 1、2 节:第 1 拍上体体前屈,与被压腿重叠,支撑腿伸直站立(见图 3-2-12);第 2 拍上体抬起成直立,两臂三位;第 3 重复第 1 拍动作;第 4 拍同第 2 拍动作;第 5～8 拍上体前屈,手抱脚停止不动。

3. 第 3、4 节动作同第 1、2 节。

4. 第 5～8 节动作同第 1～4 节,换左腿做。

动作要点:被压腿与支撑腿伸直,上体前屈时胸腹靠紧被压腿。

(二)侧面压腿

预备姿势:身体侧 45°侧对把杆,八字步站立,手臂自然垂直于体侧。

动作方法:

1. 准备拍(1 小节):第 1、2 拍,手右臂三位,左手扶把,侧吸左腿;第 3、4 拍,右脚一位,左直腿绷脚面放杆上(见图 3-2-13)。

2. 第 1、2 节:第 1 拍上体左侧屈,耳侧、左肩侧触及小腿,右手头上尽量触左脚(见图 3-2-14);第 2 拍上体抬起成直立,还原;第 3 拍重复第 1 拍动作;第 4 拍同第 2 拍动作;第 5～7 拍,上体侧屈,手抱脚停止不动。

图 3-2-11　　　　　　图 3-2-12　　　　　　图 3-2-13

3. 第 3、4 节动作同第 1、2 节。

4. 第 5～8 节动作同第 1～4 节,换右腿做。

(三)后压腿

预备姿势:身体侧 45°背向把杆站立,八字步站立,手臂自然垂直于体侧。

动作方法:

1. 准备拍(1 小节):第 1、2 拍,右手臂三位,左手扶把,左腿伸直后举,脚面放在把杆上(见图 3-2-15)。

2. 第 1～2 节:第 1 拍右支撑腿屈膝半蹲,上体直立;第 2、3 拍控制;第 4 拍右腿蹬直还原;第 5～8 拍尽量屈膝半蹲,停止不动。

3. 第 3～4 节动作同第 1～2 节。

4. 第 5～6 节第 1 拍上体体前屈振动,稍屈髋,右手臂三位;第 2 拍右腿屈膝,头后仰,挺胸、腹,上体后下腰至最大限度;第 3 拍重复 1 拍动作;第 4 拍同 2 拍动作;第 5～7 拍尽量体后屈,停止不动;第 8 拍还原成预备姿势。

图 3-2-14　　　　　　　　　　　图 3-2-15

5.第7～8节动作同第5～6节,换右腿做。

动作要点:体后屈时尽力抬头,挺腹、胸,手尽量接近脚。

教学提示:

1.可以分别单独进行各方向压腿练习。

2.也可以各方向2小节压腿练习,2小节耗腿练习。

3.压、耗、控腿时,保持胯正、立腰、立背。

五、踢　腿

音乐2/4拍。

(一)小踢腿

1.向前小踢腿

预备姿势:左脚前五位站立,左臂二位,右手扶把。

准备拍(2小节):手一位经二位侧打开成七位(见图3-2-17)。

动作方法:

(1)第1拍:左脚经擦地向前方踢出25°,支撑腿伸直(见图3-2-18)。

(2)第2拍:左腿前举,控制不动。

(3)第3拍:左腿伸直下落,脚尖侧点地(见图3-2-19)。

图 3-2-17　　　　　　　图 3-2-18　　　　　　　图 3-2-19

(4)第4拍:左脚擦地还原成前五位站立。

(5)第5～8拍:重复1～4拍动作。

(6)第2个8拍:换右腿踢。

2.向侧小踢腿

预备姿势:左脚前五位站立,左臂一位,右手扶把。

准备拍(2小节):手一位经二位侧打开成七位。

动作方法:

(1)第1拍:右脚经擦地向右侧踢起25°,支撑腿伸直站立(见图3-2-20)。

(2)第2拍:右腿侧举,停止不动。

(3)第3拍:右腿伸直下落,脚尖侧点地(见图3-2-21)。

图 3-2-20　　　　　　　　　图 3-2-21

(4)第4拍:右脚擦地还原成前五位站立。

(5)第5～8拍:重复1～4拍动作。

(6)第2个8拍:换左腿踢。

3.向后小踢腿

预备姿势:右脚后五位站立,左臂二位,右手扶把。

准备拍(2小节):手一位经二位侧打开成七位。

动作方法:

(1)第1拍:左脚经擦地向正后方踢起25°,支撑腿伸直(见图3-2-22)。

(2)第2拍:左腿后举,停止不动。

(3)第3拍:左腿伸直下落,脚尖后点地(见图3-2-23)。

图 3-2-22　　　　　　　　　　　　图 3-2-23

(4)第 4 拍:左脚擦地还原成后五位站立。

(5)第 5～8 拍:重复 1～4 拍动作。

(6)第 2 个 8 拍:换右腿踢。

动作要点:

(1)支撑腿与摆动腿都要伸直,上体保持正直。

(2)小踢腿动作经擦地向空中踢起 25°,绷脚,速度较快,有一定爆发力。

(3)踢出一拍完成,再控制一拍收回,控制好上身和胯不要晃动。

教学提示:

(1)分别单独进行各方向小踢腿练习。

(2)前、侧、后、侧各 8 拍踢腿练习。

(3)前、侧、后、侧各前 4 拍擦地绷脚,后 4 拍小踢腿练习。

(4)前、侧、后、侧各前 4 拍小踢腿,后 4 拍控腿停止不动姿态练习。

(5)建议在练习时采用 2/4 拍,速度较快,旋律清晰、明朗的音乐。

(二)大踢腿

1. 向前大踢腿

预备姿势:右脚前五位站立,右臂一位,左手扶把。

准备拍(1 小节):手一位经二位侧打开成七位。

动作方法:

(1)第 1 拍:右脚经擦地伸直向前方踢起至胸前,支撑腿伸直站立。

(2)第 2 拍:右腿伸直下落,脚经前擦地还原成前五位站立。

2. 向侧大踢腿

预备姿势:右脚前五位站立,右臂一位,左手扶把。

准备拍(2小节)：手一位经二位侧打开成七位。

动作方法：

(1)第1拍：右脚经擦地伸直向侧方踢起靠近耳侧，支撑腿伸直站立。

(2)第2拍：右腿伸直下落，脚经侧擦地还原成前五位站立。

3. 向后大踢腿

预备姿势：右脚后五位站立，右臂一位，左手扶把。

准备拍(1小节)：手一位经二位侧打开成七位。

动作方法：

(1)第1拍：右脚经擦地踢起伸直向后方至后上举部位，支撑腿伸直站立。

(2)第2拍：右腿伸直下落，脚经后擦地还原成后五位站立。

动作要点：

(1)大踢腿难度大，爆发力强，支撑腿用力钉住地面，支撑腿与摆动腿伸直，上身直立，不要摇晃。

(2)踢前、侧腿时，用脚背绷直的力量带动腿，尽量向上向远踢，胯、上身要正，要保持平稳。

(3)前踢腿高度不低于头。

(4)侧踢高度靠近耳侧。

(5)踢后踢时，上身直立，用大腿根部的力量带动腿向正后上方踢，高度尽量接近头后部。

教学提示：

(1)分别单独进行各方向大踢腿练习。

(2)各方向小踢腿四拍，接大踢腿四拍，分别单独进行练习。

(3)前、侧、后、侧45°小踢腿两拍，接90°小踢腿两拍，接大踢腿四拍动作练习。

(4)前、侧、后、侧大踢腿四拍，控腿两拍，落下两拍动作练习。

(5)建议练习时配节奏比较明快的音乐。

六、向前、向后画半圆

预备姿势：右脚前五位站立，左臂二位，右手扶把。

准备拍(2小节)：手一位经二位侧打开成七位。

动作做法：

(1)第1拍：右腿屈膝半蹲，左腿伸直向前伸出，脚尖点地(见图3-2-24)。

(2)第2拍：左脚尖经左侧向后画弧(半圆)(见图 3-2-25)，脚尖后点地(见图3-2-26)。

图 3-2-24　　　　　　　　　图 3-2-25　　　　　　　　图 3-2-26

（3）第 3 拍：由左脚尖后点地经左侧向前画弧（半圆），脚尖前点地。

（4）第 4 拍：右腿屈膝半蹲，由左腿前伸脚尖前点地，还原成五位站立。

（5）第 5～8 拍：重复 1～4 拍动作。

（6）第 2 个 8 拍：换右腿做。

动作要点：画半圆时以髋关节为轴，用脚尖沿地面画弧（半圆）。

教学提示：

（1）左腿直立，右腿伸直画半圆练习。

（2）由前向后画半圆练习。

（3）由后向前画半圆练习。

（4）向后画半圆，接向前画半圆练习。

（5）组合动作练习：向前、侧、后、侧各擦地绷脚 4 拍——向前、侧、后、侧小踢腿各 4 拍——由前向后画半圆——由后向前画半圆练习。

（6）建议练习时用 3/4 拍。

七、向前、向后绕腿

预备姿势：右脚前五位站立，右臂一位，左手扶把。

准备拍（2 小节）：手一位经二位侧打开成七位。

动作做法：

（1）第 1 拍：右腿伸直前举，与地面平行。

（2）第 2 拍：右腿伸直侧绕经左侧举。

（3）第 3 拍：右腿继续向后绕至后举，右臂二位。

（4）第 4～5 拍：右腿后举，停止不动。

（5）第 6 拍：右腿伸直向侧绕经侧举，右臂七位。

（6）第 7 拍：右腿继续向前绕至前举。

（7）第 8 拍：还原成预备姿势。

（8）第 2 个 8 拍：换左腿做。

动作要点：绕腿时，腿平举，身体保持直立。

教学提示：

（1）支撑腿半蹲，摆动腿伸直画半圆练习。

（2）支撑腿伸直站立，摆动腿稍举起（低于 90°）绕腿练习。

（3）面向把杆两手扶把，支撑腿伸直提踵立，摆动腿举至 90°，做前后绕腿练习。

（4）建议练习时采用 4 拍子，节奏比较舒缓的音乐。

八、弹腿

音乐 2/4 拍。

（一）小弹腿

预备姿势：脚一位站立，左臂一位，右手扶把。

准备拍（2 小节）：手一位经二位侧打开成七位，左脚向左侧擦出点地（见图 3-2-27 和图 3-2-28）。

图 3-2-27   图 3-2-28

动作方法：

1. 1×8 拍

（1）第 1～2 拍：右腿伸直站立，同时左腿屈膝用脚弓侧贴于右腿踝关节前侧处（膝盖向侧）（见图 3-2-29）。

（2）第 3～4 拍：左腿前伸，脚尖前点地（见图 3-2-30）。

图 3-2-29　　　　　　　　　　　　　图 3-2-30

（3）第 5～8 拍动作同第 1～4 拍。

2. 2×8 拍

（1）第 1～2 拍：右腿伸直站立，同时左腿屈膝勾脚，脚踝外侧贴于右腿踝关节前侧处（膝盖向侧）（见图 3-2-31）。

（2）第 3～4 拍：左腿快速向前弹出角度控制在 25°左右（见图 3-2-32）。

图 3-2-31　　　　　　　　　　　　　图 3-2-32

（3）第 5～8 拍动作同第 1～4 拍。

3. 3×8 拍

（1）第 1～2 拍：右腿伸直站立，同时左腿屈膝用脚弓侧贴于右腿踝关节前侧处（膝盖向侧）（见图 3-2-29）。

（2）第 3～4 拍：左腿侧擦出脚尖侧点地（见图 3-2-28）。

（3）第 5～6 拍：右腿伸直站立，同时左腿屈膝用脚弓侧贴于右腿踝关节后侧处（见图 3-2-33）。

第7～8拍动作同第3～4拍。

4. 4×8拍

(1)第1～2拍:与第2个8拍的第1～2拍相同(见图3-2-31)。

(2)第3～4拍:左腿快速向侧弹出角度控制在25°左右(见图3-2-34)。

图 3-2-33

图 3-2-34

　(3)第5～6拍:右腿伸直站立,同时左腿屈膝勾脚,脚踝外侧贴于右腿踝关节后侧处(膝盖向侧)(见图3-2-35)。

　(4)第7～8拍动作同第3～4拍。

5. 5×8拍

　(1)第1～2拍:右腿伸直站立,同时左腿脚踝内侧贴于右腿踝关节外侧处(膝盖向侧)(见图3-2-33)。

　(2)第3～4拍:右腿伸直站立,左腿后伸,脚尖后点地(见图3-2-36)。与第3个8拍的第5～6拍相同(见图3-2-33)。

图 3-2-35

图 3-2-36

(3)第5～8拍动作同第1～4拍。

6. 6×8拍

(1)第1~2拍:右腿伸直站立,同时左腿屈膝勾脚,脚踝前内贴于右腿踝关节后外侧处(膝盖向侧)(见图3-2-35)。

(2)第3~4拍:左腿快速向后弹出角度控制在25°左右(见图3-2-37)。

(3)第5~8拍动作同第1~4拍。

7. 7×8拍

(1)第1~2拍:右腿伸直站立,同时左腿屈膝用脚弓侧贴于右腿踝关节后侧处(见图3-2-33)。

(2)第3~4拍:动作同3×8拍的第3-4拍(见图3-2-28)。

图3-2-37　　　　　　　　　　　　　　图3-2-38

(3)第5~6拍:右腿伸直站立,同时左腿屈膝用脚弓侧贴于右腿踝关节前侧处(见图3-2-29)。

(4)第7~8拍动作同第3~4拍。

8. 7×8拍动作同4×8拍。收势。换方向练习。

(二)吸腿大弹腿

预备姿势:八字步站立,左臂七位。

动作方法:

1. 1×8拍

(1)第1拍:右腿伸直站立,左腿伸直,脚擦地前举90°,控制第2、3拍(见图3-2-38)。

(2)第4拍:右腿伸直站立,同时左腿屈膝(膝盖向前),脚面内侧贴于左腿膝关节内侧处(见图3-2-39)。

(3)第5~8拍动作同第1~4拍。反复做练习2×8拍。

2.3×8拍

(1)第1拍:右腿伸直站立,左腿伸直左侧举,控制第2、3拍(见图3-2-40)。

图3-2-39　　　　　　　　　　图3-2-40

(2)第4拍:右腿伸直站立,同时左腿屈膝,脚底贴于左腿膝关节内侧处(见图3-2-41)。

(3)第5~8拍动作同第1~4拍。反复做练习2×8拍。

3.5×8拍

(1)第1拍:右腿伸直站立,左腿伸直后举(见图3-2-42)。

图3-2-41　　　　　　　　　　图3-2-42

(2)第4拍:右腿伸直站立,同时左腿屈膝,脚面内侧贴于右腿膝关节内侧处。

(3)第5~8拍动作同第1~4拍。反复做练习2×8拍。

4．7×8 拍、8×8 拍

动作同 3×8 拍,4×8 拍。收势。换方向练习。

动作要点:

1．做动作时,要控制好立腰、立背、挺胸、收腹形态。

2．吸腿小弹腿和吸腿大弹腿时,大腿都不动,以脚面带动小腿迅速弹出伸直,并停止在指定的高度上。

3．向前弹腿运动腿膝关节向前,向侧、向后弹腿运动腿膝关节向侧。

教学方法:

1．先做摆动腿屈伸,再配合支撑腿不提踵屈伸练习。

2．支撑腿提踵小弹腿练习。

3．面向把杆两手扶把,分别进行各方向的小弹腿练习。

4．面向把杆两手扶把,侧、后大弹腿练习。

5．摆动腿前、后伸提踵时,加转体 180°、360°的动作练习。

6．建议练习时采用节奏舒缓的音乐。

九、移重心

(一)向前移重心

预备姿势:五位站立,右腿站立,左腿前伸脚尖点地,左臂七位(见图 3-2-43 和图 3-2-44)。

图 3-2-43

图 3-2-44

动作方法:

1．第 1～2 拍:右腿屈膝半蹲,当左腿向前移重心的同时,右左脚尖再向前移出一脚距离。

2. 第3～4拍：脚跟着地，身体重心由后经两腿屈膝半蹲移至左脚上，成左腿站立，右腿后伸，脚尖点地（见图3-2-45和图3-4-46）。

图 3-2-45

图 3-2-46

（二）向后移重心

预备姿势：五位站立，左腿站立，右腿后伸脚尖点地，右臂七位（见图3-2-43和图3-2-46）。

动作方法：

1. 第1～2拍：左腿屈膝半蹲，当左腿向后移重心的同时，右脚尖再向后移出一脚距离。

2. 第3～4拍：接着脚跟着地，身体重心由前经两腿屈膝半蹲移至右脚上，成右腿站立.左腿前伸，脚尖点地（见图3-2-44和图3-2-45）。

动作要点：前后移重心时，经两腿前、后屈膝半蹲的动作过程，上体保持直立，平稳移动。

教学提示：

1. 两脚前后开立，做前后移重心练习。

2. 前弓步向后移重心练习。

3. 后弓步向前移重心练习。

4. 建议练习时采用节奏舒缓的音乐。

（三）左、右移重心

预备姿势：面向把杆两手扶把，左腿站立，右脚右侧伸，脚尖点地（见图3-2-47）。

图 3-2-47

动作做法：

1. 第 1～2 拍：左腿屈膝半蹲，当左腿向右移重心的同时，右脚尖再向右侧移出一脚距离（右侧弓步）；接着脚跟着地，身体重心由左经两腿屈膝半蹲移至右脚上，成右腿站立，左腿左侧伸，脚尖点地（见图 3-2-48 和图 3-2-49）。

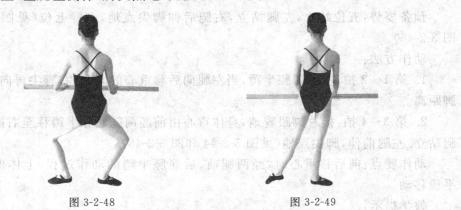

图 3-2-48　　　　　　　　　　　　　　图 3-2-49

2. 第 3～4 拍：右腿屈膝半蹲，当右腿向左移重心的同时，左脚尖再向左侧移出一脚距离（左侧弓步）；接着脚跟着地，身体重心由右经两腿屈膝半蹲移至左脚上，成左腿站立，右腿右侧伸，脚尖点地。

动作要点：左、右移重心时，经两腿屈膝半蹲的动作过程，上体保持直立，平稳移动。

教学提示：

1. 两腿左右开立，做直腿移重心练习。

2. 右侧弓步向左移重心练习。

3. 左侧弓步向右移重心练习。

4. 建议练习时采用节奏舒缓的音乐。

十、吸腿转体

(一)吸腿转体180°

预备姿势:五位站立,右臂一位。

动作做法:

1. 第1拍:左腿屈膝半蹲,右腿向前伸出,脚尖点地,右臂二位。

2. 第2拍:左腿伸直提踵立,右腿屈膝向右侧,脚底贴于左腿膝关节内侧处;左手推离把杆,两臂二位;以左前脚掌为轴,向中后转头、肩,带动身体转体180°,脚跟落下。换右手扶把,左臂七位。

3. 第3~4拍:换右腿做。

(二)吸腿转体360°

预备姿势:面向把杆,两手扶把,五位站立(见图3-2-50)。

动作做法:

1. 第1拍:右腿屈膝半蹲,左腿向前伸出,脚尖点地(见图3-2-51)。

图 3-2-50　　　　　　　　　　　　　　图 3-2-51

2. 第2拍:右腿伸直提踵立,左腿屈膝,脚底贴于右腿膝关节内侧处;两手推离把杆成二位或三位;以右前脚掌为轴,向左后转头、肩,带动身体转体360°,两手扶把,脚跟落下,还原成五位站立(见图3-2-52~图3-2-56)。

图 3-2-52　　　　　　　　　　　　图 3-2-53

图 3-2-54　　　　　　图 3-2-55　　　　　　图 3-2-56

3. 第 3～4 拍:换左腿做。

动作要点:转体时,身体需保持与地面垂直,并尽力高提踵,转体要正。

教学提示:

1. 两腿交叉提踵向左(右)转体 180°练习。

2. 右手扶把,左腿向前踢腿,同时转体 180°,左手扶把。

3. 两手扶把,单足提踵立转体 360°练习。

4. 建议练习时采用感觉比较舒缓的音乐。

十一、身体前后波浪

预备姿势:正步站立,左臂一位经二位侧打开至三位(见图 3-2-57～图 3-2-59)。

图 3-2-57

图 3-2-58

图 3-2-59

动作方法：

1. 第 1~2 拍：两腿屈膝半蹲的同时，含胸、低头（见图 3-2-60 和图 3-2-61）。

2. 第 3~4 拍：提踵的同时，向前依次伸膝、伸髋、挺腹、挺胸、抬头，左臂经体侧后摆至三位，伸直身体，提踵立。

图 3-2-60

图 3-2-61

图 3-2-62

3. 第 5~6 拍：两腿屈膝半蹲的同时，挺胸、抬头（见图 3-2-62）。

4. 第 7~8 拍：提踵的同时，伸膝依次向后屈髋、拱腰、拱背（含胸）、低头，左臂经后、下、前摆至三位，伸直身体，提踵立。

动作要点：动作缓慢、连贯，各关节依次屈伸，形成浪峰。

教学提示：

1. 膝关节屈伸练习。

2. 髋关节屈伸练习。

3. 头、颈、胸屈伸练习。

4. 跪坐，上体前后波浪练习。

5. 向前、后移体重波浪练习。

6. 建议练习时采用 4 拍子，节奏缓慢的音乐。

十二、下腰

(一)向前下腰

预备姿势:八字步站立,左臂一位经二位侧打开成三位。

动作方法:

1. 第1~2拍:屈髋,上体前屈,后背挺直,头下垂,右手触地(见图3-2-63)。

2. 第3~4拍:上体经前抬起成直立,左臂三位(见图3-2-64)。

3. 第5~6拍:挺腹、挺腰、挺胸,抬头,体后屈,右手尽量触地(见图3-2-65)。

4. 第7~8拍:上体向前抬起成直立,左臂三位(见图3-2-63)。

动作要点:下腰时,肩、胸、腰依次体前、后屈,头颈自然,目视三位手,起立时从腰先开始,再依次抬起。

图 3-2-63　　　　　　　图 3-2-64　　　　　　　图 3-2-65

(二)腰侧屈

预备姿势:八字步站立,右臂一位经二位侧打开成三位。

动作方法:

1. 第1~2拍:上体向左侧屈,左手体侧轻扶把,头颈保持自然姿势,目视前方。

2. 第3~4拍:向左转体90°,两手扶把不动,体前屈。

3. 第5~6拍:再向右转体90°,右手扶把不动,成右侧体侧屈。

4. 第7~8拍:上体抬起成直立,左臂三位。

动作要点:一侧髋充分拉长肌肉,另一侧髋尽力收缩肌肉。

教学提示:

1. 体前屈练习。

2. 腰部环绕练习。

3. 体侧屈练习。

4. 体后屈练习（单、双脚站立）。

5. 建议练习时采用 4 拍子，节奏舒缓的音乐。

十三、蹲

（一）一位半蹲

预备姿势：一位站立，左臂一位经二位侧打开成七位（见图 3-2-66）。

图 3-2-66

动作做法：

1. 第 1～4 拍：上体直立，屈膝缓慢下蹲至大腿与小腿成 90°角（见图 3-2-66）。

2. 第 5～8 拍：两腿缓慢伸直。

动作要点：下蹲与伸膝时，上体始终保持直立并与地面垂直。

教学提示：

1. 练习时都要收腹、立腰。

2. 两手叉腰，背靠把杆，缓慢半蹲练习。

3. 面向把杆两手扶把，半蹲练习。

4. 侧向单手扶把，半蹲练习。

5. 头顶一物，半蹲练习。

6. 建议练习时采用节奏缓慢的音乐。

（二）一位全蹲

预备姿势：一位站立，左臂一位经二位侧打开成七位。

动作方法：

1. 第1～4拍：上体直立，两腿屈膝缓慢下蹲至大、小腿重叠，并提起两脚跟；左臂成一位或二位(见图3-2-67)。

图 3-2-67

2. 5～8拍：两腿缓慢伸直，左臂二位至七位，脚跟落下。

动作要点：伸膝时要匀速，全蹲时要提踵，上体保持直立。

教学提示：

1. 背靠墙全蹲练习。

2. 侧向扶把半蹲练习。

3. 一人拍半蹲练习，二人拍全蹲练习。

4. 建议练习时选用节奏比较舒缓的音乐。

十四、组合动作

练习 3-1

1. 3×8拍

(1)第1～4拍：向前擦地——压脚跟两次，还原成五位站立。

(2)第5～8拍：向侧擦地——压脚跟两次，还原成五位站立。

2. 2×8拍

(1)第1～4拍：向后擦地——压脚跟两次，还原成五位站立。

(2)第5～8拍：向侧擦地——压脚跟两次，还原成五位站立。

3. 3×8拍

(1)第1～4拍：向前45°小踢腿两次，还原成五位站立。

(2)第5～8拍：向侧45°小踢腿两次，还原成五位站立。

4. 4×8 拍

(1)第 1～4 拍:向后 45°小踢腿两次,还原成五位站立。

(2)第 5～8 拍:向侧 45°小踢腿两次,还原成五位站立。

练习 3-2

1. 1×8 拍

(1)第 1～4 拍:向前 45°小踢腿两次,还原成五位站立。

(2)第 5～7 拍:向前 45°控腿。

(3)第 8 拍:还原成五位站立。

2. 2×8 拍

(1)第 1～4 拍:向侧 45°小踢腿两次,还原成五位站立。

(2)第 5～7 拍:向侧 45°控腿。

(3)第 8 拍:还原成五位站立。

3. 3×8 拍

(1)第 1～4 拍:向后 45°小踢腿两次,还原成五位站立。

(2)第 5～7 拍:向后 45°控腿。

(3)第 8 拍:还原成五位站立。

4. 4×8 拍

(1)第 1～4 拍:向侧 45°小踢腿两次,还原成五位站立。

(2)第 5～7 拍:向侧 45°控腿。

(3)第 8 拍:还原成五位站立。

练习 3-3

1. 1×8 拍

(1)第 1～2 拍:向前 45°小踢腿。

(2)第 3～4 拍:向前 90°小踢腿。

(3)第 5～7 拍:向前 90°控腿。

(4)第 8 拍:还原成五位站立。

2. 2×8 拍

(1)第 1～2 拍:向侧 45°小踢腿。

(2)第 3～4 拍:向侧 90°小踢腿。

(3)第 5～7 拍:向侧 90°控腿。

(4)第 8 拍:还原成五位站立。

3. 3×8 拍

(1)第 1～2 拍:向后 45°小踢腿。

（2）第 3～4 拍：向后 90°小踢腿。

（3）第 5～7 拍：向后 90°控腿。

（4）第 8 拍：还原成五位站立。

4. 4×8 拍

（1）第 1～2 拍：向侧 45°小踢腿。

（2）第 3～4 拍：向侧 90°小踢腿。

（3）第 5～7 拍：向侧 90°控腿。

（4）第 8 拍：还原成五位站立。

第三节　腿部力量和柔韧性练习

一、脚面柔韧性练习

脚面柔韧性练习是形体训练不可忽视的一个环节，它可以拉长腿部肌肉，增强腿的长度和肌肉的力度，使其线条修长、优美，对以后的各部位练习以及组合练习都有重要的作用，是体现形体美、姿态美的一个重要标志。一般采用单人练习和双人配合练习两种方式进行。

（一）单人练习

练习 3-1　跪坐压脚背练习

预备姿势：练习者双腿跪坐于地毯上，双脚双腿靠拢夹紧，脚面绷直贴于地面上，收腹、立腰，双手放在大腿两侧（见图 3-3-1）。

动作方法：

（1）1×8 拍动作：第 1～4 拍，1 拍一动压脚踝；第 5～8 拍，臀部坐在踝关节上停 4 拍（见图 3-3-2）。

（2）2×8 拍动作：第 1～4 拍，两膝盖打开，臀部上下一拍一动，压踝关节；第 5～8 拍，臀部在踝关节停 4 拍（见图 3-3-3、图 3-3-4）。

（3）3×8 拍、4×8 拍动作：同前两个 8 拍动作。

图 3-3-1　　　　　　　　　　　　　　图 3-3-2

图 3-3-3　　　　　　　　　　　　　　图 3-3-4

教学提示：脚面绷直，收腹，上下压踝时动作柔和。

练习 3-2　勾、绷脚面练习

音乐 2/4 拍。

预备姿势：直角坐于地毯上，双臂置于体侧，指尖点地（见图 3-3-5）。

动作方法：

（1）1×8 拍：第 1～2 拍，勾起双脚脚趾（见图 3-3-6）；第 3～4 拍，勾起脚面，脚跟用力前蹬，使脚面与小腿的角度越小越好；第 5～8 拍绷脚还原成开始姿态。

（2）2×8 拍：动作同 1×8 拍。

（3）3×8 拍：第 1～2 拍，勾左脚脚趾；第 3～4 拍，勾起左脚面，脚跟用力前蹬，使脚面与小腿的角度越小越好（见图 3-3-7）；第 5～8 拍，左脚绷脚还原成开始姿态。

（4）4×8 拍：动作同 3×8 拍，换右脚做。

（5）5×8 拍：第 1～2 拍，双脚勾起脚面；第 3～4 拍，双脚绷脚面；第 5～8 拍，动作同 1～4 拍。

(6)6×8拍:动作同5×8拍。

(7)7×8拍:第1~2拍,双脚勾;第3~4拍,双脚外分开至最大限度;第5~6拍,双脚经外侧向前;第7~8拍,绷脚尖(见图3-3-8)。

图 3-3-5　　　　　　　　　　　　　　图 3-3-6

图 3-3-7　　　　　　　　　　　　　　图 3-3-8

(8)8×8拍:第1~2拍同7×8拍的第5~6拍;第3~4拍同7×8拍的第3~4拍;第5~6拍同7×8拍的第1~2拍;第7~8拍同7×8拍的第7~8拍。

教学提示:

(1)做动作时,应加强紧臀、立腰、立背、挺胸、立颈、微抬头的姿态控制。

(2)双腿并拢伸直,绷好脚面,踝关节动作幅度要大。

(3)增强腿部肌肉收缩力量,独立完成脚面控制练习。

练习3-3　举腿勾、绷脚练习

音乐2/4拍。

预备姿势:练习者仰卧在地毯上,双腿并拢伸直绷脚面,收腹、挺胸、绷脚面,双手心向下置于体侧(见图3-3-9)。

动作方法:

(1)1×8拍:第1拍左脚向正方绷脚面举起(见图3-3-10);第2拍勾脚面(见图3-3-11);第3拍绷脚面(见图3-3-11);第4拍还原成预备姿势;第5~8拍双脚向正

方向绷脚面举起,动作同 1~4 拍(见图 3-3-12、图 3-3-13)。

(2)2×8 拍:同 1×8 拍,动作相同,换脚做。

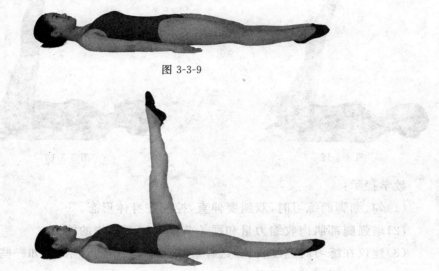

图 3-3-9

图 3-3-10

图 3-3-11

图 3-3-12　　　　　　　　　　　　　　　　图 3-3-13

教学提示：

(1)勾、绷脚面练习时，双腿要伸直，控制好身体形态。

(2)增强腿部肌肉收缩力量和踝关节控制脚面动作的能力。

(3)建议在练习时速度要快，选择旋律清晰、明朗的音乐，例如一些钢琴曲。

练习 3-4　弹踢腿绷面练习

音乐 2/4 拍。

预备姿势：平躺于地毯上，挺胸，收腹，双腿伸直，双手心向下置于体侧。

动作方法：

(1)1×8 拍：第 1 拍迅速向正上方收右腿(见图 3-3-14)；第 2 拍右小腿弹直成举腿状态(见图 3-3-15)；第 3 拍屈膝回收成 1 拍状后，迅速弹踢至斜上方；第 4 拍还原；第 5 拍右侧收右腿，放于左腿外侧(见图 3-3-16)；第 6 拍右小腿弹直，使大小腿迅速弹踢至斜上方；第 7 拍屈膝回收成 5 拍姿势后，迅速弹踢至斜上方；第 8 拍还原。

图 3-3-14

图 3-3-15

图 3-3-16

(2)2×8拍：同1×8拍，方向相反，动作相同。

教学提示：

(1)保持身体的基本形态，收腿时大小腿要夹紧，绷腿面脚尖点地。

(2)弹腿时，大腿不动，小腿弹直；在侧弹腿时，骨盆固定紧贴地面。

(二)双人配合练习

练习 3-5 （见图 3-3-17）

预备姿势：练习者直角坐在地毯上，双臂置于体侧，指尖点地。协助练习者跪于练习者的对面，双手按在练习者的脚趾关节处。

动作方法：一拍一压，做 4×8 拍后，最大限度地压，控制 20 秒，协助练习者动作由轻压逐渐加力，练习者要保持身体的正确形态，配合帮助者进行练习。双人交换练习。

图 3-3-17

教学提示：

(1)练习者要夹紧双腿,绷脚面,紧臀,立腰,立背,肩放松后夹,挺胸,立颈,略抬头。

(2)通过练习增强立腰、立背控制能力,提高绷脚面的能力。

(3)音乐 2/4 拍。

练习 3-6　(见图 3-3-18)

图 3-3-18

预备姿势:两练习者直角坐在地毯上,两人脚掌相对贴紧,双手在体后支撑上体。

动作方法:

(1)1×8 拍:一人踝关节屈,另一人踝关节伸,一拍一动交换进行。

(2)2×8 拍:两人踝关节向外绕环,4 拍一动,脚跟不离地。

(3)3×8 拍:向内绕环。

(4)4×8 拍:重复 1×8 拍的动作。

教学提示:

(1)练习者要紧臀、立腰、立背、挺胸,要最大限度伸踝关节并配合协调。

（2）音乐 4/4 拍。

练习 3-7　（见图 3-3-19）

预备姿势：练习者跪坐于地毯上，协助练习者前脚掌踩在练习者的脚心处。

动作方法：1×8 拍时，帮助者踩其脚心为一压一放松，一拍一动，踩控制 3×8 拍。

教学提示：

（1）练习者双腿跪坐在地毯上，双脚双腿靠拢夹紧，脚面绷直贴于地毯上。

（2）收腹、立腰、立背，头略抬，双手放松，放在大腿上，练习时保持上体形态。

（3）音乐 2/4 拍。

图 3-3-19

二、腿部练习

腿部练习是基本功训练的主要部分，重点是加强髋关节、膝关节、踝关节的坚固性和灵活性，以提高站立姿态时腿部的支撑能力和体形的优美程度。一般采用单人和双人两种练习形式进行。

（一）单人练习

练习 3-8　直腿屈体压腿练习（见图 3-3-20）

音乐 2/4 拍。

预备姿势：练习者双腿直立站好，双臂伸直，十指体前交叉，手心向下。

动作方法：

（1）一拍一振。

（2）1×8 拍：一拍前半拍，用力下振，后半拍上体稍抬起，做 1 个 8 拍。

（3）2×8 拍：腿分开直腰，双手抓住脚踝，用力下振，一拍一动（见图 3-3-21）。

（4）3×8 拍：第 1～2 拍，屈膝展髋，蹋腰前压上体；第 3～4 拍，直立还原，分腿站；第 5～8 拍动作同第 1～4 拍（见图 3-3-22）。

图 3-3-20

图 3-3-21

图 3-3-22

(5)4×8 拍：重复 1×8 拍的动作。

教学提示：

(1)做动作时，双腿并拢伸直，腰发力向下振，动作幅度要大，手心须触及地面。

(2)通过练习可以增强腿部柔韧性。

练习 3-9　坐地正前压

预备姿势：练习者直角坐在地毯上，立腰、立背，头向上顶，绷脚，双手两旁展开。

动作方法：

(1)准备拍(2 小节)：双手抬至三位(见图 3-3-23)。

(2)用 4 拍完成上体前倾，双手扶踝关节动作。一拍一压(见图-3-24)。

图 3-3-23　　　　　　　　　　图 3-3-24

（3）1×8 拍的第 1 拍前半拍，上体前压，后半拍略抬起，反复练习 4×8 拍。前压至最大限度做 4×8 拍。

教学提示：

（1）做动作时，应控制好双腿，并拢、伸直、收紧，呈绷好脚面的形态。

（2）前压时稍抬头，上身尽量向长向远往下压，背拉直，尽量胸贴大腿，双小臂贴近地面。

（3）通过练习可以增强腰、腿部的力量和柔韧性。

练习 3-10　劈叉正前腿

音乐 2/4 拍。

预备姿势：练习者分腿坐，上体面对右腿，双臂自然在右腿两侧扶地（见图 3-3-25）。

动作方法：两拍一压，1×8 拍的第 1 拍，上体用力下压（见图 3-3-26），第 2 拍上体略抬起，反复练习 4×8 拍。上体最大限度前压，做 4×8 拍。换方向练习 8×8拍。上体转向正前方，上体向前压 4×8 拍，前压到最大限度做 4×8 拍。

图 3-3-25

图 3-3-26

教学提示：

(1)做动作时,应控制好双腿伸直,呈绷好脚面的状态。

(2)上体前压时,胸、腹部应贴近大腿面,腰背立住,双小臂屈时,贴近地面。

(3)通过练习可以增强腰、腿部的力量和柔韧性。

(4)建议在练习时配上比较舒缓的音乐。

练习 3-11 劈叉压后腿

音乐 2/4 拍。

预备姿势:练习者分腿坐,右前直腿,绷脚,腿外开,双臂自然在体侧撑地。

图 3-3-27

动作方法:1×8 拍的第 1～4 拍,上体向后下腰(见图 3-3-27),第 5～8 拍上体抬起还原。反复练习 4×8 拍。换方向练习 8×8 拍。

教学提示：

(1)双肩和胯正对右脚方向,同时大腿根向外旋开,膝盖与脚外开绷直。

(2)压后腿要保持好劈叉正确姿态向后压,胯和双肩摆正,上身尽量向后向远伸展。

练习 3-12

音乐 2/4 拍。

预备姿势:练习者平躺在地毯上,双腿并拢伸直,双手臂伸直于体侧,手心向下。

动作方法:用 4 拍完成向上举左腿、双手扶左踝关节。两拍一拉,第 1 拍向体前拉,第 2 拍恢复原位,反复练习 4×8 拍。拉到最大限度,做 4×8 拍。用 4 拍慢回左腿。双腿交替练习。

教学提示：

(1)做动作时,应控制好双腿伸直,呈绷好脚面的状态。

(2)根据自身能力将大腿最大限度地前拉靠近上体。

(3)通过练习可以增强绷脚面的力量及腿部的柔韧性。

练习 3-13　侧压腿

音乐 2/4 拍。

预备姿势:练习者双腿直腿或一屈一直分腿坐,一手三位,一手一位(见图 3-3-28)。

动作方法:两拍一压,1×8 拍的第 1～2 拍,上体水平左侧倒(见图 3-3-29),第 3～4 拍上体直立。反复练习 4×8 拍,侧倒至最大限度,做 4×8 拍。换方向练习。

图 3-3-28

图 3-3-29

教学提示:

(1)做侧压时,应双肩水平侧倒带动上体完成动作。

(2)向侧伸直的腿,要伸直绷脚,从大腿根外旋打开。

(3)向侧压腿要保持后背挺直。

(4)通过练习可以增强上体控制能力及腰、腿部柔韧性。

练习 3-14　正踢腿

音乐 2/4 拍。

预备姿势：练习者平躺在地毯上，双手直臂于体侧，手心向下，双腿并拢，伸直，绷好脚面。

动作方法：两拍一踢，1×8 拍的第 1 拍，左腿向上踢出（见图 3-3-30），第 2 拍慢回落。反复练习 4×8 拍或双腿交替练习 4×8 拍。向上控腿 4×8 拍，两腿交换练习。

图 3-3-30

教学提示：

(1)直腿踢要迅速有力，回落要有控制。

(2)通过练习可以增强腿部肌肉的爆发力和柔韧性。

练习 3-15　侧踢腿

音乐 2/4 拍。

预备姿势：练习者身体侧卧成一直线，右手臂伸直，手心向下，右耳贴右臂，左屈臂手扶胸前，收腹、收臀，双腿伸直绷脚面，左腿面外翻向上。或练习者身体侧卧，右屈肘撑地，大臂垂直地面，右手心向下，手指向前，左手屈臂体扶地，腿部动作同上（见图 3-3-31）。

动作方法：两拍一踢，1×8 拍的第 1 拍，左直腿侧踢（见图 3-3-32），第 2 拍回落，反复练习 4×8 拍。向侧举控腿 4×8 拍。1×8 拍向后翻转，换方向练习。

图 3-3-31

图 3-3-32

教学提示：

(1)做侧踢时，要迅速有力。

(2)整个动作要注意保持立腰、立背的形态。

(3)通过练习可以增强腿部肌肉的爆发力和柔韧性。

练习 3-16　俯卧后踢腿

音乐 2/4 拍。

预备姿势：可采用两种形式练习，分别为：

(1)练习者俯卧平躺在地上，双腿并拢、伸直，双手臂向前伸直，手心向下。

(2)练习者双臂屈肘撑地，大臂垂直于地面，身体俯卧，双腿并拢，伸直。

动作方法：一拍一踢，1×8 拍的第 1 拍前半拍，右直腿后踢，头略后仰塌腰。第 1 拍后半拍和第 2 拍慢回落。反复练习 4×8 拍，后举至最大限度做 4×8 拍。换方向练习。

教学提示：

(1)做动作时，上体形态要控制好，直腿后踢要迅速，回落要有控制。

(2)后踢腿不要掀胯，保持髋关节不要离开地面。

(3)通过练习可以增强腰、腿部肌肉的爆发力和柔韧性。

练习 3-17　跪姿后踢腿

音乐 2/4 拍。

预备姿势：练习者右膝跪撑，大腿垂直地面，左腿直腿后点地，双手臂垂直撑地（见图 3-3-33）。

动作方法：一拍一踢，1×8 拍的第 1 拍前半拍，左直腿后踢，头略后仰塌腰（见图 3-3-34）。第 1 拍后半拍和第 2 拍慢回落点地。反复练习 4×8 拍，后举至最大限度做 4×8 拍。换方向练习。

图 3-3-33　　　　　　　　　图 3-3-34

教学提示：

(1)俯卧后踢腿和跪姿后踢腿相同,要求上身后抬尽量碰腿。

(2)后踢腿时两肩保持平直,向后踢腿时要对齐自己的后脑勺,不要歪斜。

(3)通过练习可以增强腰、腿部肌肉的爆发力和柔韧性。

练习 3-18　跪撑踢腿

音乐 2/4 拍。

预备姿势:练习者双手直臂撑地,双腿跪立,同时抬头、挺胸、塌腰。

动作方法:一拍一踢,1×8 拍的第 1 拍左腿向左侧直腿踢出,第 2 拍还原预备姿势。反复练习 4×8 拍,换方向练习。

练习 3-19　正弹踢腿

音乐 2/4 拍。

预备姿势:练习者直腿坐撑于地面,脚尖绷直,抬头挺胸(见图 3-3-35)。

图 3-3-35

动作方法:1×8 拍的第 1 拍踢左腿;第 2 拍屈膝盖右侧点地;第 3 拍弹踢左腿;第 4 拍还原预备姿势;第 5 拍双腿成双点地;第 6 拍弹踢双脚;第 7 拍上、下剪腿;第 8 拍还原预备姿势。反复练习 4×8 拍。两腿交换练习。

教学提示：

(1)做动作时,吸腿要收紧,绷脚面,脚尖点地,弹腿时以膝关节为轴,大腿不动,用脚面带动小腿弹直。

(2)通过练习可以增强腿部肌肉的爆发力和膝关节的灵活性及控制能力。

练习 3-20　侧卧弹踢腿

预备姿势:可采用两种形式练习,分别如下:

（1）练习者身体侧卧成一直线，右手臂伸直上举，手心向下，右耳贴右手臂，双腿并拢，伸直，立腰，立背，绷脚面，左脚面向上。

（2）练习者右臂屈肘撑地，大臂垂直于地面，小臂贴地面，手指向前，手心向下，左手体前扶地，上体正直，立腰，立背。双腿并拢，伸直，立腰、立背，绷脚面，左脚面向上。

动作方法：1×8拍的第1拍侧吸左腿（见图3-3-37）；第2拍侧弹左腿（见图3-3-32）；第3拍同第1拍；第4拍慢伸直左腿成预备姿势；第5拍左脚前踢（见图3-3-38）；第6拍后踢（见图3-3-39）；第7拍同第5拍；第8拍后踢至最大幅度后，左手前上伸，控制4×8拍，交替练习。

图 3-3-37

图 3-3-38

图 3-3-39

动作要求：

(1)侧吸腿时,膝关节朝上,大小腿折叠至最小夹角,脚尖点在另一腿内侧。

(2)弹腿时以膝关节为轴,大腿不动以脚面带动小腿弹直,同时上体要保持抬头挺胸的姿态。

(3)动作腿从开始动作时就要向外旋开大腿,一直保持至全部动作完成之后才可回原位。

(4)通过练习可以增强腰、腿部肌肉的爆发力和膝关节灵活性及控制能力。

练习 3-21　坐姿屈膝压腿练习

音乐 2/4 拍

预备姿势:左腿向后伸直,右腿大小腿折叠跪坐,上体正直,双手体侧指尖扶地(见图 3-3-40)。

动作方法:

(1)1×8 拍的第 1～2 拍左手臂带动上体后振,第 3～4 拍上体略回,含胸,左手臂摆至体前,第 5～8 拍同 1～4 拍(见图 3-3-41、图 3-3-42)。

(2)2×8 拍向后仰,双手在体后抓住左脚踝关节,控制 1 个 8 拍。(左膝屈)头向后仰,尽量贴在左脚尖(见图 3-3-43)。

图 3-3-40　　　　　　　　　　　　　　图 3-3-41

图 3-3-42　　　　　　　　　　　　　　图 3-3-43

(3)3×4拍,4×8拍同1×8拍,2×8拍,方向相反。

教学提示：

(1)保持抬头、挺胸、立腰、立背的形态,后压腿时,动力腿伸直。

(2)后下腰时,动力腿屈膝、绷脚面。

练习 3-22　开胯一

预备姿势：练习者含胸坐地毯上,双屈膝,脚尖点地,两手撑于膝关节处(见图
3-3-44)。

动作方法：

(1)1×8拍的第1~2拍,双手推开膝关节成开胯姿势下压一次(见图 3-3-45),
第3~4拍膝关节还原预备姿势。第5~8拍,同第1~4拍。

图 3-3-44

图 3-3-45

(2)2×8拍一拍一下压,颤动一次。

(3)3×8拍、4×8拍双手用力下压膝关节,控制 2×8拍。

教学提示：

(1)保持立腰、立背、挺胸,用力下压。

(2)动作时,练习者应控制好上体形态,大小腿折叠,尽量靠近身体,双膝用力
下振。

(3)通过练习可以增强髋关节的灵活性和立腰、立背能力。

练习 3-23　开胯二

预备姿势：双脚屈膝,脚心相对,俯撑于地面(见图 3-3-46)。

动作方法：

(1)1×8拍的第1~2拍提臀、提腰、低头、含胸,第3~4拍压胯、塌腰、抬头(见
图 3-3-47),第5~8拍同1~4拍。

图 3-3-46　　　　　　　　　　　　　　　图 3-3-47

(2)2×8 拍,一拍一动快速下压膝关节。

(3)3×8 拍、4×8 拍,把膝关节压至最大限度,控制在 2 个 8 拍。

教学提示:脚心相贴紧,有意识下沉臀部,做控制时,大腿尽可能打开至最大限度。

练习 3-24　平躺单臂触腿外侧练习

音乐 2/4 拍。

预备姿势:脸朝上平躺在地毯上,背部紧贴地面,双手至于体例,掌心朝下。

动作方法:

(1)1×8 拍的第 1~4 拍,将左手放在右大腿外侧,将右膝压向左侧的地面;第 5~8 拍保持第 4 拍的姿势,控制 4 拍(见图 3-3-48)。

图 3-3-48

(2)2×8 拍时重复上述动作,改为屈左膝并将它压向右侧。

(3)反复练习 8×8 个拍。

教学提示:

(1)平躺时,背部要紧贴地面,并使头部与脊椎骨保持在一条直线上。

(2)做动作时,练习者上体前压时保持好挺胸、立腰、立背形态,使腹部尽量贴近地面。

(3)通过练习可以增强髋关节的灵活性和腰部的柔韧性。

练习 3-25　平躺屈膝双手触大腿内侧练习

音乐 2/4 拍

预备姿势:脸朝天,平躺在地毯上,屈膝并让双腿踩在地上,背部紧贴地面(见

图 3-3-49）。

动作方法：1×8 拍的第 1～4 拍，双膝分开，脚后跟相互并拢，双手放在两大腿的内侧（见图 3-3-50），用力向下压 3 次。第 5～8 拍，双膝并拢屈膝，反复练习 4×8 个拍。5×8 拍时，双手使两腿屈膝分开，用最大下压控制 2×8 个拍

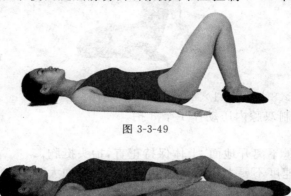

图 3-3-49

图 3-3-50

教学提示：背部紧贴地面，收腹，同时两脚跟、脚心相对并拢，并尽可能向臀部处靠近。

练习 3-26　坐姿向内压胯练习

预备姿势：分腿屈膝坐于地毯上，两手体后撑地（见图 3-3-51）。

动作方法：

(1)1×8 拍的第 1～2 拍，左脚屈膝点地，向右压胯以左膝内侧点地（见图 3-3-52）；第 3～4 拍还原成预备姿势；第 5～6 拍右脚重复左脚动作，方向相反；第 7～8 拍还原。

(2)2×8 拍双膝同时向内压髋，两拍一动（见图 3-3-53）。

图 3-3-51　　　　　　　　　　　　　　图 3-3-52

图 3-3-53

(3)3×8拍、4×8拍重复1×8拍、2×8拍动作。

(4)5×8拍控制双膝内压动作1个8拍。

教学提示：

(1)臀部要尽量不离开地面,上体保持正直,抬头挺胸。

(2)做动作时速度不要太快,幅度由小至大,慢慢加大。

练习3-27　平躺扫腿绕胯练习

预备姿势：仰卧平躺地毯上,双脚并拢,绷脚尖,双手掌心朝下放在体侧。

动作方法：

(1)1×8拍的第1拍,左腿向上举至最大限度,第2拍左脚从上举向旁落下贴于地面,第3拍左脚向右脚方向路踢出。第4~8拍,左脚从右侧至胸前到左侧绕环扫腿,右脚紧随扫腿一次(见图3-3-54、图3-3-55)。

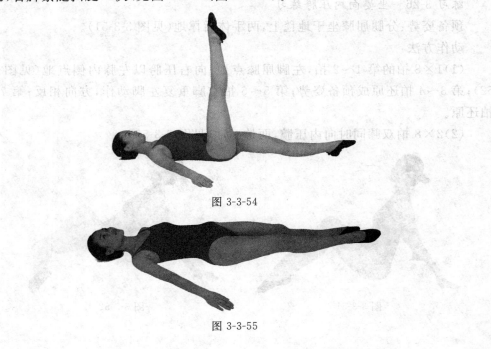

图 3-3-54

图 3-3-55

（2）2×8拍重复1×8拍。

（3）3×8拍、4×8拍换脚练习。

教学提示：

（1）双腿伸直，开肩平躺。

（2）做动作时，双腿要伸直并做最大幅度的转动。

（3）通过练习可以加大髋关节活动的幅度。

练习 3-28　顶髋练习

预备姿势：练习者仰卧在地毯上，挺胸、收腹，立腰背，双腿并拢，向正上方吸腿，双手心向下置于体侧（见图 3-3-56）。

动作方法：

（1）1×8拍的第1拍，用力向上挺髋至最大限度，控制第2~7拍（见图 3-3-57）。第8拍还原成并膝分腿（见图 3-3-58）。

（2）2×8拍的第1拍，右脚点地，用力向上挺髋至最大限度，控制第2~7拍（见图 3-3-59）。第8拍还原成预备势。反复练习 6×8拍。

图 3-3-56

图 3-3-57

图 3-3-58

图 3-3-59

教学提示：

(1)做动作时，练习者吸腿要收紧，全脚掌着地。

(2)挺髋时，头、颈、肩着地，用力向上，展腹挺髋。

(3)通过练习可以增强髋关节的灵活性。

(二)双人配合练习

练习 3-29　　正压腿

音乐 2/4 拍。

预备姿势：1×8 拍的第 1 拍练习者平躺在地毯上，双手于体侧伸直，手心向下。双腿并拢，伸直，绷脚面，一腿向正上方举起。协助练习者一脚站一旁，另一脚踩在练习者的大腿上，一手推练习者举起腿的踝关节，另一手扶住踝关节(见图 3-3-60、图 3-3-61)。

图 3-3-60　　　　　　　　　　　　　　　　图 3-3-61

动作方法：

(1)1×8 拍的第 1 拍,协助练习者以适当的力量向前推练习者举起的腿,第 2 拍,恢复原位。第 3～8 拍同 1～2 拍。

(2)2×8 拍,协助练习者将练习者举起的腿推至最大限度控制 1×8 个拍。

(3)3×8 拍、4×8 拍同 1×8 拍、2×8 拍。反复练习逐渐加力。

双腿交替练习。双人交换练习。

教学提示：

(1)协助练习者一手扶住膝关节处,以保证练习者在练习中动力腿充分伸直,一手推练习者举起腿的踝关节处,用力要均衡,不能忽轻忽重,根据练习者的实际能力逐渐加力。

(2)通过练习增强腿部柔韧性和肌肉收缩力量。

练习 3-30　侧压腿

音乐 2/4 拍。

预备姿势：练习者侧卧在地毯上,右手臂向上伸直,手心向下,右耳贴近右手臂。左手屈臂扶于胸前。双腿伸直,左脚脚面绷直上翻。协助练习者站在练习者的一脚之间,双手握其踝关节。

动作方法：

(1)1×8 拍的第 1 拍,协助练习者双脚开立,右手推练习者的左踝关节,左手扶左膝关节向正前方推练习者左腿(见图 3-3-62)。第 2 拍恢复原位,一拍一动。

(2)2×8 拍同 1×8 拍。

(3)3×8 拍、4×8 拍协助练习者将练习者的左腿向正前方推压至最大限度,控制 2×8 拍。

图 3-3-62

双腿交替练习(见图 3-3-63)。双人交换练习。

教学提示:

(1)练习者保持身体形态的稳定性,立腰、立背,协助练习者双脚开立,夹住练习者的膝关节处双手推压练习者的动力腿。

(2)通过练习增强腿部柔韧性和肌肉的收缩力量。

练习 3-31　横压腿

音乐 2/4 拍。

图 3-3-63

预备姿势:练习者分腿坐,上体前倾,尽量使胸部靠近地面,双臂前伸,手心向下。协助练习者站在练习者背后,双手推练习者后背肩胛处(见图 3-3-64)。

动作方法:

(1)1×8 拍的第 1 拍协助练习者用力向前推压练习者(见图 3-3-65),第 2 拍还原预备姿势,弹动压 1 个 1×8 拍。

图 3-3-64　　　　　　　　　　　　　　图 3-3-65

(2)2×8 拍重复 1×8 拍,逐渐加力。

(3)3×8 拍、4×8 拍将练习者推压至最大限度,控制 2×8 拍。双人交换练习。

教学提示:

(1)做动作时要保持立腰、立背、抬头、挺胸的姿态。

(2)双腿尽量向侧打开,并伸直,脚背朝上,绷脚面。

(3)向前压腿时双手沿地面延伸,腹、胸贴地面。

(4)通过练习增强腿部肌肉的收缩力量和柔韧性。

练习 3-32　弓步压腿

预备姿势:练习者左脚在前成跪膝大弓步,双手叉膝,协助练习者站在练习者后面,双手扶练习者的肩膀(见图 3-3-66)。

动作方法:

(1)1×8 拍的第 1~2 拍,协助练习者用脚踩在练习者的右髋关节处,向前下方用力,第 3~4 拍还原成预备姿势,第 5~8 拍同 1~4 拍(见图 3-3-67)。

图 3-3-66

图 3-3-67

(2)2×8 拍为一拍一动的弹动踩压。

(3)3×8 拍、4×8 拍踩压至最大限度后控制 2×8 个拍,双腿交替反复练习。双人交换练习。

教学提示:

(1)练习者要保持立腰,抬头,挺胸的姿态。

(2)保持重心平衡,不要前倾后倒,协助练习者在踩压时,要注意用力方向朝正前下方,同时,双手扶练习者的双肩,帮助其保持平衡。

(3)建议练习时采用节奏舒缓的音乐,例如班得瑞音乐。

练习 3-33　坐势分腿压胯一

预备姿势:练习者屈膝分腿、脚心相对地坐在地上,双手握住双踝关节,上体直立。协助练习者跪立在练习者身后(见图 3-3-68、图 3-3-69)。

动作方法:

(1)1×8 拍:协助练习者跪立在练习者的体后,双手轻轻压其大腿内振动。

图 3-3-68

（2）2×8拍：用力加重，并两拍一动。

（3）3×8拍，4×8拍用力下压至最大幅度，控制2×8拍。

教学提示：

（1）练习者双肩放松，并使头部与脊椎骨保持在一条直线上。

（2）协助练习者在施力时要注意用力必须由小至大，直到练习者感到大腿处有一定的绷紧感为止。

（3）通过练习可以增强髋关节的灵活性。

（4）建议练习时采用节奏舒缓的音乐。

练习3-34　坐势分腿压胯二

预备姿势：练习者屈膝分腿、脚心相对地坐在地上，双手扶住双踝关节，上体直立、收腹、挺胸。协助练习者站立在练习者身后，双手扶练习者后背。

动作方法：

（1）1×8拍：第1拍协助练习者向前推练习者，第2拍上体稍直立，两拍一压。第3～8拍同1～2拍。

（2）2×8拍：用力加重，并两拍一动。

（3）3×8拍、4×8拍用力前压至最大幅度，控制2×8拍。

教学提示：

（1）做动作时，练习者应控制挺胸、立腰、立背形态。

（2）前压时，髋要放松，胸、腹部尽量贴近地面。

（3）协助练习者双手用适当的力逐渐加重推练习者双肩胛骨。

（4）通过练习可以增强髋关节的灵活性。

（5）建议练习时采用节奏舒缓的音乐。

练习3-35　躺势分腿开胯

音乐2/4拍。

预备姿势：练习者仰卧平躺在地毯上，双侧屈腿，脚心相对，双臂伸直于体侧，手心向下。协助练习者跪坐在对面，以双手按住练习者双膝关节（见图3-3-70）。

动作方法：

（1）1×8拍：第1拍协助练习者用力下压练习者双膝关节。第2拍还原成预备姿势。

图3-3-70

（2）2×8拍：用力加重。

（3）3×8拍、4×8拍用力下压至最大幅度，控制2×8拍。双人交换练习。

教学提示：

（1）做动作时，练习者挺胸、立腰，背部、肩部紧贴地面，髋关节放松，大小腿折叠角度越小越好。

（2）协助练习者用适当的力向下压练习者双膝部。

（3）通过练习可以增强髋关节的灵活性，达到开胯的目的。

练习 3-36　直分腿开胯

音乐 2/4 拍。

预备姿势：练习者仰卧在地毯上，双腿经上举后向两侧打开，双臂伸直于体侧，手心向下。协助练习者跪坐于练习者腿的对面，以双手按住练习者双膝关节处（见图3-3-71）。

图 3-3-71

动作方法：一拍一压，练习 4×8 拍。压至最大限度，控制 4×8 拍。双人交换练习。

教学提示：

（1）做动作时，练习者挺胸、立腰，背部、腰部紧贴地面，双腿伸直，绷脚面向两侧分开，髋关节放松。

（2）协助练习者用适当的力向下压练习者双膝部，达到开胯的目的。

（3）建议练习时采用节奏舒缓的音乐。

练习 3-37　双人分腿互压

预备姿势：练习者面对面分腿坐，双腿伸直，绷脚面，脚内侧互相抵住。上体直立，双手拉好（见图3-3-72）。

动作方法：

（1）1×8 拍：第 1～2 拍，一方向后拉，另一方体前压；第 3～8 拍一拍一动用力拉。

（2）2×8 拍：拉至最大限度控制 8 拍。

（3）3×8 拍、4×8 拍换人练习，双方反复交换练习。

教学提示：

（1）做动作时，双方要收腹、挺胸、立腰、立

图 3-3-72

背,直腿绷脚尖。

(2)前压时腹部尽量贴近地面,两人双手不能分开。

(3)通过练习,增强髋关节的灵活性及腰的柔韧性。

(4)建议练习时采用节奏舒缓的音乐。

第四节　腰、腹部力量和柔韧性练习

　　腰、腹部是人体的重要部位,腰部是身体的中心,常言道:"腰肥而体笨,腰健而体美。"腰、腹部如果缺乏锻炼就会变得肌肉松弛没有力量,同时还会造成大量脂肪的堆积。因此,在形体训练中,腰、腹部力量和柔韧性是不可忽视的,也是必不可少的。

一、双人配合练习

练习 3-38　俯卧吊胸腰练习

预备姿势:

　　练习者俯卧在地毯上,双腿并拢,伸直,绷脚面,双手臂向后伸出。协助练习者双脚立于练习者膝关节两侧,双手与练习者相互拉紧(见图 3-4-1)。

动作方法:

　　(1)1×8 拍:第 1~4 拍,协助练习者用力向后拉起练习者,使练习者上体离开地面成最大反背弓(见图 3-4-2);第 5~8 拍,将练习者轻放回。

图 3-4-1

图 3-4-2

　　(2)2×8 拍:动作同 1×8 拍。

　　(3)3×8 拍、4×8 拍把练习者拉成反弓后,控制 2 个 8 拍。双人互换练习。

教学提示：

(1)做动作时,练习者应控制好双腿伸直,并拢、绷脚面形态。

(2)挺胸抬头,用力向后弯腰,同时髋部不离开地面。

(3)协助练习者上体稍前倾,双腿伸直。双手拉紧练习者双手腕。

(4)增强腹部柔韧性,加大腰部幅度和控制力。

(5)音乐 2/4 拍。

练习 3-39　俯卧起胸腰练习

预备姿势：练习者俯卧在地毯上,双臂屈肘,双手扶于头后,双腿伸直且绷脚面。协助练习者跪立地上,双手压住双脚(见图 3-4-3)。

动作方法：

(1)1×8拍：第1～2拍,练习者上体后屈(见图3-4-4),第3～4拍回落成预备姿势,第5～8拍同1～4拍。

(2)2×8拍：双手前举,练习者上体尽量抬起,在最高点控制1个8拍(见图3-4-5)。反复练习多次,双人互换练习。

图 3-4-3

图 3-4-4

图 3-4-5

教学提示：

(1)做动作时,挺胸抬头,上体用力成向后屈形态。

(2)协助练习者要用力按住练习者双脚帮助完成动作。

(3)增强腰和背力量。

(4)音乐 4/4 拍。

练习 3-40　侧卧拉练习

预备姿势:练习者身体侧卧成一直线,右手臂向上伸直,手心向下,左手臂向斜上方伸直。协助练习者双脚立于练习者膝关节两侧,双手拉住练习者的左手腕(见图 3-4-6)。

动作方法:1×8 拍:第 1~4 拍,协助练习者用力拉练习者左臂,使其身体成最大的左侧屈形态,练习者左手臂侧举(见图 3-4-7),控制 4×8 拍。用 4 拍轻轻放回成预备姿势。两侧交替练习,双人交换。

图 3-4-6

图 3-4-7

教学提示：

(1)在做动作过程中,练习者保持抬头、挺胸、立背的形态,上体用力侧屈。

(2)协助练习者两脚夹住练习者双膝,动作中身体直立稍后倾,双手拉紧练习者,帮助练习者完成动作。

(3)增强腰部力量和柔韧性,加大腰部动作幅度和控制力。

(4)音乐 4/4 拍。

练习 3-41　双人侧拉练习

预备姿势:两人两脚开立并排而站,双脚尽量贴近,拉好双手,内侧手自然下垂,外侧手上举在头上拉住(见图 3-4-8)。

动作方法：

(1)1×8 拍:第 1 拍两人双脚并拢,双手拉紧,均向内侧做最大限度的侧屈,第 2~6 拍控制不动,第 7~8 拍还原成预备姿势。

图 3-4-8　　　　　　　　　　　　　图 3-4-9

（2）反复练习 4×8 拍，换方向练习。

教学提示：

（1）在做动作过程中保持抬头、挺胸、收腹、立背形态。

（2）上体用力侧屈时，两人双脚相互抵住，上手拉紧，完成从手臂至脚，身体最大限度的侧屈动作。

（3）音乐 2/4 拍。

练习 3-42　击推双脚练习

预备姿势：练习者仰卧平躺在地毯上，双腿伸直并拢，绷脚面，双手抓住协助练习者的脚踝。协助练习者分腿站立于练习者肩两侧，双臂伸直前平举（见图 3-4-10）。

动作方法：

（1）1×8 拍：第 1 拍练习者双腿上举 90°，触及协助练习者的双手。第 2 拍协助练习者用双手推练习者的双脚。第 3～4 拍练习者用腹肌的控制力量使双腿伸直，有控制地轻轻落下，不着地（见图 3-4-11）。

图 3-4-10　　　　　　　　　　　　图 3-4-11

（2）反复练习 4×8 拍。双人互换练习。

教学提示：

(1)练习者保持双腿并拢、伸直,绷脚面,利用腹肌力量收腹、举腿和还原成预备姿势。

(2)协助练习者将其双腿推回至准备位置,加大练习者腹肌控制能力。

(3)增强腹肌收缩力量。

(4)音乐 2/4 拍。

练习 3-43　斜面收腹起

预备姿势:一人平躺屈膝仰卧,屈肘叉腰;另一人坐其膝盖部,双手至于体侧,双脚勾其上臂,同时躺的一人,双手抓其小腿。

动作方法:1×8 拍:第 1～4 拍坐在上面的人仰卧下胸腰,躺在下面的人双手抓其踝关节,用力收腹提上体。第 5～8 拍上面的人,收腹起上体,下面的人慢慢降上体平躺。反复练习多次,双人交换练习。

教学提示：

(1)在做吊胸腰动作时,上面练习者要尽量放松腹部,使身体舒展。

(2)在下面的人要做到用力控制其腿部,使其不至于晃动。

(3)音乐 2/4 拍。

练习 3-44　收腹起上体练习

预备姿势:练习者仰卧平躺在地毯上,双腿并拢伸直,绷脚面,双手置于头上。协助练习者跪在练习者的双脚前,以双手按住练习者的双脚踝关节处(见图 3-4-12)。

动作方法：

(1)1×8 拍:第 1 拍练习者用力收腹,使上体成斜倾 45°角姿势,控制 2～4 个拍(见图 3-4-13)。第 5～8 拍上体慢回预备位置。

(2)2×8 拍:第 1 拍练习者用力收腹成直角坐,第 2～4 拍控制,第 5 拍身体后倾 45°角,第 6～8 拍控制。

图 3-4-12

图 3-4-13

(3)3×8 拍:第 1 拍直角坐,第 2~4 拍控制,第 5 拍上体慢后倾回预备位置,控到 8 拍。

(4)反复练习多次,双人交换练习。

教学提示:

(1)练习者保持抬头、挺胸、立腰、立背形态。

(2)用腹肌控制做上体斜后倾动作,协助练习者按住练习者的双脚帮助完成动作。

(3)增强腹肌收缩和控制力量。

(4)音乐 4/4 拍。

练习 3-45　挺下腹练习

预备姿势:练习者平躺在地毯上,双腿伸直并拢并绷脚面,两手平放于体侧,协助练习者背向练习者分腿站立于练习者身体两侧(见图 3-4-14)。

图 3-4-14

动作方法:1×8 拍的第 1~4 拍练习者呼气,慢慢地向上抬起下腹,使髋骨朝向身体,同时协助练习者双手托其髋部上提,使练习者的背部上半部始终紧贴地面,第 5~7 拍控制 3 拍,第 8 拍还原成预备姿势。反复练习 4×8 个拍,双人交换练习。

教学提示:

(1)在做动作过程中,始终保持头部和脊椎骨在一条直线上。

(2)保持正常呼、吸气,双脚跟平踩地面。

(3)音乐 4/4 拍,建议采用比较舒缓的音乐。

二、单人练习

练习 3-46　收腹、提气配合呼吸(一)

预备姿势:练仰卧平躺在地毯上,双腿并拢,两臂上举,手心向上。

动作方法：1×8拍的第1拍，用力收腹，提气，向上挺胸，拉紧腹部肌肉，同时吸气。第2拍，控制第1拍姿势，同时呼气。第3拍，控制第1拍姿势，再吸气。第4拍，放松，呼气。反复练习多次。

教学提示：

(1)在每一个收腹、提气练习过程中，时间要慢慢加长，呼吸的次数要增多。

(2)提高呼吸的深度，这样收腹、提气的水平才能得到提高。

(3)音乐2/4拍。

练习3-47　收腹、提气配合呼吸(二)

预备姿势：练仰卧平躺在地毯上，双腿并拢，绷脚面，两臂上举，双手相握。

动作方法：1×8拍的第1拍，四肢紧张，同时用力向各自远处拉伸，把腹部肌肉拉紧，提气，尽量把腹部向里瘪进去，挺胸，同时吸气。第2拍，控制第1拍姿势，同时呼气。第3拍，控制第1拍姿势，再吸气。第4拍，放松，呼气。反复练习多次。

教学提示：

(1)在每一个收腹、提气练习过程中，时间要慢慢加长，呼吸的次数要增多。

(2)提高呼吸的深度，这样才能使收腹、提气的水平得到提高。

(3)也可以采取直立姿势进行练习。

(4)音乐2/4拍。

练习3-48　收腹屈体练习

预备姿势：双腿并拢直立，两臂自然垂直于体侧。

动作方法：

(1)1×8拍：第1～4拍屈膝下蹲，两臂抱小腿，上体靠紧大腿，腹部用力收紧，低头，使整个身体抱成一团。第5～8拍两腿伸直，臀部抬起，两臂直臂手指触地，收腹。

(2)2×8拍：第1～4拍同第一个8拍的1～4拍，再屈膝下蹲、两手抱小腿。第5～8拍站起成直立。

(3)3×8拍：第1～2拍两腿伸直，上体前屈下压，两手触地，胸靠近大腿，腹部用力收紧，上体再稍向上弹动抬起，腹部放松。第3～4拍上体再下压弹动一次，可手指或手掌着地，腹部收紧。第5～6拍两手抱住小腿后侧，上体下压靠近腿，身体和腿尽量折叠，靠近腿的程度根据柔韧性量力而行。第7～8拍上体抬起成直立。

(4)4×8拍的动作同3×8拍。

教学提示：

(1)练习时一定要用力收腹，才会有效果。

(2)直腿上体下压时不能用力过猛，要量力而行，柔韧性好的可以手掌触地，柔韧性差一点的可以手指触地或触脚背。

（3）练习时两腿要伸直，此练习也锻炼腿后部的肌肉和韧带。

（4）音乐 4/4 拍。

练习 3-49　扭腰仰卧起坐（一）

预备姿势：仰卧平躺在地毯上，双腿并拢屈膝，双臂屈肘手扶头后（见图 3-4-15）。

动作方法：1×8 拍第 1～2 拍，用力收腹至上体或斜后倾 45°角，向右扭腰。第 3～4 拍上体向左扭转，第 5～8 拍慢慢回落至预备姿势（见图 3-4-16、图 3-4-17）。反复练习 4×8 个拍。

图 3-4-15

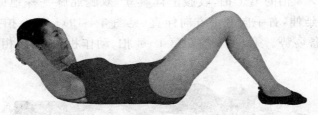

图 3-4-16

图 3-4-17

教学提示：

（1）保持抬头、挺胸、立背形态，用收腹力量控制转体动作。

（2）转体时头与身体动作要一致。

（3）增强腰部力量和柔韧性。

(4)音乐 2/4 拍。

练习 3-50 扭腰仰卧起坐(二)

预备姿势:练习者仰卧平躺在地毯上,双臂屈肘扶头后,双腿并拢,伸直或稍屈膝,绷脚面上举。

动作方法:1×8 拍的第 1～2 拍,上体抬起向左转体 90°,用左肘对双膝头;第 3～4 拍上体,从左向右转体 180°,用右肘对双膝头。根据情况反复练习 2×8 拍或 4×8 拍。

教学提示:

(1)保持抬头、挺胸、立背形态,用收腹力量控制转体动作。

(2)做动作时,上体尽量高抬起,胸部尽量贴近双腿。

(3)增强收腰腹部力量和腰部的灵活性。

(4)音乐 2/4 拍。

练习 3-51 仰卧起

预备姿势:仰卧平躺在地毯上,双腿并拢伸直,双手体侧上举(见图 3-4-18)。

动作方法:1×8 拍的第 1 拍,收腹上体直立,双腿屈膝平踩地面向右转体 90°,左手向右腿方向延伸,右手向左手方向伸直(见图 3-4-19)。第 2 拍控制 1 拍。第 3～4 拍还原成预备姿势。第 5～8 拍同第 1～4 拍,动作相同,方向相反。反复练习 4×8 个拍。

图 3-4-18

图 3-4-19

教学提示:

(1)在做动作过程中保持抬头、挺胸、立背形态。

(2)利用收腹力量做上体直立转体动作。

练习 3-52　屈膝仰卧起

预备姿势:练习者仰卧平躺在地毯上,双臂上举,手心向上,双腿并拢,伸直,绷好脚面。

动作方法:1×8 拍的第 1 拍上体迅速直立,双腿吸腿,双手抱膝,双脚尖点地(见图 3-4-20),第 2～4 拍控制不动。第 5～8 拍还原成预备姿势。反复练习 4×8 个拍。

教学提示:

(1)做动作时练习者保持挺胸、立腰、立背的身体形态。

(2)吸腿时要收紧,头用力上顶。

(3)开肩,仰卧平躺双腿并拢,伸直,绷脚面。

图 3-4-20

练习 3-53　两头起练习

预备姿势:开肩仰卧平躺在地毯上,双腿并拢伸直,绷脚面,双手体侧上举。

动作方法:1×8 拍的第 1 拍,用力收腹,使上体和双腿同时抬起超过 45°,双手与脚在最高点接触(见图 3-4-21)。第 2 拍还原成预备姿势。反复练习 4×8 个拍。

教学提示:

(1)动作中保持抬头、挺胸、立背的形态。

(2)运用收腹的力量控制两头翘动作。

(3)上体和双腿尽量高抬。

(4)音乐 2/4 拍。

图 3-4-21

练习 3-54　收腹剪腿

预备姿势:开肩仰卧平躺在地毯上,双腿并拢伸直绷脚面,双手上举贴于耳侧。

动作方法:

(1)1×8 拍:双腿略抬离地面 15°～25°,双腿上下交替,两拍一换(见图 3-4-22)。

(2)2×8 拍:双腿左右交错,连续练习 1×8 拍,反复练习 4×8 个拍。

图 3-4-22

教学提示:

(1)动作中保持开肩、抬头、挺胸、立腰、立背、双腿伸直、绷脚面的形态。

(2)伸直双腿,上抬始终离开地面,动作速度稍快。

(3)用收腹的力量完成双腿 15°～25°上下和左右交错举腿的动作。

练习 3-55　收腹控腿练习

预备姿势：仰卧平躺在地毯上，双手体侧上举，双腿并拢伸直绷脚尖上举成 90°。

动作方法：1×8 拍的第 1～2 拍，上体抬起用力收腹，控腿；第 3～4 拍还原成预备姿势。第 5～8 拍同 1～4 拍。反复练习 4×8 个拍。

教学提示：

(1)保持抬头、挺胸、立背形态，收腹时尽量使胸部贴近大腿。

(2)增强收腹能力。

练习 3-56　举腿仰卧起坐

预备姿势：仰卧平躺在地毯上，下背紧贴地面，双腿并拢屈膝平踩地面，双手扶于头后，两臂张开。

动作方法：1×8 拍的第 1～2 拍，双腿抬起，立双膝，脚踝交叉，呼气腹肌用力抬起上身，下背部不离开地面；第 3～4 拍，控制不动；第 5～8 拍，慢慢落下，还原成预备姿势。反复练习 4×8 个拍。

教学提示：

(1)保持抬头、挺胸、立背形态。

(2)用收腹力量控制上体。

(3)增强腰部力量和柔韧性。

练习 3-57　模拟骑车练习

预备姿势：脸朝上平躺在地上，双膝分开并屈膝，双脚平踩在地上，双手扶头后。

动作方法：1×8 拍的第 1～2 拍，呼气，同时将左膝抬向胸部，并抬起右肩向左膝方向靠，同时让右脚离地向前伸（见图 3-4-23）；第 3～4 拍吸气，同时左膝和右肩降向地面；第 5～8 拍换方向做，但始终保持收腹的状态。反复练习 4×8 个拍。

图 3-4-23

教学提示：

(1)要尽量地使动作流畅并处于控制之下，不要让肩和脚碰到地面。

(2)增强腹部力量。

(3)音乐 2/4 拍。

练习 3-58　收腹举腿

预备姿势:仰卧平躺在地上,双臂置于体侧。

动作方法:1×8 拍的第 1～2 拍,双腿伸直绷脚面,直腿向上举;第 3～4 拍,控制不动;第 5～8 拍,慢慢还原成预备姿势。反复练习 4×8 个拍。

教学提示:

(1)举腿的高度,练习次数可视个人情况而定。

(2)在不同高度做控制,腹肌练习部位不同。

(3)增强腹部力量。

练习 3-59　趴式身后双手交叉双臂抬起练习

预备姿势:练习者脸朝下趴着,髋骨紧贴地面,收腹。双手放在臀部上并相互交叉,微微屈肘。

动作方法:

(1)1×8 拍:轻轻放松肩胛骨并慢慢向上抬起双臂(见图 3-4-24)。

(2)2×8 拍:双臂抬至最高点控制 1 个8 拍。

图 3-4-24

(3)3×8 拍:慢慢放下,反复练习多次。

教学提示:做动作过程中,整个身体保持一条直线,保持正常的呼吸。

练习 3-60　跪姿下胸腰练习

预备姿势:跪立上体正直,双手三位(见图 3-4-25)。

动作方法:

(1)1×8 拍的第 1～4 拍,向后下腰;第 5～8 拍控制不动(见图 3-4-26)。

(2)2×8 拍的第 1～2 拍,臀部跪坐两腿之间(见图 3-4-27);第 3～4 拍上体平躺在地毯上(见图 3-4-28);第 5～6 拍挑腰起,双手臂下垂(见图 3-4-29 和图 3-4-30);第 7～8 拍还原成预备姿势,反复练习。

图 3-4-25

图 3-4-26

图 3-4-27

图 3-4-28

图 3-4-29

图 3-4-30

教学提示：

(1)保持抬头挺胸形态，下腰时头向后。

(2)起腰时，要用腰带动上体挑起。

练习 3-61　抢臂体前体后屈练习

预备姿势：上体直立，两腿分开，两手至于体侧。

动作方法：

(1)1×8 拍：第 1～2 拍（见图 3-4-31）双臂抢臂；第 3～4 拍直腿体前屈（见图 3-4-32）；第 5～6 拍抢臂（见图 3-4-33）；第 7～8 拍体后屈（见图 3-4-34）。

图 3-4-31　　　　　　　　　　　　　　图 3-4-32

图 3-4-33　　　　　　　　　　　　　　图 3-4-34

（2）2×8 拍：停留在体后屈，控制 1 个 8 拍。

（3）3×8 拍、4×8 拍同 1×8 拍、2×8 拍动作。

教学提示：

（1）上体前屈时，尽量用双手带动，穿过胯下。

（2）上体后屈时，尽量抬头，用力下后腰，双腿伸直。

练习 3-62　坐姿甩腰练习

预备姿势：上体正直，分腿坐，双手放于大腿上（见图 3-4-35）。

动作方法：

（1）1×8 拍：第 1～2 拍，上体向右倾斜，下旁腰（见图 3-4-36）；第 3～4 拍向左倾斜下旁腰（见图 3-4-37）；第 5～8 拍，双手带动从左至体前到右后腰绕环，成一手支撑分腿立扭腰（见图 3-4-38～图 3-4-40）。

图 3-4-35　　　　　　　　　　　　　图 3-4-36

图 3-4-37　　　　　　　　　　　　　图 3-4-38

图 3-4-39　　　　　　　　　　　　　图 3-4-40

(2)2×8拍:在分腿立腰的姿态上控制1个8拍。

(3)3×8拍、4×8拍动作相同,方向相反。

教学提示:

(1)动作中保持抬头、挺胸、立背的形态。

(2)用腰部的力量带动上体左右侧移和绕环。

练习3-63　坐姿扭腰练习

预备姿势:上体正直,盘腿坐在地毯上,双手抬平,小臂弯曲搭肩(见图3-4-41)。

动作方法:

(1)1×8拍:第1～2拍,向左拧腰;第3～4拍向右拧腰(图3-4-42);第5～8拍,一拍一动,以臂带动腰扭动。

图 3-4-41

图 3-4-42

（2）2×8 拍：方向相反，动作相同。

教学提示：保持抬头、挺胸、立腰、立背的形态，腰用力带动上体向左右转动。

练习 3-64　坐地拧腰

预备姿势：直腿坐，两手在体后侧撑地（见图 3-4-43）。

动作方法：

（1）1×8 拍：第 1～2 拍右腿屈膝，脚尖在左膝旁触地（见图 3-4-44）；第 3～4 拍右膝向左侧下压，同时拧腰，上体不动（见图 3-4-45）；第 5～6 拍还原成 1～2 拍的姿势；第 7～8 拍右腿伸直成预备姿势。

图 3-4-43　　　　　　　　　　图 3-4-44　　　　　　　　　　图 3-4-45

（2）2×8 拍：动作同第 1×8 拍，但换左腿进行。反复练习多次。

教学提示：

（1）膝盖尽可能向下压，最好能触地。

（2）上体不要转动，眼睛眼看前方。

练习 3-65　分腿坐体前屈转体

预备姿势：大分腿坐，两臂侧举与地面平行，掌心向下。

动作方法：

（1）1×8 拍：第 1～2 拍左臂向右前摆，带动上体右转，同时上体前屈尽力靠近右大腿，左手向右脚尖方向远伸，右臂后摆，头右转；第 3～4 拍还原成预备姿势，第 5～8 拍向左侧做。

（2）2×8 拍同 1×8 拍动作，反复练习多次。

教学提示：

（1）转体时臀部不要离地。

（2）转体的幅度根据练习者情况而定。

练习 3-66　开立体前屈转体

预备姿势：两脚大开立站立，两臂侧举与地面平行，掌心向下。

动作方法：

(1)1×8拍：第1～2拍上体前屈尽量右转，两臂保持侧举姿势，左臂尽量右前伸，触右脚外侧的地面，右臂尽力后摆，眼看右手；第3～4拍同第1～2拍，向左转；第5～8拍重复第1～4拍动作。

(2)2×8拍同1×8拍动作，反复练习多次。

教学提示：

(1)两臂尽量向远处伸展，上体尽量转动，幅度尽可能地拉大。

(2)头向后转看上面的手臂。

(3)两腿开立，腿伸直，膝盖不能弯曲。

(4)音乐2/4拍。

练习3-67　倒膝练腰

预备姿势：垂坐于地毯上，双腿屈膝并拢。双手放于体侧(见图3-4-46)。

动作方法：

(1)1×8拍：第1～2拍膝盖并拢弯曲90°；第3～4拍吸气，让膝盖倒向身体左边(见图3-4-47)；第5～8拍控制不动。

图 3-4-46

图 3-4-47

(2)2×8拍：第1～2拍吐气，靠右腰的力量回到中央同1×8拍的第1～2拍动作；第3～4拍吸气，让膝盖倒向身体右边；第5～8拍控制不动。

(3)3×8拍、4×8拍：倒膝盖控制2个8拍，换方向做。反复练习多次。

教学提示：

(1)肩胛骨放松地与地面紧合在一起，不要让肩胛骨离开地面。

(2)双脚靠拢，感觉自己像个不倒翁似的，力量往腹部集中。

(3)向两边倒时，速度缓慢，切忌太快，膝盖一定要贴紧。

练习3-68　仰卧拧腰

预备姿势：仰卧平躺在地毯上，双腿伸直并拢。双手打开，与身体平行，手掌向下。

动作方法：

(1)1×8拍：第1～2拍两腿并拢上举，脚面绷直；第3～4拍吸气，两腿向右侧下压，髋右转，两脚尽量触地，两手掌不离开地面，上体不动；第5～8拍控制不动。

(2)2×8拍：第1～2拍吐气，靠左腰的力量回到中央同1×8拍的第1～2拍动作；第3～8拍同1个8拍的动作，但第3～4拍双腿向左侧下压。

(3)3×8拍、4×8拍：腿下压时控制2个8拍，换方向做。反复练习多次。

教学提示：

(1)两腿下侧下压时，两臂压紧地面，两手掌不要离开地面。

(2)腿向两侧压时，速度缓慢，切忌太快，两脚尽量触地。

练习 3-69　跪跳起

预备姿势：跪立，两臂上举(见图 3-4-48)。

动作方法：1×8拍的第1～4拍，两臂经前、下、后摆的同时稍屈髋，接着用小腿前部和脚面依次下压地面，同时屈髋(见图 3-4-49)；第5～8拍，两臂急速向前摆动至前举部位时制动臂，身体腾起并迅速屈髋、屈膝，向前上方抬大腿，两脚落地，成半蹲姿势(见图 3-4-50)。

图 3-4-48　　　　　　　图 3-4-49　　　　　　　图 3-4-50

教学提示：

(1)两臂前摆至体前时，要制动臂。

(2)小腿和脚面要用力压地面。

(3)身体要有腾空。

第五节　胸、背部力量和柔韧练习

胸、背部力量和柔韧练习是形体训练的重要内容之一。背部力量的强弱，决定一个人形体控制能力的好坏和体形的优美程度。要提高胸、背部练习的质量，使之更安全、更有效，首先要做到的是用科学的方法进行练习。胸、背部练习的方法多种多样,一般采用双人练习、单人配合两种形式进行。

一、双人练习

练习 3-70　　互背拉伸练习

预备姿势:两人背靠背分腿站立,两手手挽手(见图 3-5-1)。

动作方法:

(1)1×8 拍:第 1～2 拍一人用力挽住另一人的手臂,背起另一人,使其后倒成反弓状,自己尽量含胸圆背,两腿直立(见图 3-5-2);第 3～6 拍,控制不动;第 7～8 拍,缓慢放下,恢复预备姿势。

图 3-5-1　　　　　　　　　　　　　　　图 3-5-2

(2)2×8 拍:换一人做,动作同前 1×8 拍。

(3)3×8 拍、4×8 拍:控制 2 个 8 拍后换人,也控制 2 个 8 拍。反复练习多次

教学提示:

(1)被背起后的人要放松髋关节和腿部,使背部、胸部和腰部肌肉充分伸展。

(2)背的人却一定要分腿直立,同时圆背。

(3)音乐 2/4 拍。

练习 3-71　　俯卧体后屈

预备姿势:练习者俯卧在地毯上,双腿伸直并拢,双臂扶头后,协助练习者跪坐地上,双手压住双脚。

动作方法:1×8 拍的第 1 拍,双腿分开,两臂、上体同时向上抬起,使胸、腰、背成反弓;第 2～7 拍控制不动;第 8 拍还原成预备姿势,反复练习(见图 3-5-3、图3-5-4)。

图 3-5-3　　　　　　　　　　　　　　　图 3-5-4

教学提示：

(1)做动作时,抬头挺胸,上体用力成向屈形态。

(2)协助练习者要用力按住练习者双脚帮助完成动作。

(3)增强腰和背力量。

二、单人练习

练习 3-72　俯撑

预备姿势:面对墙分腿站立,或跪立俯撑、或跪膝俯撑,两手的距离大于肩部宽度约 60cm。

动作方法:1×8 拍前的第 1～4 拍,屈肘,同时上体接近支撑面,与肘的高度一致;第 5～8 拍,双臂用力并将自己的身体推离支撑面。根据自己的情况,反复练习。

教学提示：

(1)在做动作时保持背部的平直,收腹并使头部与脊椎骨保持在一条直线上。

(2)初级水平的训练者选择如图 3-5-5 所示的练习方法。

(3)中级水平的训练者选择如图 3-5-6 所示的练习方法。

(4)高级水平的训练者选择如图 3-5-7 和图 3-5-8 所示的练习方法。

图 3-5-5　　　　　　　　　图 3-5-6　　　　　　　　　　图 3-5-7

练习 3-73　坐式背部伸展动作

预备姿势:坐在地毯上,收腹、挺胸、立腰,双手分别放在身体两侧后方的地毯上,屈右膝,并让右脚平踩在左腿旁的地面上。

动作方法：

(1)1×8 拍:第 1～2 拍右手微曲放在身后,尽量靠近身体,左前臂放在右膝外侧;第 3～8 拍右膝慢慢收向身体的中轴线,头和上半身从腰部开始向右臂的方向转到最大限度(见图 3-5-9、图 3-5-10)。

图 3-5-8　　　　　　　　　　　　　　　　　　　　图 3-5-9

图 3-5-10　　　　　　　　　　　　　　　　　　　图 3-5-11

(2)2×8 拍:控制身体扭转的最大限度一个 8 拍。

(3)3×8 拍、4×8 拍同 1×8 拍、2×8 拍,换方向练习。

教学提示:在做动作时保持正常的呼吸,并使头部与脊椎骨保持在一条直线上,双眼视线要高于肩部。

练习 3-74　侧躺收腿练习

预备姿势:侧躺在地上,双手胸前交叉抱上体,双脚并腿屈膝(见图 3-5-11)。

动作方法:

(1)1×8 拍屈膝并腿,慢慢向胸部和头部靠拢,使身体充分蜷曲起来。

(2)2×8 拍双手贴耳上举,双腿伸膝,伸展成弓形,反复练习多次(见图 3-5-12)。

教学提示:

(1)练习者的头部和脊椎骨保持在一条直线上。

(2)在蜷曲时要收紧双膝。

练习 3-75　双膝跪地双手撑地弓背练习

预备姿势:双膝跪地(双膝与臀部处于一条直线)双手撑地,(双手与肩部处在一条直线上)保持背部平直,收腹。

动作方法：

(1)1×8拍：吸气,同时将背部向上拱起并收腹,同时让骨盆向前倾(见图3-5-13)。

图 3-5-12

图 3-5-13　　　　　　　　　　　　　　　　　　图 3-5-14

(2)2×8拍：保持拱背姿势一个8拍。

(3)3×8拍：呼气,同时让背部向下沉,使胸部向地面靠去,略微抬头并让臀部向前移动(见图3-5-14)。

(4)4×8拍：第1~4拍控制3×8拍的动作;第5~8拍恢复预备姿势。

教学提示：要头部和脊椎骨保持在一条直线上,同时注意呼吸的协调配合。

练习 3-76　背飞

预备姿势：俯卧在地毯上,双腿伸直分开,双臂伸直上举。

动作方法：1×8拍：第1拍,两臂、上体和双腿同时向上抬起或双手抓住踝关节同时向上抬起,使胸、腰、背、腿成反弓;第2~7拍控制不动;第8拍还原成预备姿势,反复练习。

教学提示：

(1)在做动作时,双臂带动上体尽量向后弯曲、抬头,成最大反背弓。

(2)两腿伸直绷紧,两臂尽量向前伸展。

练习 3-77　直立背部伸长练习

预备姿势：两腿分开直立,并让身体的右侧对着墙壁(身体离开墙的距离约60cm)微微屈膝,右手平放在墙上,指尖向前。

动作方法：

(1)1×8拍：用右手掌用力压墙并坚持一个8拍。

(2)2×8拍：右肩以逆时针的方向慢慢地向墙壁扭去。

(3)3×8拍:重复1×8拍动作。

(4)4×8拍:重复2×8拍动作,反复练习后改左手进行。

教学提示:

(1)做用力动作时,要保持背部的平直,挺胸、收腹,使头部与脊椎骨保持在一条直线上。

(2)用力动作的手放在与肩同高或略低于肩部的高度上。

练习3-78　侧向吊胸腰练习

预备姿势:上体正直,双手上举成三位手,双脚跪立(见图3-5-15)。

动作方法:

(1)1×8拍:第1~4拍,右脚侧点地,上体下旁腰,同侧手伸向远方(见图3-5-16);第5~8拍还原后,转体成正向侧面体前屈,胸贴大腿(见图3-5-17)。

图 3-5-15　　　　　　　　　　　　　　　图 3-5-16

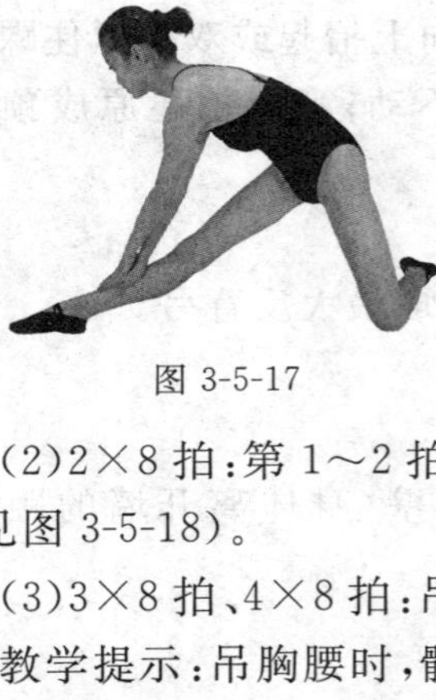

图 3-5-17　　　　　　　　　　　　　　　图 3-5-18

(2)2×8拍:第1~2拍双臂带动上体直立;第3~8拍下胸腰,一手上举一手下撑(见图3-5-18)。

(3)3×8拍、4×8拍:吊胸腰控制2个8拍,换方向做。

教学提示:吊胸腰时,髋部不能前倾后仰,要保持身体正直。

练习 3-79　　坐姿胸腰练习

预备姿势：直角坐在地毯上，双腿并拢伸直，绷脚尖，双手于体侧，中指尖点地（见图 3-5-19）。

动作方法：

(1)1×8 拍：第 1～4 拍向前下腰；第 5～8 拍控制不动（见图 3-5-20）。

(2)2×8 拍：第 1～2 拍，举双手（见图 3-5-21）；第 3～4 体前屈，胸腹部尽量贴大腿（见图 3-5-22）；第 5～8 拍双手带上体向后下胸腰（见图 3-5-23），反复练习。

图 3-5-19　　　　　　　　　　　　　　　　图 3-5-20

图 3-5-21　　　　　　　　　　　　　　　　图 3-5-22

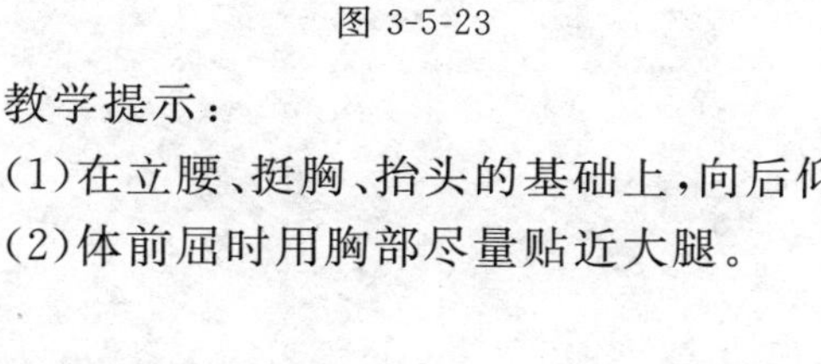

图 3-5-23

教学提示：

(1)在立腰、挺胸、抬头的基础上，向后仰头，用力下腰。

(2)体前屈时用胸部尽量贴近大腿。

练习 3-80　　挺腰背练习一

预备姿势：仰卧，两腿伸直并拢，两臂伸直置于体侧（见图 3-5-24）。

动作方法：1×8 拍的第 1～4 拍腰和背部向上挺起，腰背肌紧张，使腰和背部离开地面，抬头，臀部和头着地（见图 3-5-25）；第 5～8 拍腰背放松下落成预备姿势。

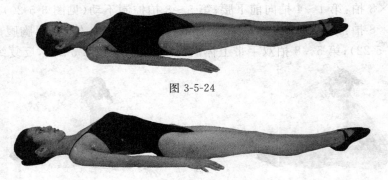

图 3-5-24

图 3-5-25

练习 3-81　　挺腰背练习二

预备姿势：仰卧，两腿伸直并拢，两臂伸直置于体侧。

动作方法：1×8 拍的第 1～4 拍两臂不动，髋、腰和背部向上挺起，臀、腰、背部的肌肉紧张，抬头，使臀、腰、背部离开地面，脚和头的后上部着地，使身体挺成反弓形（见图 3-5-26）；第 5～8 拍：放松还原。

练习 3-82　　挺腰背和弓腰背练习

预备姿势：半蹲，两手扶膝，手指相对，两肘外展（见图 3-5-27）。

动作方法：1×8 拍的第 1～4 拍臀部向后翘，向前塌腰，腰、背肌肉紧张，挺胸抬头，眼视前上方（见图 3-5-28）；第 5～8 拍臀部收回，腰和背尽量向后顶，弓腰背，含胸低头，伸拉腰背肌（见图 3-5-29）。

练习 3-83　　挺腰背和弓腰背练习二

预备姿势：半蹲，两手扶膝，手指相对，两肘外展。

动作方法：1×8 拍的第 1～4 拍半蹲，两手扶膝，肘关节朝外，臀部向后翘，向前塌腰，腰、背肌肉紧张，挺胸，头向右转 90°并向左侧屈，眼睛看左后方（见图 3-5-30）；第 5～8 拍同第一个 8 拍的 5～8 拍动作。

图 3-5-26　　　　　　　　　　　　图 3-5-27

图 3-5-28　　　　　　　　图 3-5-29　　　　　　　　图 3-5-30

教学提示：

(1)此练习也可一个 8 拍塌腰,一个 8 拍弓腰背。

(2)重复练习时,转头和屈头的方向要交替进行。

练习 3-84　挺腰背和弓腰背练习三

预备姿势：屈膝跪地俯撑,大腿与地面约成 30°(见图 3-5-31)。

动作方法：1×8 拍的第 1～4 拍向前挺髋、挺腰、挺胸,上体尽量抬起成反弓形,腰背肌紧张,抬头(见图 3-5-32);第 5～8 拍成跪撑,弓腰、弓背,含胸低头(见图 3-5-33)。

图 3-5-31　　　　　　　　　　　　　　图 3-5-32

图 3-5-33

练习 3-85　含展胸练习

预备姿势:上体直立,双手头上举相握,右脚前点弓步(见图 3-5-34)。

动作方法:

(1)1×8 拍:第 1～2 拍含胸低头,交叉的腕关节前屈(见图 3-5-35);第 3～4 拍展胸抬头,腕关节后屈(见图 3-5-36);第 5～8 拍重复第 1～4 拍的动作。

图 3-5-34　　　　　　　　　　图 3-5-35　　　　　　　　　　图 3-5-36

(2)2×8 拍:一拍一动重复 1×8 拍的动作,反复多次。

教学提示:

(1)下肢动作保持不动,含、展胸动作通过手臂带动时,要尽可能地幅度加大。

(2)头、手要配合协调。

练习 3-86　平躺举哑铃

预备姿势:脸朝上平躺在训练长凳上,双脚分开平踩地上,双手分开约肩宽的 1.5 倍,紧握哑铃(杠铃)。

动作方法:

(1)1×8 拍:呼气,同时将哑铃(杠铃)向上举起,肘伸直。

(2)2×8 拍:保持上举姿态 1 个 8 拍,吸气。

(3)3×8拍:慢慢地将哑铃(杠铃)降至胸部中间部位上方,反复练习。

教学提示:

(1)做动作时使头部和脊椎骨保持在一条直线上。

(2)如果是杠铃,把杠铃放在胸部中间部位的上方。

(3)当上举时高度等于手臂向上伸直的长度,但不要让肘部过于用力。

练习 3-87 平躺两侧举哑铃练习

预备姿势:脸朝上平躺在训练用的长凳上,双脚分开平踩在地上,双手各提一哑铃放在大腿的前面。

动作方法:

(1)1×8拍:第1~2拍双手握哑铃提至胸部附近;第3~4拍向上举起,微屈肘部和腕部,并使指关节相对;第5~8拍吸气,同时将双臂分别伸向身体的两侧,然后屈肘。

(2)2×8拍:控制不动,反复练习4×8个拍。

教学提示:

(1)头部和脊椎骨保持在一条直线上。

(2)在体侧屈肘举哑铃时,要使双臂和肩部、胸部保持在同一水平位置上。

练习 3-88 抬膝平躺屈臂举哑铃练习

预备姿势:屈膝仰卧平躺在地上,双手放在大腿前面,各提一个哑铃。

动作方法:

(1)1×8拍:第1~4拍将哑铃举至胸部的上方。屈肘并将双肘分别位于身体的两侧;第5~8拍吸气,同时双臂慢慢地伸过头顶,然后让双肘弯曲成向下的45°。

(2)2×8拍:呼气,慢慢地将哑铃举回胸部上方,反复练习。

教学提示:

(1)使头部和脊椎骨保持在一条直线上。

(2)当举至胸部上方时,要保持腕关节平直,指关节朝上。

练习 3-89

预备姿势:两腿与肩同宽开立,两手自然垂直与体侧。

动作方法:

(1)1×8拍:第1~2拍膝盖慢慢弯曲,两手半握拳前平举,身体微微向前倾斜,第3~6拍控制不动;第7~8拍还原直立。

(2)2×8拍:动作同1×8拍。

(3)3×8拍、4×8拍:屈膝控制2个8拍。反复练习多次。

教学提示:屈膝,上体向前倾斜时用力下压,同时坚持背部伸直。

练习 3-90

预备姿势:跪立于地毯上,双膝分开两个拳头的距离,双手自然垂直体侧。

动作方法:

(1)1×8 拍:第 1～4 拍双手向后,左手抓住左脚踝,右手抓住右脚踝,伸直双臂支撑住身体;第 5～8 拍利用背部力量尽量把自己往前推,慢慢将自己撑起来。

(2)2×8 拍:第 1～4 拍,控制不动;第 5～8 拍还原预备姿势。

(3)3×8 拍、4×8 拍动作同 1×8 拍,2×8 拍。

教学提示:头自然后仰。

第六节　手臂、肩部力量和柔韧性练习

手臂、肩是人上体的主要组成部分之一。肩宽窄适度,与人体总身高的比例匀称协调,可显得开阔、稳健而有朝气,突出体形的曲线美。如果肩太窄,则给人纤细软弱,无力支撑头颈的感觉;同时也会缩小胸腔体积,除影响外形美观外,更有害的是限制了心肺等内脏器官的功能。而手臂、肩部的力量和柔韧性练习能够促使上肢骨骼、肌肉韧带和肩带的正常发育,增强力量和灵活性,培养正确姿势,进一步提高肩部的控制能力,使站立形态更加优美;同时由于练习动作灵敏有力、变化多样,所以可促进上体的血液循环,增进胸部各内脏器官的营养与机能。一般采用双人练习配合和单人练习进行。

一、双人练习

练习 3-91　拉肩

预备姿势:练习者跪坐在地毯上,双手相握上举;协助练习者站立在练习者的背后,拉住练习者的双手。

动作方法:1×8 拍,协助练习者膝盖抵在练习者的后背处,一手拉其腕关节,一手推其肩部,一拍一动。做 2×8 个拍后,拉至最大限度用力控制 2×8 个拍。

教学提示:

(1)练习者要保持正常的呼吸节奏。

(2)双臂上举时肘关节不能弯曲,同时微低头。

练习 3-92　双人压肩

预备姿势:两人面对面站立,上体前倾,双臂伸直相互搭肩,双脚开立。

动作方法:

(1)1×8 拍:第 1 拍的前半拍,上体下压双肩伸直振动一次(见图 3-6-1);后半拍上体稍抬起,反复练习 4×8 拍。

(2)5×8 拍:第 1 拍下压至最大限度,控制 4×8 拍。

教学提示:

(1)压肩时双臂伸直、塌腰、抬头、挺胸,将肩关节韧带拉开。

(2)加大肩部活动的幅度,提高肩周挺胸的能力。

(3)音乐 2/4 拍,建议采用节奏比较快的音乐。

练习 3-93　站立压肩

预备姿势:练习者面对把杆,双脚开立,上体前倾,双手臂伸直扶把。协助练习者站其侧面,双手扶练习者肩背部(见图 3-6-2)。

动作方法:

(1)1×8 拍:第 1 拍的前半拍,双手下压双肩伸直振动一次;后半拍上体稍抬起,反复练习 4×8 拍。

(2)5×8 拍:第 1 拍下压至最大限度,控制 4×8 拍。双人互换练习。

教学提示:

(1)压肩时双臂伸直、塌腰、抬头、挺胸。

(2)协助练习者双手用适当的力压练习者的肩背部,将肩关节韧带拉开。

(3)加大肩关节的活动范围,提高肩关节的灵活性。

练习 3-94　跪立压肩

预备姿势:练习者跪立在地毯上,双手贴耳朵前举撑地;协助练习者分腿站在练习者背后。

动作方法:

(1)1×8 拍:第 1~4 拍,协助练习者轻轻地压在练习者的双肩上;第 5~8 拍压着控制不动(见图 3-6-3)。

图 3-6-1

图 3-6-2

图 3-6-3

（2）2×8拍：在1×8拍下压力量的基础上，下压力量加大，一拍一动。

（3）3×8拍：控制不动，施加最大力量（练习者能够承受）。双人互换，反复练习。

教学提示：

（1）练习者在做动作时要抬头挺胸，注意呼吸的节奏。

（2）协助练习者施加压力要慢慢由小至大，不能突然发力，以免受伤。

练习 3-95　俯卧撑

预备姿势：练习者俯撑，两腿伸直，两手撑地与肩同宽。协助练习者双脚开立于练习者身体两侧，双手扶其腹部（见图 3-6-4）。

动作方法：

（1）1×8拍：第1～4拍协助练习者用适当的力扶练习者腹部协助练习者屈臂，肩与肘关节平行，胸、腹接近地面；第5～8拍控制不动。

（2）2×8拍：第1～4拍练习者两臂用力推起成预备姿势，协助练习者用适当的力辅助推起；第5～8拍控制不动。反复练习多次。

图 3-6-4

教学提示：

（1）两臂屈臂时，肩与肘平行，身体与地面平行。

（2）协助练习者根据练习者的实际情况用力辅助。

（3）音乐 4/4 拍，建议采用舒缓音乐。

练习 3-96　推小车

预备姿势：练习者俯撑，两臂伸直，两手撑地与肩同宽。协助练习者站立练习者脚后，双手抓其脚踝抬住（见图 3-6-5）。

动作方法：练习者用手向前爬行 20 米，练习 2 组，双人交换练习。

教学提示：

(1)两臂屈臂时，肩与肘平行，身体与地面平行。

(2)向前爬行的距离及组数，可以根据学生情况适当增加或减少。

图 3-6-5

二、单人练习

练习 3-97　后提臂夹肩练习

预备姿势：立正站好，双手臂在体后伸直握好（见图 3-6-6）。

动作方法：

(1)1×8 拍：第 1～4 拍匀速后抬双臂至最大限度（见图 3-6-7）；第 5～8 拍双臂匀速回落至预备姿势。

(2)2×8 拍：第 1～2 拍体前屈同时双手臂后举；第 3～6 拍控制不动（见图 3-6-8）；第 7～8 拍还原成预备姿势。反复练习。

图 3-6-6　　　　　　　图 3-6-7　　　　　　　　　图 3-6-8

教学提示：

(1)双手臂伸直，后夹角，抬头、挺胸。

(2)后抬臂至最大限度，上体保持直立。

(3)体前屈后举双臂至最大限度，将肩关节韧带拉开。

练习 3-98　两臂上托练习

预备姿势：双腿并拢，两臂在体侧自然下垂挺胸收腹。

动作方法：

(1)1×8 拍：第 1～2 拍两臂向上举起，一手掌心向上，一手拉另一手的手指；第 3～7 拍为一动一拍，下压下拉上顶的手（见图 3-6-9）。

(2)2×8拍:拉至最大限度停1个8拍,换另一只手练习,反复4拍。

教学提示:上举时,挺胸收腹,当一手下拉时,另一手要向上用力顶,肘关节伸直,同时肩角要打开。

练习 3-99　手臂摆动绕环练习

预备姿势:两脚分开与肩等宽,两臂在体侧自然下垂(见图3-6-10)。

动作方法:

(1)1×8拍:第1～4拍左手向前,右手向后绕环(见图3-6-11);第5～8拍重复一次。

(2)2×8拍:第1～4拍左手向后,右手向前绕环;第5～8拍重复一次。

(3)3×8拍:双手同时向前绕环2周。

(4)4×8拍:双手同时向后绕环2周,反复4×8个拍。

图 3-6-9　　　　　　　　　图 3-6-10

教学提示:

(1)收腹、挺胸、抬头,肩关节放松。

(2)绕环时手臂划垂直于身体侧的立圆,并随臂绕环而肩绕动。

练习 3-100　侧压臂练习

预备姿势:两脚分开站立,与肩同宽,两臂体侧自然下垂(见图3-6-12)。

动作方法:

(1)1×8拍:第1拍左手臂直臂上举,右手屈肘在头后抓住左上臂;第2～8拍慢慢地向右侧拉左肩关节(见图3-6-13)。

图 3-6-11

图 3-6-12

图 3-6-13

(2)2×8 拍:右手拉至最大限度时,控制 1 个 8 拍,慢慢放松,反复练习 4×8 个拍,交换手练习。

教学提示:

(1)上举手时,要收腹挺胸。

(2)在侧拉时,力量必须慢慢地由小到大,不可突然用力。同时,要尽可能拉肩侧韧带至最大限度。

练习 3-101　手臂波浪练习

预备姿势:盘腿坐在地毯上,两臂放手体侧,双手撑于地面,手心向下(见图 3-6-14)。

动作方法:

(1)1×8 拍;第 1～2 拍头向左看,左手高,右手低,做手臂波浪一次(见图 3-6-15);第 3～4 拍头看右边,右手高,左手低,做手臂波浪一次(见图 3-6-16);第 5～8 拍双手小波浪至头上举(见图 3-6-17、图 3-6-18)。

图 3-6-14

图 3-6-15

图 3-6-16

图 3-6-17

图 3-6-18

(2)2×8 拍:双手后振肩练习,两拍一动,反复练习 8×8 拍。

教学提示:

(1)保持上体立腰、立背、挺胸形态。

(2)用肩关节上提下落带动手臂波浪练习。

练习 3-102　压肩韧带

预备姿势:面对肋木上体前倾,双臂伸直两手握在肋木上,双脚开立(见图 3-6-19)。

动作方法:1×8 拍的第 1 拍,上体用力向下压,将肩关节拉开,一拍一压,反复练习 4×8 个拍,压至最大限度时,控制 4×8 个拍。

教学提示:

(1)双手臂伸直,压肩时要保持塌腰、挺胸、抬头的形态。

(2)注意保持呼吸正常。

(3)音乐 2/4 拍。

练习 3-103　下拉肩练习

预备姿势:背对肋木跪立,距肋木大约 30～40cm,两手体后握肋木(见图 3-6-19)。

动作方法：1×8 拍的第 1 拍，双手与肩同宽握杆，上体前倾；第 2～7 拍控制不动；第 8 拍还原成预备姿势，反复练习 8×8 个拍。

教学提示：练习时双脚离肋木距离不变，身体前倾，挺胸仰头，把肩关节充分拉开。

练习 3-104　侧反拉户韧带练习

预备姿势：两脚左右开立，身体侧向肋木站立，一手握比肩稍高的肋木杆。

图 3-6-19

动作方法：

(1)1×8 拍：第 1～2 拍右手扶助木，身体向左扭转(见图 3-6-20)；第 3～4 拍还原成预备姿势；第 5～8 拍重复第 1～4 拍。

(2)2×8 拍：扭转至最大限度时，控制 1 个 8 拍，反复练习 8×8 个拍。

教学提示：

(1)在扭转身体时，两脚跟不能离地，同时慢慢地扭转，不能突然用力。

(2)动力手的肘关节不能屈。

练习 3-105　俯撑推起练习

预备姿势：面对肋木站立，距肋木 80～90cm，双手直臂撑肋木，前脚掌着地，身体成一斜面。

动作方法：1×8 拍的第 1 拍，双手屈臂；第 2 拍推起还原。听口令反复练习，约 15～25 次一组。

图 3-6-20

教学提示：在屈臂时，胸部贴近肋木，同时双手用力撑住，推起，膝盖不能屈。

练习 3-106　跪立上体前行练习

预备姿势：双腿并拢，跪地，双手直臂垂直撑地(见图 3-6-21)。

动作方法：1×8 拍的第 1 拍，重心后移，低头；第 2 拍屈臂从头至胸腹贴近地面(见图 3-6-22)；第 3～4 拍成腹撑(见图 3-6-23)；第 5～8 拍按原动作路线还原成预备姿势。反复练习 8×8 个拍。

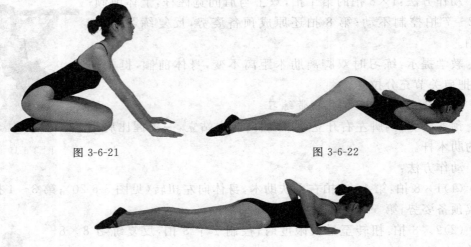

图 3-6-21　　　　　　　　　　　　　　　　图 3-6-22

图 3-6-23

教学提示:

(1)屈臂时从头经胸至腹,依次贴近地面。

(2)撑地时抬头、挺胸,上体后倾。

练习 3-107　　双臂悬垂练习

预备姿势:双脚立正站立,两手置于体侧。

动作方法:跳上,两手握杠,握距比肩稍宽,两腿并拢,全身绷直,两肩下沉,控制悬垂 20~60 秒,练习 3~5 次。

教学提示:在悬垂时有节奏地呼吸,不要憋气。

练习 3-108　　拉皮筋练习

预备姿势:面对肋木站立,把皮筋从肋木上穿过,双手拉于胸前。

动作方法:1×8 拍的第 1~4 拍,前腿弯曲,后腿蹬地,手拉皮筋上举,向后伸出双臂,头随后仰至极限;第 5~8 拍还原成预备姿势。反复练习 20~30 次,然后直臂下拉 20~30 次。

教学提示:向后拉皮筋伸展双臂时,不能屈肘,同时也要挺胸抬头。

练习 3-109　　双臂持哑铃练习

预备姿势:两脚分开与肩同宽,两臂伸直,两手推哑铃置于体侧,成站立姿势。

动作方法:1×8 拍的第 1~2 拍,两臂用力屈时,将哑铃举至肩侧;第 3~4 拍,两臂用力将哑铃举至头上方,两臂伸直;第 5~6 拍,两臂向头后屈肘;第 7~8 拍,两臂用力伸肘,将哑铃还原成预备姿势。反复练习 10~15 次。

练习 3-110 踩拉皮筋

预备姿势:双脚并拢,踩在皮筋中部,双手体侧握皮筋头。

动作方法:

(1)1×8 拍:第 1~2 拍,双手拉皮筋至体侧;第 3~4 拍还原;第 5~6 拍双手拉皮筋至斜上举位置;第 7~8 拍还原。

(2)2×8 拍:第 1~4 拍,拉侧平举;第 5~7 拍控制不动;第 8 拍还原。

(3)3×8 拍:第 1~4 拍,拉至斜上举;第 5~7 拍控制不动;第 8 拍还原。

教学提示:

(1)身体保持正直,收腹抬头。

(2)在做动作时,手臂始终保持直臂,并配合好呼吸节奏。

复习思考题

1. 旅游服务形体的基本素质训练包括哪些内容?

2. 旅游服务形体的基本素质训练形式主要有哪几种?

3. 把杆上的训练内容有哪些?

4. 哪些练习对形体提高比较有效?

5. 旅游服务形体基本素质训练的意义是什么?

第四章

旅游服务姿态训练

学习目标

通过本章的学习,认识到姿态在旅游服务和社会交往中的重要性;了解站、坐、行、表情、手势等的基本要求;掌握各种姿态在旅游服务中的正确应用,使学生的服务动作更加规范化和优美化。

本章概要

本章着重介绍各种姿态在旅游服务中的正确运用。不同的岗位、不同的着装,姿态都是有所不同的,但是总的基本要求是不变的,即站立要挺拔、坐姿要端正、行走要自然、表情手势要规范。

日常社交礼节姿态包括致意、鞠躬、握手、介绍、拥抱接吻、宗教礼节等,了解这些一般社交过程中最基本的礼节礼貌,有助于旅游接待工作的顺利开展,为客人提供更优质的服务。

仪态是指人在行为中的姿势和风度。姿势是指身体呈现的样子,如站立、行走、就座、手势、面部表情等。而风度则是一个人内在气质的外露,是在漫长的生活实践中和不同意识形态的历史文化氛围中逐渐形成的。它是一个人行为举止的综合,是社交中的无声语言,是个人道德品质、思想情趣、精神素养、性格和生活习惯的外在表现。旅游工作者美的仪态,不仅是旅游工作者自身良好形象、气质和风度的展现,也是旅游企业良好形象及管理水平的体现。因此,对旅游从业人员的形体进行有针对性的训练,使他们的行为举止更符合规范,有利于提升整个行业的形象,从而为客人提供更优质的服务。

第一节　站立姿态

良好的仪态举止是一种修养,能给人一种风度美而受欢迎。同时,它更是一种深层次的美,富有永久的魅力。所以,旅游接待与服务人员,无论是在工作岗位,还是在社交场合,都应注重仪态美。站姿是仪态的重要组成部分之一,优雅的站姿是动态美的起点,一个人所有姿态的根本就是站姿。

俗话说的"站如松"是指标准的站姿站立时就像松树一样的挺拔。站立是人最基本的姿势,优美、典雅的站姿是一种静态美,是形成人不同质感动态美的起点和基础,同时也是一个人良好气质和风度的展现。优美的站姿是人们在日常生活中不断追求的,而站立服务则更是旅游服务的基本要求。

一、站姿基本要求

首先,给人的总体感觉应该是自然挺拔的。从正面看,其身形应该正直,头颈、身躯和双腿应当与地面垂直,两肩相平,两臂和手在身体两侧自然下垂,眼睛平视,环顾四周,嘴微闭,面带笑容。从侧面看,其下颌应微收,眼平视前方,胸部稍挺,小腹收拢,整个形体显得庄重、平稳。

其次,要注意方法:就是双腿站直(女士两腿并拢),收腹紧臀、立腰立背,双手放于体侧,挺胸,肩平,(男士稍向后张)颈正,下颌微收,头正,目光平视前方。

最后,要考虑站立时的场合、着装等。正确的站立姿态能够帮助呼吸和改善血液循环,减轻身体疲劳。

在以上站姿的要求基础上,我们下面来分析站姿的种类。

二、旅游从业人员常用站姿

在旅游服务工作中,大部分的岗位都是需要站立服务的。在为客人服务时,站姿一定要标准、规范。

第一位　垂手式

要求:双手垂直于体侧,女士两脚并拢,男士双脚开立(不超过肩宽),目光平视前方。

适用范围:较适合男士;或者一些隆重、正规的场合,如图 4-1-1 所示。

第二位　握手式

要求:双手体前相握,右手握左手,身体稍微向右转 15°左右,两脚成右丁字步。

适用范围:较适合女士,且在任何场合都适用。此种站姿能充分体现东方女性的含蓄、典雅之美,如图 4-1-2 所示。

第三位　背手式

要求:双手后背,右手握左手,双脚成小八字步站立。

适用范围:较适合男士,女士着西装套裙时也可采用,如图 4-1-3 所示。

图 4-1-1　　　　　　　图 4-1-2　　　　　　　图 4-1-3

第四位　单臂下垂式

要求:此位站姿可分为四种:①右手自然体前屈,左手自然下垂,右丁字步站立,身体稍微向右侧;②右手背后,左手自然下垂,右丁字步站立,身体稍微向右侧;③左手自然体前屈,左右手自然下垂,左丁字步站立,身体稍微向左侧;④左手自然背后,右手自然下垂,左丁字步站立,身体稍微向左侧。

适用范围:主要用于工作场合,如门童、餐厅引领员、导游员、会展讲解员等。另外,在工作场合如果一种站姿站久了累的话可作为调节用,如图 4-1-4～图 4-1-7 所示。

图 4-1-4　　　　图 4-1-5　　　　图 4-1-6　　　　图 4-1-7

三、旅游从业人员在工作中容易出现的错误站立姿态

旅游从业人员在工作中容易出现的错误站立姿态主要有：

(1)弓着背、塌腰；

(2)耸肩、探头或缩头；

(3)眼看下方、面无表情；

(4)手臂摆放位置与双腿不协调、双脚分得太开等。

四、站姿的训练

旅游服务工作者必须经过严格训练，长期坚持，养成习惯，才能在站立服务中做到持久地保持优美、典雅的站姿。

(一)头部负重练习

练习初期，可采用头部负重的方法进行训练。书本是最好，也是最方便的选择。练习时每人拿一本书(500 克左右)放于自己头部，保持书本不掉下来。

此方法可使练习者找到站立时"头顶上悬"的感觉，同时对个别好动、好东张西望的练习者也是个不错的限制。但要掌控好时间，负重练习和不负重练习交替进行，让练习者体会两种不同方法的感受，为渐渐过渡到不负重练习做好准备。

(二)靠墙练习

把身体背着墙站好，使自己的后脑、肩、臀部及足跟均能与墙壁紧密接触，这说明站立姿势是正确的，否则则是不正确的。

（三）起踵站立练习

小八字步站立，两脚跟离地，前脚掌着地，两腿并拢夹紧、提臀立腰，以离地高为好。但要注意保持整个姿态的挺拔、不晃动。

在练习过程中教师可根据学生个体特点调整练习的时间，刚开始时间可稍短些，比如1~8拍起踵站立，2~8拍标准站立，如此反复循环。随着训练时间的增多而加强。另外也可双手叉腰练习。

（四）双人背靠背练习

为了加强训练的趣味性，双人一起练习也是种不错的练习方法。两人双手后背相互环绕，尽量把自己的头、肩、后脚跟和对方相靠。

练习时要注意，不要你靠我我靠你，而是两人同时用力一起往上提。

（五）移重心练习

在身体与地面保持垂直、重心随支撑腿移动的基础上，进行前、旁、后移重心的训练。

在快移重心的过程练习中可加强腿部的支撑能力和上体形态的控制能力。

教学建议：在刚开始练习时可放慢速度，待学生有一定的基础后再进行快移重心的练习。

五、站姿注意事项

站姿应注意的事项有：

（1）为客人服务时，员工应注意正面对着客人。这一条原则，同样适用于后面要讲的坐姿。背对客人是不礼貌的。

（2）站立时，不可无精打采或东倒西歪。

（3）双手不可叉腰或抱在胸前；不可倚靠物件。

（4）不可弯腰驼背，不可两肩一高一低，两脚不要分得太开。

（5）不可将手插入口袋，更不要做小动作，如摆弄打火机、香烟盒、衣角、笔等。

第二节　坐　姿

俗话说的"坐如钟"是指坐姿要像钟一样的端正、沉稳、坚实。坐姿是一种静态造型。端庄优美的坐姿不但会给人以文雅、稳重、自然大方的美感，同时也能体现出本人的文化修养程度。

一、坐姿基本要求

在标准站姿的基础上,入座前应先走到座位前一步远,然后转身,右脚后撤半步,双手拢一下衣裙,然后轻稳的坐下(入座的要求是轻、稳、紧)。一般情况坐椅面的三分之二,比较软的沙发则坐椅面的三分之一,交谈时间比较长的情况下可坐满椅面背靠椅背,如果是很短的交谈则坐三分之一。女子落座双脚要并拢,男子则可分开,但双脚距离与肩宽大至相等。起立时,右脚后撤半步,站稳了再离开。

二、旅游从业人员常用坐姿

第一位 垂直式

要求:双脚垂直于地面,女子两脚并拢,男子两脚分开同肩宽,双手自然放于两腿上。

适用范围:较适合男士,或一些正规场合,如图 4-2-1 所示。

第二位 前伸式

要求:双脚自然向前伸出,双手放于两腿上。女子两脚并拢,男子两脚分开同肩宽。

适用范围:较适合高个子、腿长者,如图 4-2-2 所示。

第三位 后点式

要求:双脚后撤,前脚掌着地,脚跟抬起,双手放于两腿上。女子两脚并拢,男子两脚分开同肩宽。

适用范围:较适合矮个子,或坐高凳子时,如图 4-2-3 所示。

第四位 前后式

要求:一脚前伸,一脚后点。女子两脚尽量在一条线上,男子两脚可分开同肩宽。双脚可调换,双手可自然相握放于腿上。

适用范围:此坐姿比较随意,任何场合、任何人都可采用,如图 4-2-4 所示。

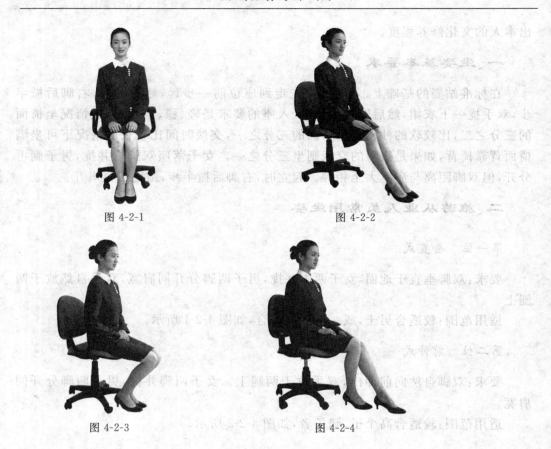

图 4-2-1　　　　　　　　　　　图 4-2-2

图 4-2-3　　　　　　　　　　　图 4-2-4

第五位　前交叉式（又名开膝合手式）

要求：双脚前交叉，右脚在上。双手相握，右手握左手。

适用范围：适用于一些较随意的场合，正规场合不太合适。尤其是女性，在异性面前最好不要采用这种坐姿，如图 4-2-5 所示。

第六位　转体式

要求：上体与双脚同时转向一侧（转体不超过 45°），面向对方形成优美的 S 型坐姿，一只手可搭在扶手上。

适用范围：与旁边的人交谈时需采用转体式坐姿，如图 4-2-6 所示。

第七位　重叠式

要求：双脚重叠摆放，右腿搁在左腿上，脚尖朝下。双手自然弯曲相握于腿上和膝盖上。

　　适用范围：比较随意的场合或熟悉的朋友面前可采用，初次见面或长辈、上级面前不可采用，如图 4-2-7 所示。

图 4-2-5

图 4-2-6

图 4-2-7

三、坐姿的训练

（一）入座的训练

　　1. 目光要合适。应该是在离椅子很远时要看一下椅子，当快走到椅子前时再看一下；在入座前不能不看椅子，同时也要注意不要一直盯着椅子看，这样会给人有抢椅子坐之嫌。

　　2. 入座前要注意转身，用余光看着椅面。

　　3. 入座时要边入座边拢衣裙，如果是凳子，又是穿大衣风衣的，那么可以往后拢衣服；如果是椅子，那就只能往前拢衣裙。

　　4. 入座的要求是轻、稳、紧，保持上身的正和直。

（二）七种坐姿的训练

　　1. 教师示范学生跟练。

　　2. 学生自己练习，教师巡回指导。

　　3. 单个指出错误原因，多次重复练习。

（三）起立的训练

　　1. 起立前应该一只脚先后撤半步。

　　2. 调整好重心。

3. 站稳后才离开位置。

四、坐姿注意事项

1. 坐椅子时不可前俯后仰、东倒西歪，要轻稳地入座，不应"扑通"猛地坐下，以免发出响声或者被沙发弹簧颠起来，这样不雅。

2. 不可摇腿跷脚或两膝分得太开，要理好裙子，有的女孩子不太注意，坐下时裙子没理好，裙子散开，很不文雅，这样容易让别人看不起。天热时，女子切忌以裙代扇取凉。

3. 不瘫坐椅内或过于放松。

4. 切忌脚尖朝天或对着他人。东南亚一些国家忌讳坐着跷二郎腿，所以最好不要随意跷二郎腿。即使跷二郎腿，也不能跷得太高，脚尖朝天。脚尖朝天或对着他人的跷脚坐姿，在泰国被认为是有意将别人踩在脚下，是一种盛气凌人的侮辱性举止。马来西亚人对于坐姿更有许多规矩，因此应注意保持优雅的坐姿。

5. 不可抖脚。正确的坐姿要求腿部不能上下抖动、左右摇晃。在社交过程中，腿部一些不自觉的动作，如小幅度地抖动腿部，频繁交换架腿的姿势，用脚尖或脚跟拍打地面，脚踝紧紧交叠等，都是人紧张不安、焦躁、不耐烦情绪的表现。

6. 双手自然放好。双手可相交搁在大腿上，或轻搭在沙发扶手上，手心应向下。手不要随意到处乱摸。边说话边挠痒，或者将裤腿捋到膝盖以上，都是要绝对避免的。

第三节　步态练习

优美的行走姿势有助于塑造体态美，排除多余的肌肉紧张。"行如风"是人们对矫健走姿的赞美，意为行走时的姿态像风一样自然。正确的步态应当是轻松、有力且有弹性的。

一、优雅走姿的基本要求

走姿总的要求是女子自然轻盈，男子自然稳健。那么，如何才能形成这种走姿呢？主要有以下六个要素。

（一）步位（即走什么步）

女子走一字步，也就是平常说得柳叶步。行走时脚跟在一条线上，脚尖稍外展，形成像柳树一样的形状。而男子则走平行步，即行走时双脚的脚后跟踩在两条平行线上,形成平行步。

(二)步度(步幅)

即跨步时前脚脚后跟与后脚脚尖之间的距离,一般为本人的一只脚长。

(三)步速(即每分钟走几步)

一般女子每分钟为 110 步左右,男子为 105 步左右。

(四)手臂的摆动

要求是两臂前后自然摆动,以肩关节来带动整个手臂,摆幅不能太大,朝前不超过衣襟,向后为 30°左右。应避免横摆、两手臂都不摆动、上臂不动就动下臂、一只手摆动另一只手不动或一只手摆得快一只手摆得慢等不雅的动作。

(五)重　心

重心要稍稍超前,行走时脚后跟要先着地,双肩要平,身体前移时重心始终在脚掌前部,而不是在脚后跟。

(六)表　情

表情要自然,目光平视前方,余光要看到四周。

二、走姿的训练

(一)步位训练

双手叉腰,在训练场地找到一条线,根据要求,女子脚后跟踩在一条线上,脚尖稍稍展开形成一字步,一步一步进行练习;男子则两脚稍分开,两脚后跟踩在两条线上形成平行步。练习时逐渐从慢到快。

(二)步度训练

在标准步位的基础上练习步度。同时要注意根据自身腿的长短来调节步幅。步幅太小给人走小碎步的感觉,太大则是迈大步,都是不雅的。

(三)步速训练

行走时步速过快过慢都是不符合要求的,特别是在旅游服务过程中,一定要调整好步速,当然在迎领时要根据宾客的步速来调整自己的步速。

在训练时,教师可以找合适的音乐,让学生听着音乐来行走,这样既可以增加训练的兴趣,又可培养学生的乐感,更快地掌握好步速。

(四)手臂摆动训练

练习时先单手摆动训练,要用肩关节来带动整个手臂,摆幅不能太大。

(五)送跨训练

女子要想形成轻盈婀娜的姿态就要学会送跨。在往前迈步时,迈左脚就送左跨,迈右脚就送右跨。但是幅度不能太大,同时要避免左右扭跨。

练习时也可叉腰行走。

(六)综合练习

掌握好了(一)~(五)的要素后就要进行正常行走训练,要注意目光表情,给人自信、大方的感觉。

练习时可听音乐行走;可分组练习;可对镜练习;在这个过程中教师要能指出学生的缺点在哪,然后有针对性地进行训练。

三、走姿注意事项

走姿应注意的事项有:

(1)服务操作中行走线路靠右,行进时如遇到宾客,应自然注视对方,主动点头致意或问好,并自动放慢速度以示礼让,不与宾客抢道而行。

(2)遇到十分紧迫的事,可加快步伐,但不可慌张奔跑。

(3)上下楼梯时,手不要扶楼梯栏杆,把有扶手的一边让给客人。

(4)行进中不可摇头晃脑或左顾右盼,更不能弯腰驼背、含胸挺腹,还应控制好身体重心,不拖步。

(5)走路脚尖始终朝前,忌"内八字"或"外八字",女子步度不宜过大,更不得扭腰。

(6)不要将双手插在衣裤口袋里,或背着手、拢在胸前。

(7)行走时,不得吸烟、吃东西、吹口哨、整理衣服等。多人一起行走时,不要勾肩搭背,也不要排成横队,以免影响他人行走。

另外,在旅游服务中还有些姿态是需要注意形成规范的:

(一)蹲姿

在日常生活或公众场合,人们有时难免会有需要捡起掉在地上的东西,或取放在低处的物品。下面介绍两种常用的蹲姿。

1. 高低式蹲姿

下蹲时左脚在前，全脚着地，右脚稍后，脚掌着地，后跟提起。右膝低于左膝，臀部向下，身体基本上由右腿支撑，从后背看基本在一个平面上。女子下蹲时两腿要靠紧，男子两腿间可保持适当距离，如图4-3-1所示。

2. 交叉式蹲姿

下蹲时左脚置步于右脚的右前侧，使左腿从前面与右腿交叉，左小腿垂直于地面，左脚全脚着地。右膝从左腿后面向左侧伸出，右脚脚跟抬起，脚掌着地，两腿前后靠近，合力支撑身体；臀部向下，上身稍前倾。此蹲姿女子较适用。

在旅游接待服务工作中，给客人送茶水、饮品时，如是低矮的茶几，应适用优美典雅的蹲姿，如图4-3-2所示。

图 4-3-1

图 4-3-2

(二)递接物品

1. 方法

递接物品是常用的一种动作，应当双手递接，表现出恭敬与尊重的态度。注意双臂不要分得太开，要自然地将两手伸出。

2. 注意事项

在旅游服务接待工作中，所有东西、物品都要轻拿轻放，客人需要的东西要轻轻地用双手送上(小东西可单用右手)，不要随便扔过去，接物时应点头示意或道声谢谢；递上剪刀、刀子或尖利的物品，应用手拿着尖头部位递给对方，让对方方便接取。递笔时，笔尖不可以指向对方；递书、文件、资料、名片等，字体应正对接受者，以方便对方阅读、观看。这些微小的动作能体现出你的聪明与教养。

（三）上下楼梯

1. 基本要求

上下楼梯时腰要立、背要直、头要正，手不要扶楼梯栏杆。

2. 注意事项

不可弯腰弓背；上楼梯时应让年长者、女士、地位高者先上，年轻者、男士、地位低者在后；下楼梯时则相反。

（四）上下卧车

1. 基本要求

上下卧车时要用侧着身子进入车厢的方法。下卧车时也应侧着身体，移动靠近车门，先伸出一只脚踏在地面上，眼睛看前方，再以手的支撑力移动另一只脚，头部自然伸出，起身立稳后，再缓步离开。

2. 注意事项

旅游接待服务工作中，上车时应让宾客先上车，即首先为客人打开车门，等客人坐好后，方可关门；下车时则服务人员先下车，并绕过去为客人打开车门，协助其下车。亲友一同乘车时，男士和晚辈也应如此照顾女士和长辈。

轿车上的座次有一番讲究。一般认为，车上最尊贵的座位是后排右坐。其余座位的尊卑次序是：后排左座、后排中座、前排右座。即右为上、左为下；后为上，前为下。

在旅游接待中如果宾主同车而行，宜请客人坐在主人右侧，译员坐在前排右座。如果乘坐的是三排座轿车，则宾主坐在最后一排，位置不变，译员则应坐在主人前边的加座上。客人上车后不管坐在哪里都不算错，不要请他挪动位置。如果宾主不乘同一辆轿车，则主人的坐车应当行驶在客人的坐车之前，为其开道。如果主人亲自驾车，主宾应相陪于边上，以示礼貌和便于交谈。若同坐多人，中途坐前座的客人下车后，在后面的客人应改坐前座。

而如果是司机驾车，那么主宾应坐在司机斜后面的位置上，译员、引路者或地位低者坐司机旁边的位置。

第四节　　手势练习

手势是一种非常富有表现力的"体态语言"，它不仅对口头语言起加强、说明、解释等辅助作用，而且还能表达有些口头语言所无法表达的内容和情绪。在旅游接待服务工作中,规范、适度的手势,有助于增强人们表情达意的效果,并给人一种优雅、含蓄、礼貌、有教养的感觉。但手势不宜过多,也不宜重复。过多,显得指手画脚不够稳重,会令人生厌;反复做一个同样的手势则显得单调、乏味,缺乏艺术性。因此,交谈时要留心控制自己的双手,不随便乱动,以保持优雅的风度。旅游从业人员在与不同国家、不同地区、不同民族的客人交往时,了解并懂得他们的手势语,可以避免误解与不快。

做手势时,四指并拢,大拇指自然向里靠,手掌与前臂成一条直线,肘关节自然弯曲,同时记住"欲扬先抑、欲上先下、欲左先右"的原则。手势不能过大,也不能过多。注意做手势时应用右手或双手,而不可单用左手,掌心不能向下,不能攥紧拳头,也不能伸出一只手指去指指点点,这些都含有不敬的意思,在交际场合、服务工作中都是极不礼貌的。运用手势还要注意与面部表情、礼貌语言和身体其他部位的配合,才能体现出对宾客的尊重和礼貌。

一、常用规范手势

(1)"请"的手势。这一手势在旅游接待服务工作中用得最多,是其他手势的基础。如"请进"、"这边请"、"里边请"、"请跳舞"等语义。要求右手从横膈膜处打开,在身体的右斜前方、与地面成45°、身体前倾15°左右,目光注视对方,面带微笑,并加上礼貌用语,如图4-4-1所示。

(2)"请随我来"的手势。当为来宾引领或引向某处时,需要采用这种手势。要求是:在来宾斜前方,边招呼,边做手势,后退二三步,把来宾引向目的地。其他要求同"请"的手势,如图4-4-2所示。

(3)曲臂式"请"。若一只手拿着东西或扶着门,而另一只手不便做"请"的手势时,可采用曲臂式"请"的手势。要求在"请"的手势基础上,手臂由体侧向体前摆动,与身体相距10cm左右,掌心向上,身体稍前倾,头略转向手势所指方向,面向客人,面带微笑,如图4-4-3所示。

图4-4-1 图4-4-2 图4-4-3

　　(4)双臂侧摆式"请"。如果面对较多的来宾,又是站在来宾的侧面,此时可将两只手臂向一侧摆动,做"请"的手势(即一只手从体侧抬起,曲臂,略低于肩部,掌心向上;而另一只手从体前曲臂抬起,掌心朝上,距身体 10cm 左右,如图 4-4-4 所示)。

　　(5)双臂横摆式"请"。如果面对较多的来宾作自我介绍,或为了引起大家注意时,可采用双臂横摆式(即双手从体侧抬起,曲臂,略低于肩部,掌心向上),如图 4-4-5 所示。另外,如果面对宗教人士作自我介绍时,可右手放在左胸上方身体前倾行礼,如图 4-4-6 所示。

图 4-4-4　　　　　　　　　　图 4-4-5　　　　　　　　　　图 4-4-6

　　(6)直臂式"请"。当为来宾指路、指示方向或指向某物时,可以采用直臂式。要求是:指近处物时,手臂基本伸直抬到略高于肩的位置,再指向被指处;指远处物时,手臂基本伸直抬到略高于肩的位置,再指向被指处。同时,上体前倾,面带微笑,眼睛看着所指目标方向,并兼顾客人是否看清或意会到目标,如图 4-4-7 和图4-4-8所示。

　　(7)斜下式"请"。当请客人入座时,可以采用斜下式。要求是:直臂斜向下,掌心朝外,身体前倾,目光从客人很快转向椅面,并礼貌地说:"请坐!",如图 4-4-9 和图 4-4-10 所示。

图 4-4-7　　　　　　图 4-4-8　　　　　　图 4-4-9　　　　　　图 4-4-10

二、国际上手势的差异

在国际交往中,由于语言不同,往往要借助某种手势来帮助说明问题。由于习俗不同,同一手势、动作在不同国家、不同地区的含义也各异。意识到这一点是非常重要的。不同的手势传递不同的信息,相同的手势在不同的地方传递不同的信息。同时,手势动作的准确与否、幅度的大小、力度的强弱、速度的快慢、时间的长短,这些也都是很有讲究的。手势能体现人们的内心思想活动及对待他人的态度,热情和勉强都可以在手势上明显地反映出来。

• "OK"手势。在美国表示满意、好或平安;在日本表示"钱";在法国南部意味着"零"或"一无所有";在巴西、俄罗斯、土耳其、突尼斯及地中海沿岸国家则表示侮辱;在马耳他,则是无声的、恶毒的咒骂。

• "V"字形手势。第二次世界大战时,英国首相丘吉尔曾在一次演讲中伸出自己的右手的食指和中指,构成"V"的手势来表示胜利。从此,这一手势广为流传。中国人同时伸出食指和中指表示"二"。在英美等国,掌心向外表示"胜利"、"成功",掌心向内则表示"伤风败俗";在非洲国家,这种手势一般表示两件事或两个东西。

• "竖起大拇指"。在中国跷大拇指是个积极的信号,通常表示高度的称赞、夸奖、了不起、"老大"的意思;跷小拇指则有蔑视、贬低、"差劲"之意。在美国、英国、澳大利亚和新西兰等国,跷大拇指是搭车旅游者示意搭车的手势,是一种善意的信号。英美人士还习惯于将两个大拇指不停地、有规律地互相绕转来表示自己目前无事可做,闲极无聊之意。在希腊,急剧地跷拇指,则表示要对方"滚蛋"。在日本,女的向男的伸出表示问对方是否有女朋友,而男的向女的伸出则表示邀请她出去玩;在澳大利亚则表示侮辱(尤其是横向)。西方人还常以拇指指向朝下表示"坏"或者"差"。

　　•"小拇指拉在一起"。在中国表示有所约定;在阿拉伯国家则表示断交。

　　•"伸出手,掌心向下挥动"。在中国、日本表示招呼别人过来;在美国表示招呼小动物过来。

　　•"叫人"。在美国呼唤服务人员,要用食指向上伸直;在日本,则把手臂向上伸,手掌朝下,并摆动手指;在非洲各国餐厅吃饭,叫服务员通常是敲打餐桌;而中东各国,轻轻拍手,服务员即会意而来。

　　•"拍肩"。在中国是掸去肩上的尘土;吉普赛人则表示快滚开。

　　•"用食指轻拍鼻子"。在意大利南部和中部,这一动作表示要别人保持警觉;在威尔士,则表示对方多管闲事。

　　•"两指交叉"。在美国和欧洲国家,意味着好运或希望得到保护;在巴拉圭,这一手势是失礼的。

　　•"双臂交叉置于身前"。在大多数国家都是无所谓、很随便的,并无实际意义;在斐济,却表示听者对说话者的敬重。

　　•"敲额头"。在德国,人们常常用食指敲敲额头,表示某人的思想或行为不正常。而在荷兰,用食指敲敲额头,你越敲他越高兴,因为荷兰人敲他太阳穴表示很有头脑的意思。

　　•"手指放在喉咙上"。在俄罗斯,人们将手指放在喉咙上表示"吃饱"。日本人用这一手势表示被人家"炒了鱿鱼"。

　　•"双手与头并齐,掌心向着观众"。在英、美等国的公共场所演讲,演讲人要示意听众保持安静,就得举起双手与头并齐,掌心向着观众。但这一手势在希腊和其他一些国家则被认为是投降的姿态,是最丑恶的现象。

　　•"摸胡子"。希腊、南意大利和南撒丁岛,在主人请吃饭时摸摸胡须就表示"够了,我不要了"的意思,看到此动作主人就不会再给他斟酒了。

　　在旅游服务过程中,服务人员经常要与不同国家、不同民族、不同肤色、不同风俗习惯的人打交道。因此,特别要注意手势在当地的表达意思,掌握服务技巧,克服交流障碍,以免处于失礼和难堪的境地。

第五节　表情训练

　　在人际交往中,表情是一种无声的语言,它可以传递人们内心世界的思想感情,是通过人的面部或姿态表现出来的。旅游接待人员在工作中有必要正确地把握和运用好自己的表情。

一、目　光

眼睛是"心灵的窗户"。眼神又称"目光语"。印度诗人泰戈尔说过"一旦学会了眼睛的语言,表情的变化将是无穷无尽的"。这说明,眼睛语言的表现力是极强的,是其他举止无法比拟的。旅游接待服务人员应懂得合理、适当地运用眼神来帮助表达情感,促进人际沟通。

（一）目光的正确运用

1．一般情况下,从距离的角度来说,近距离交谈或坐着时注视对方的三角区域（即额部下方到唇部上方）;远距离则注视的范围可更大一些（即额部下方到上半身）。

2．在见面时,不论是否相识,首先要用目光正视对方片刻,面带微笑,显示出喜悦、热情的心情。对初次见面者,还应微微点头,行注目礼,表示出尊敬和礼貌。

3．交谈中,应始终保持目光的接触,以表示对谈话话题感兴趣,随着话题、内容的变化,应及时作出恰当的反应,使整个交谈融洽、和谐、生动、有趣。

4．交谈和会见结束时,目光要抬起,表示谈话的结束。总之,一个良好的交际形象,目光应始终保持坦然、和善,既不回避正常的目光交流,也不盯视别人,以造成对方的不适与难堪。

5．由于民族、地域、习俗文化的不同,目光的运用也有一定的差异。如在美国,一般情况下男士是不能盯着女士看的,而两个男士也不能有过长时间的对视;在南美印第安人的一些部族中,人们在交谈时,目光要各朝着不同的方向;日本人在交谈时,目光要落在对方的颈部。

总之,世界上大部分国家的人们都忌讳直视对方的眼睛,认为这是失礼的行为。旅游从业人员在工作中应多了解各国人民生活的习俗,正确运用目光。

（二）正确运用自己目光语言的同时,学会"阅读"对方目光语言的方法

从对方的目光变化中,分析他的内心活动和意向。当对方的目光长时间地中止接触,或游移不定时,则表示对交谈不感兴趣,交谈应当很快结束。交谈中,目光紧盯,表示疑虑;偷眼相觑,表示窘迫;瞪大眼睛,表示吃惊等。目光语言是千变万化的,但终究是内心情感的流露。学会阅读分析目光语言,对于正确处理服务工作和社交活动中的种种情况有着重要意义。

（三）旅游接待服务工作中,忌用冷漠、狡黠、傲慢、轻视的眼神

在旅游接待服务工作中,不得左顾右盼、挤眉弄眼;不可长时间盯着对方,尤其

对异性,会造成不必要的误解与麻烦;不可上下打量别人,含有轻视的意思;不可怀有敌意、带有挑衅性的盯视。这些都是旅游行业员工不应有的目光表情。

总之,旅游从业人员的目光应该是热情、礼貌、友善和诚恳的。

（四）目光的训练

了解了以上"目光语言"后我们就可有针对性地进行训练。在目光的训练过程中一定要对着镜子进行。

眼睛周围有一条肌肉,称为眼轮肌,这条肌肉对表情的变化有很大的作用,因此练习时要放松眼部肌肉,保持自然状态面对镜子中自己的眼睛。

1. 目光正视自己,嘴唇呈微笑状,把目光换成言语,比如说"您好"、"谢谢"等口语来配合表达。

2. 视线保持水平,眼睛要略睁大。

3. 眉毛略上扬,伸展眼圈周围的肌肉,确认目光是否有神。

4. 练习目光集中在物体的某一部分然后慢慢缩小到一个点。

目光的训练是要坚持的,相信通过以上方法的训练,你的眼睛定会炯炯有神,成为传递心灵信息的无声语言。

二、微　笑

微笑是一门学问,又是一门艺术。"笑"在人际交往中有着突出重要的作用,是礼仪的基础。旅游接待工作者的微笑,是对宾客热情友好的表示,真诚欢迎的象征,表达了接待工作者对宾客尊重的责任感和主动性,也是实现"宾客至上,优质服务"宗旨的具体体现,是搞好旅游接待服务的基础和重要手段。

（一）微笑的作用

微笑可传递友好的信号,对客人的积极情绪起着诱导作用。真诚的微笑可使宾客感到外出途中处处有"亲人",从而消除初到异地他乡的陌生感、疲劳感和紧张感,进而产生心理上的安全感、亲切感和愉悦感。可见,微笑具有超越国界、跨越文化的传播功能,有助于广结良缘,增进了解,加深友谊。

美国希尔顿酒店业创始人、总公司董事长康纳·希尔顿先生,要求员工记住一个信条:"无论酒店本身遭到何种困难,希尔顿酒店服务员脸上的微笑永远是属于顾客的阳光。"可见,微笑服务是满足旅游者精神需求的主要方式,要使旅游者在积极的情绪状态下进行旅游活动,最有效的方法是微笑。微笑的功能是巨大的,但要笑得恰到好处,也不是很容易。微笑的要求是:发自内心,自然大方,显示出亲切感。要防止生硬、虚伪、笑不由衷。另外要注意，微笑要始终如一。生活中人们往往会因情绪的波动、客观环境的变化而影响微笑的效果，因此必须强调微笑要贯穿旅游接待服务的全过程和各个环节，以保证接待工作的良好效应。

（二）微笑的训练

微笑是人们良好心情的自然流露，旅游工作者的微笑是其自身良好情绪的体现。加强这方面的培训教育是使服务人员能够习惯微笑，善于微笑，并自觉地控制不良情绪的有效方法。

首先，加强爱岗敬业、职业道德及微笑服务意识教育。

只有当从业人员在思想和心灵的深处，对自己所从事的职业和岗位有正确的认识，并热爱它时；只有当从业人员在思想或心灵深处具有敬业乐业和职业道德时；只有当从业人员的思想或心灵深处具有微笑服务意识，认识到微笑服务的意义和作用，明白了为什么要进行微笑服务时，从业人员才能以强烈的责任感、饱满的热情，把个人的烦恼、杂念置于脑后，全身心地投入到服务工作中去，自觉地为客人提供微笑服务。

第二，加强心理素质锻炼、增强自控能力。

微笑需要以良好的心情为先导。心理素质好的人，无论遇到什么事，心理承受能力较强，情绪相对较稳定，自控能力也较强。而心理素质差的人，心理承受能力较弱，情绪的波动性较大，自控力也较弱，喜怒哀乐溢于言表，这常常会有损形象。因此，培养良好的心理素质，增强自控能力，对旅游从业人员来说非常重要。微笑服务要求旅游从业人员不得将个人任何不良情绪带入岗位，而要在上岗前就控制调整好自己的情绪，从而全身心地投入到工作中去，为客人提供微笑服务。

第三，体验角色转换的感受。

体验角色转换的感受，即是要求旅游服务人员去体验一下旅游者在旅游中的感想和感受：他们希望从旅游服务人员那里得到什么样的服务？不希望得到什么样的服务？他们对旅游服务人员所提供的各种不同服务有何感受？若别人向你这样服务，你有何感受？旅游服务人员的微笑不仅是职业道德规范的要求，基本的待客礼仪，而且还是一种具有普遍意义的人情味的体现。旅游服务人员在有了角色转换感受的深刻体验之后，在服务中才能多为客人着想，才能体谅客人的感受，才能对客人多一分理解，多一分同情，多一分人情味，从而自觉地为客人提供微笑服务。

第四，加强微笑训练。

在生活中我们也发现有些人生来就很会微笑，而有些人就是笑不好，那么怎么办呢？别着急！微笑也是可以训练的。

1. 对着镜子训练：对着镜子微笑，首先找出自己最满意的笑容，然后不断地坚持训练此笑容，从不习惯到习惯微笑，并以此笑容去为客人服务。

2. 情绪记忆法：即将生活中自己最好的情绪储存在记忆中，当工作需要微笑时，即调动起最好的情绪，这时脸上就会露出笑容。

3. 借助一些字词进行微笑口型训练：微笑的口型为闭唇或微启唇，两唇角微向上翘。除对着镜子找出最佳口型进行训练外，还可借助一些字词发音时的口型来进行训练。如普通话中的"茄子"、"威士忌"、"一"等，当默念这些字词时所形成的口型正好是微笑的最佳口型。

微笑是一种礼节，它的力量是巨大的，是一种爱的体现。因此，旅游从业人员应该有发自内心的微笑，使自己工作在美好的微笑之中。

第六节　日常社交礼节姿态训练

生活在现代社会中，必须要有强烈的社交意识；要想在社交中显示自己的风度，增添个人的魅力，就必须熟知社交的礼节礼貌。同时，了解一般社交过程中最基本的礼节礼貌，也有助于旅游接待工作的顺利开展，为客人提供更优质的服务。

一、致　意

致意是交际应酬中最简单、最常用的礼节。它通常用于相识的人或只有一面之交的人之间在各种场合打招呼。如向朋友问候时距离太远、人多嘈杂或特别安静的场合要用致意；在同一场合多次见面，可用点头致意；旅游接待工作者遇到宾客，既不可视而不见，也不必逐一鞠躬问候，以免宾客逐一还礼，应接不暇，此时也需微笑点头致意。

（一）致意的礼仪要求

致意的顺序：男士、年轻者、学生、下级等先向女士、年长者、老师、上级致意。

遇到身份较高者，一般不应立即起身去向对方致意，而应在对方的应酬告一段落之后，再向前致意。女士无论在何种场合，不论年龄大小，是否戴帽，只需点头致意或微笑致意。只有遇到上级、长辈、老师、特别钦佩的人的时候，以及见到一群朋友的时候，女士才需要率先向他们致意。

与多人打招呼要遵循先长后幼、先男后女、先疏后亲的原则进行。如对方先向自己致意，一般应以同样的致意形式向对方还礼。

在餐厅等场合,若男女双方不十分熟悉,一般男士不必起身走到跟前去致意,在自己座位上欠身致意即可。女士如果愿意,可以走到男士的桌前去致意,此时男士应起身协助女士就座。

致意时还要注意表情自然,不高声叫喊,以免给人敷衍了事的感觉和缺乏教养的印象。

（二）致意的形式

1. 微笑致意

适用于相识者或只有一面之交者在同一地点、彼此距离较近但不适宜交谈或无法交谈的场合。

2. 点头致意

适用于在路上相遇,或不宜、无需交谈的场合。如会议、会谈正进行中,与相识者在一天中频繁见面时,都可以点头为礼。

3. 起立致意

一般有尊者、长者到来或离去时,在场者应起立表示致意。待其坐下或离去后,其他人才可坐下。

4. 挥手致意

适宜向距离较远的熟人打招呼。一般是伸出右臂挥动,掌心朝向对方,不必出声,微笑致意即可。

5. 欠身致意

欠身致意是表示对他人的恭敬。具体方法是身体上部微微向前一躬,一般在15°左右。

6. 脱帽致意

若自己戴着有檐儿的帽子,则一般要脱帽致意。当然,若与朋友、熟人相遇也可采取轻掀一下帽子的方式致意。

另外,致意往往同时施用两种以上的形式。如点头与微笑并用,欠身与脱帽并用等。

二、鞠躬礼

鞠躬礼源自中国。在先秦时代,两人相见,以弯曲身体待之,表示一个人的谦逊恭谨的姿态,但还未形成一种礼仪。而在西方所谓的骑士时代,鞠躬则象征了对敌手的屈膝投降。在今天,鞠躬已成为了一种交际的礼仪,在下级对上级或同级之间,初见的朋友之间为表示对对方的由衷的尊敬或表达深深的感谢时都可行之。

但日本、韩国和朝鲜更盛行,是那里的常礼。

(一)鞠躬的礼仪要求

1. 鞠躬的方法

身体立正,双手自然垂于体侧或相握在体前、背在体后;目光平视,面带微笑;以腰部为轴,腰、背、颈、头呈一直线,身体前倾,视线也随之自然下垂;身体前倾后停留一二秒后再还原。礼毕抬起身时,双眼应有礼貌地注视着对方,若视线移向别处,会让人感到行礼不是诚心诚意的。

2. 鞠躬的度数

鞠躬的深度视受礼对象和场合而定。一般问候、打招呼时施 15°左右的鞠躬礼,迎客与送客分别行 30°与 45°的鞠躬礼。鞠躬的度数越深表示越尊敬。但 90°的大鞠躬却是常用于悔过、谢罪等特殊情况的。而三鞠躬必须用 90°鞠躬礼,一般用在婚礼、悼念等特殊场合,如图 4-6-1～图 4-6-4 所示。

图 4-6-1　　　　　　图 4-6-2　　　　　　图 4-6-3　　　　　　图 4-6-4

3. 鞠躬的其他要求

鞠躬时,必须脱帽,用右手握住帽檐,将帽取下,左手下垂行礼。女性戴无檐帽时可以不摘。如果在行进中向对方行鞠躬礼,礼毕后应向右跨出一步,给对方让路。

受礼者若是平辈应还礼,上级、长辈等欠身点头即算还礼。

行鞠躬礼时应站立,边走边鞠躬、随意点头弯身或做其他不雅的小动作,都是不礼貌的。

(二)鞠躬适用的场合

鞠躬适用的场合有迎来送往、接待外宾;大会发言、演讲报告、领奖、馈赠;演员表演前或献幕时；举行婚礼、答谢宴请、登门致谢或谢罪；悼念活动等。

（三）日式鞠躬礼

日本是最擅长鞠躬的国家。有人做过统计，在日本，一个普通的职员在一天当中平均每 11 分钟鞠躬一次。如果是服务行业的职员，每天大约要鞠躬 2000 多次。

日式鞠躬，双手摊平扶膝，同时表示问候。如果上身弯曲到双手手掌盖住双膝的程度，就是最敬礼；双手指尖垂到膝盖上面就是敬礼；行普通礼时，上身只需弯曲到下垂的手指尖到达膝盖上方 10cm 左右的距离即可。

三、握　手

握手是我国乃至世界最通行、最普遍采用的礼节形式。它起源于中世纪的欧洲。传说，那时人们见面，无敌意的双方为了证明自己的友好，就要放下手中的武器，伸开手掌让对方摸摸手心，这种习惯逐渐演变成现代的握手礼。

（一）握手的礼仪要求

1. 在行礼时，应起立，至握手对象约一米处，双腿立正，上身略向前倾，伸出右手，四指并拢，拇指张开与对方相握。握手时用力适度，微摇三四下后即松开。同时要面带微笑，目视对方，寒暄致意，表现出热情、关注和友好之意。

2. 与异性握手，只能握其手的三分之一，即手指部分。同时注意时间不能太长，男士更不能紧握女士的手不放。

3. 握手应遵循"尊者决定"的原则，即应由年长者、上级、身份高者、女士、已婚者先伸手示意，年轻者、下级、身份低者、男士、未婚者方可上前与其相握。如贸然抢先伸手是失礼的。在公务场合，握手时伸手的先后顺序主要取决于职位、身份。而在社交场合和休闲场合则主要取决于年龄、性别和婚否。如果顺序颠倒，往往会变有礼为"失礼"。

（二）握手适用的场合

1. 握手礼多用于见面时的问候与致意。对久别重逢和多日未见的老朋友，以握手表示对对方的关心和问候；人们彼此之间经过他人介绍相识，通过握手，向对方表示友好和愿意与对方结识的心情。

2. 表示祝贺、感谢、理解、慰问、支持、鼓励、和解等，此时也用握手礼。

3. 告别时，以握手感谢对方，表示愿意保持联系、再次见面的愿望。

在交往中，握手礼运用得当，会令人显得彬彬有礼，很有风度，是沟通心灵、交流感情的一种行之有效的方式。

（三）握手的注意事项

握手礼看似寻常，但作为一种广泛采用的礼节形式，是大有规矩和讲究的。因此，要认真遵守握手的规范。

1. 不要用左手同他人握手（左撇子也不能用左手）。

2. 不要在握手时争先恐后，以免造成交叉握手。

3. 不要带着手套（女士带晚礼服手套除外）和墨镜与他人握手。

4. 不要隔着门槛握手，或一人在门里，另一人在门外相握。

5. 握手时另一只手不可插在衣袋里，或东张西望、心不在焉、有气无力。

6. 不能用脏手与人握手，更不能握手后马上去揩拭。

7. 一般情况下不要拒绝与人握手。

在社交活动中，熟悉和遵守握手的规矩，与人打交道时方能做到应付自如、彬彬有礼，以便建立和保持和谐、融洽的人际关系。

四、介　绍

介绍是在日常生活和社交场合中经常使用的，从中沟通，使双方建立关系的一种礼节。通过介绍，可以缩短人们之间的距离；可以帮助人们扩大社交圈，结识新朋友；也有助于工作的顺利开展。

介绍的种类很多，常见的有自我介绍、为他人作介绍、他人介绍、集体介绍等。

（一）自我介绍

在社交场合，自我介绍是常用的介绍方式。成功的自我介绍会给人留下难忘的印象，为今后进一步交往创造一个良好的开端。

自我介绍首先要说清自己的姓名，尤其是姓，以便对方称呼；如对方也有与自己相识的愿望，并且非常热情，则可作进一步介绍，如自己的身份、单位、兴趣等。而职务一般不介绍，以免被人误解为炫耀。

自我介绍时必须充满自信、面带微笑、表情亲切、举止端庄。一个含糊不清的自我介绍会使人感到你不能把握自己、不够真诚，而对你有所保留、产生不信任感等，从而影响彼此沟通而产生阻隔。同时，自我介绍还应当实事求是、态度真诚，既不要自吹自擂、夸夸其谈，也不要自我贬低、过分谦虚。恰如其分地介绍自己，才会给人诚恳、可以信任的感觉。自我介绍只有运用恰当，才能收到理想的效果。

名片作为自我介绍的一种方式和手段，已越来越受到人们的喜爱。递接名片时，最好站着微笑地用双手递给对方，文字正对着被接者，一边递交一边清楚地说出自己的姓名，或说"请多指教"等谦语。收接名片时，也应站着微笑地用双手接，拿到名片后应仔细地看一遍，遇到难认的字可当面请教。名片应收放入名片夹、上衣口袋或手提包里，也可以暂时摆在桌面上显眼的位置，但注意不要在名片上放任何东西。

（二）为他人作介绍

为他人作介绍，通常是介绍不相识的人相互认识，或者把一个人引见给其他人。

1. 首先应了解相见双方是否有结识的愿望，如根本没有结识的愿望而为他们作介绍，会使他们陷入不情愿之中而勉为其难。这样，介绍反而变为失礼，不利于人际交往；第二，为他人作介绍时，还必须是在对被介绍人双方情况都比较了解的情况下进行，这是介绍的前提。

2. 在介绍两人相识时，应站立、微笑、手势动作文雅，无论介绍男士还是女士，都应手心朝上，四指并拢，拇指张开，朝向被介绍的一方，切忌用手指指来指去。介绍时不要厚此薄彼，详细介绍一方，而粗略介绍另一方。语言要清晰、准确，实事求是。作为被介绍者，一般也应起立，面向对方，并作出礼貌的反应。

3. 在介绍两个人互相认识时，应遵循"尊者享有优先了解权"的原则进行。即先把男士、下级、地位低者、未婚者、客人等介绍给女士、上级、地位高者、已婚者、主人。在介绍过程中，先提到某个人的名字是对此人的尊敬。如："王教授，这位是新教师刘小红。"

4. 在为他人作介绍时，由于场合、身份和需要的不同，介绍的内容和形式也会不同。既可以有在正式场合，正规的、标准式的介绍，也可以有在社交中不拘一格的简要介绍，还可以有引见、推荐式的介绍，等等。

（三）他人介绍

他人介绍，是指在社交场合由他人将你介绍给别人。由他人作介绍，自己处于当事人位置，如果你是身份高者，听他人介绍后，应立即与对方握手，表示很高兴认识对方等意愿；如果你为身份低者，则应根据对方的反应来作出相应的反应。如对方主动伸手与你握手，你要立即将手伸出与对方相握，对方愿意交谈，你应表示高兴交谈。

如果你很想认识某一个人，但又不便直接去作自我介绍时，可以找一个既认识自己又认识对方的人作介绍，这是最好的方式。

介绍时,一般都应起立,但在会谈桌上、宴会上,或女士、行动不便者、年长者可以不起立,只需微笑点头便可。相距近者可握手,远者可举手致意。

（四）集体介绍

集体介绍是他人介绍的一种特殊形式,是指介绍者在为他人介绍时,被介绍者其中一方或者双方不止一个人。

1. 将一人介绍给大家。这种方法适合于在重大的活动中对身份高者、年长者和特邀嘉宾的介绍。

2. 将大家介绍给一人。其顺序可以是按座次顺序进行介绍,也可以是按身份的高低顺序进行介绍。如在酒店进餐时,大堂经理去给客人敬酒,作为餐厅服务员就必须把客人一一介绍给大堂经理。

3. 人数较多的双方介绍。被介绍双方均为多数人时,应先介绍位卑的一方,后介绍位尊的一方;或按先介绍主方,后介绍客方的顺序进行。

4. 人数较多的多方介绍。当被介绍者不止双方,而是多方时,应根据合乎礼仪的顺序,确定各方的尊卑,由尊而卑,按顺序介绍各方。

五、亲吻和拥抱的礼节

（一）亲吻礼

亲吻礼是西方人见面常施的一种礼节。它的起源据说是在古罗马帝国时代,当时严禁妇女饮酒,男子外出归来,常常先检查一下妻子是否饮酒,便凑到妻子的嘴边闻一闻,这样沿袭下来就成了夫妇见面的一种礼节。

行亲吻礼时,视不同的对象采用亲额头、贴面颊、接吻、吻手背等形式。一般情况下,辈分高的人吻辈分低的人只吻额头或脸部;反之,只吻下颏;辈分相同的朋友或兄弟姐妹之间只能脸颊相贴;只有情人、恋人或夫妻之间才嘴对嘴亲吻。同样,吻人体的不同部位也表示不同的意义:脸颊代表友好、平等;手代表尊严;膝代表谦卑;脚代表低贱。当嘴唇接触这些人体部位时,接触的部位越低,就表示施吻者的地位越低下。

（二）拥抱礼

在国际交往中,拥抱是欧美各国、中东及南美洲国家人士表示亲密、热情和友好的一种礼节。拥抱礼是西方国家自古以来就有的传统礼节,不论官方还是民间,都以拥抱为见面或告别时的礼节。

行拥抱礼时,一般是双方都右臂在上、左臂在下斜抱。首先向左侧拥抱,然后向右侧拥抱,最后再次向左侧拥抱,礼毕。礼节性的也可只向左侧拥抱。

在社交场合,拥抱礼多行于男士之间或女士之间,男士与女士之间不采用这种礼节。

旅游接待服务工作人员应了解亲吻和拥抱的礼节,适时施礼。我国年轻女性若遇外宾亲吻致礼时,可主动伸出右手行握手礼。总之,行礼时要落落大方,有礼貌地进行。

六、宗教礼仪

在东南亚、南亚一些信奉佛教的国家,人们在见面时往往行合十礼。施礼时,双手相对合拢,手指朝上,置于胸前,口中念道"菩萨保佑"、"佛祖保佑",以表示敬意。如果在合十的同时又下跪,则为行大礼;如是信仰伊斯兰教的,则说"真主保佑";信基督教的则在体前划"十"字,并说"上帝保佑"。

复习思考题

1. 简述站、坐、行的要求和注意事项,并在形体房对着镜子进行训练。
2. 在老师的指导下进行表情、手势的训练。
3. 在老师的指导下,学生分组进行日常社交礼节姿态的模拟训练。

第五章

旅游服务形体与健身房训练

本章概要

　　本章介绍健身房形体训练的基本理论，健身房锻炼全身肌肉的动作方法，健身房形体训练与营养；现当代健身房流行健身项目；着重介绍健身房训练的注意事项。通过对本章的学习，可使学生对健身房形体训练的基本知识有初步的了解。

学习目标

　　通过本章的学习，让学生了解健身房形体训练的基础知识，了解运动性疲劳和消除的方法，运动损伤的主要原因及预防，初步掌握运动中常见损伤的急救及常见的运动知识误区。基本具备为他人的健身房训练进行监督和指导能力，为旅游康乐服务奠定良好的基础。

第一节　旅游服务形体与健身俱乐部的关系

　　随着人民生活水平的不断提高，健身消费已成为现代社会的热点。社会中随之涌现出了一大批专营健身服务行业的体育健身俱乐部、体育企业。体育健身项目也已成为社会投资的热点。随着这些体育企业的产生与发展，带来的是对服务人员的数量和质量的高要求。由于体育健身产业有着它的行业特殊性,这就决定了对从业人员服务形体及其相关知识的高要求。所以体育企业能否良好地发展,根本上取决于是否有一批高素质的旅游服务从业人员,旅游服务从业人员素质的高低在某些方面也就决定了体育企业的发展前途。

只有适应当前社会需要才能被社会需要。所以我们要了解现代健身俱乐部的现状和体制,也要了解现代健身俱乐部对从业人员的要求。健身俱乐部是一种有着特定服务方向的服务行业。服务行业对从业人员服务形体要求的必要性、重要性及其特殊性在第一章已有详细阐述,在此不再说明。但是体育健身行业的从业人员不仅仅是对自身服务形体有所要求,而且还必须具备对被服务对象进行形体训练问题解答和形体训练帮助服务的能力。

一、健身俱乐部的形体美及其标准

在体育健身行业内,形体是否优美是人们常提及的话题。旅游服务形体美是一个人内在和外在的整体美的表现,是一种综合的美,它是由多方面因素构成的,如形体外观的健美、赏心悦目的姿态、高雅端庄的气质和风度等,是社会美与自然美的综合表现。

(一)外在体形是健身俱乐部形体美的重要标志

体形是指人体的外形特征及身体各部分的比例,如上、下身长的比例,肩宽与身高的比例,各种围度之间的比例等。匀称的体形是形体美的直观体现。体形主要取决于骨骼的组成与肌肉的状况。达・芬奇说过:"美感完全建立在各部分之间神圣的比例上。"体形美主要取决于身体各部分发展的均衡与整体的和谐。一个人的体形除了先天遗传因素外,后天针对性的锻炼也是非常重要的。形体锻炼可以形成优美正确的身体姿态,也可以矫正不良的形体,使身体变得健美匀称。虽然一个人生来含胸驼背,但通过长期的形体训练,完全可以使其形成优美挺拔的身体姿态,弥补先天的不足,从而拥有令人羡慕的优美形体。

(二)高雅的气质和优美的姿态是健身俱乐部形体美的核心特征

形体美不单取决于好的体形,更重要的是优美高雅的姿态和气质,如"亭亭玉立"则是对女性姿态气质美的生动写照,它是人的文化素质和知识水平的肢体表现。只有在追求形体美的同时,加强自身的思想修养和艺术修养,注意心灵美、行为美、语言美,才能真正把体育和美育、外在美和内在美很好地融合在一起,才能形成高雅的气质风度,构成完美的形体。而高雅的气质风度又影响着人体的姿态,可以说内在美是形体外在美的核心特征。

(三)健身俱乐部外在形体美的标准

形体健美的观念受时代、民族、地域的审美意识所制约,尽管不同国家、地区的理解不同,时代各异,但人体所展示的美,总是要严格地遵守人体生理学和解剖学的规律,并且与各个时代的美学观点密切联系在一起的。

1. 健身俱乐部的外在形体美标准

从美学角度讲,美是一种自然现象,又是一种精神反映,既有直观表露的成分,又有意识暗示的成分。因此,现代人们普遍认为形体美是骨骼发育正常,身体各部位比例适度匀称;五官端正、两眼有神,并与头、颈配合协调;双肩对称,男宽、女圆,微显下削,无耸肩、垂肩现象;脊椎正直,生理曲度正常,肩胛骨无外翻隆起状,视觉上呈现倒三角形感;臀部圆翘丰满,与腰部发展匀称,不下坠;下肢修长,无头重脚轻之感,大腿线条柔和,小腿长而腓肠肌位置较高并稍突出;足弓高,两腿并拢时,正、侧视均无屈曲感;男子肌肉发展均衡,女子体态丰满而无肥胖臃肿感;胸廓宽厚,比例协调,男子胸肌圆隆,女子乳房丰满而不下垂,有明线条特征、腰细而有力,微呈圆柱形,腹部扁平;男子处于放松状态时,也能隐现腹肌垒块;女子腰围比臀围约小三分之一。整体通观为体格结实,体态优美,体力充沛,举止大方,风度潇洒,比例和谐,无矫揉造作之感。

2. 成年人标准体重

一个成年人的体重直接决定了他的身体外形是否优美。什么是标准体重就成了首要问题。成人的体重与年龄、身高有直接关系,通常是以体重平均值来表示的。成年人标准体重通常采用公式计算法或查表法得出个人标准体重。但是每个人使用不同的方法所计算得出的标准体重是不一样的。以下介绍的不同方法是不同国家、不同地区研究得出的。而不同种族、不同国家和地区的人受遗传、饮食习惯、气候、地理形态及社会环境的影响差异较大,在使用标准体重方法时应注意选择适合本国、本民族和本地区的方法为佳。

(1)公式计算法。①布罗克指数法。标准体重(kg)＝身高(cm)－100。此公式是由 19 世纪法国外科医生保尔·布罗克首先提出的,故以其名字命名。后来,苏联学者在进一步研究和实际应用中,作了如下修改:身高在 155～165cm 者减 100,身高在 165～175cm 者应减去 105,身高为 175～185cm 者应减去 110,这种修改的结果大大提高了推算标准体重的准确性。②中国人标准体重计算公式是由我国军事科学院军队卫生研究所通过大量研究提出的。北方人标准体重(kg)＝[身高(cm)－150]×0.6＋50;南方人标准体重(kg)＝[身高(cm)－150]×0.6＋48。③肥胖指数法。此是目前世界上流行使用的另一新的指数方法,反映人体充实度和营养状况,即通过体重与身高(m)平方的比例关系,利用身高(m)体重比值反映人体胖度。其计算公式:体重指数(BMI)＝实际体重(kg)÷[身高(m)]²。当指数在20以下时,则身体偏瘦;当指数在20～24时,表示体重正常;当指数在24～26.5时,则身体偏胖;指数在26.5以上时,身体则属于肥胖。人体标准体重的指数是22,因此标准体重(kg)＝(身高)²×22。也就是说,当知道某人身高时,就很容易计算出标准体重值。

(2)查表法。我国25岁以上成人可参照表5-1确定自己的标准体重。如表5-1所示由北京市心肺血管中心——安贞医院社会科学部公布。

表 5-1　25 岁以上身高(cm)与理想体重(kg)

男			女		
身高	体重均值	体重范围	身高	体重均值	体重范围
157	55.9	53.4～58.4	147	45.9	43.4～48.4
160	57.5	54.8～60.2	150	47.1	44.3～49.8
163	58.9	56.1～61.6	152	48.4	45.7～51.1
165	60.2	57.5～62.9	155	49.8	47.1～52.5
168	61.8	58.8～64.7	157	50.7	48.4～53.0
170	63.6	60.7～66.5	160	52.5	49.8～55.2
173	65.7	62.5～68.8	163	54.1	51.1～57.0
175	67.5	64.3～70.6	165	55.7	52.5～58.8
178	69.3	66.1～72.4	168	57.7	54.3～61.1
180	71.3	67.9～74.7	170	59.5	56.1～62.9
183	73.4	69.7～77.0	173	61.3	57.9～64.7
185	75.4	71.5～79.2	175	63.1	59.7～67.5
188	77.4	73.3～81.5	178	65.0	61.6～68.4

二、现代健身俱乐部的现状及经营体制

(一)我国健身俱乐部的现状

目前我国健身俱乐部可分为三类:第一类是以经营性为主的健身娱乐性俱乐部,如高尔夫俱乐部、保龄球俱乐部、台球俱乐部等。这种健身俱乐部基本上按照企业方式运作,参加者每年必须交纳昂贵的会费。第二类是非经营性健身俱乐部。这种俱乐部重在满足大众体育健身需要,俱乐部运转所需的费用主要来自会费,企业赞助和体育、文化等部门的拨款或优惠政策。这类体育俱乐部是我们发展的主

体。第三类从本质上看是非经营性的,但是为了弥补资金的不足,也搞一些经营,除了大众健身外,还负有培养青少年后备力量的责任。

目前我国健身俱乐部的发展呈现可喜的局面,市场潜力很大,蕴藏着巨大的发展空间,但是发展过程中还受到几个因素的制约。首先,国家对健身俱乐部乃至整个体育产业还没有一个统一的政策体系,对这项正在蓬勃兴起的产业缺乏统一的定位、规范和管理。所以某些健身项目在一些地区出现了多头管理、政出多门的现象。其次,健身俱乐部在经营管理模式上存在滞后现象。主要表现在全民健身服务业还没有非常统一的行业管理标准,也没有行业开业标准和人员从业条件方面的规定。再次,全民健身服务业在我国还没有完整的统计指标体系。体育行政部门和国家统计部门都无法准确掌握全民健身服务业在全国的发展现状及有关准确数字,只有部分省、市进行过一些局部的调查和统计。对于这项产业我们能够深刻地感受到它蓬勃的生机和远大的前景,但对它目前的发展现状却只能作部分概括和局部的描述。这种状况不利于推动我国全民健身服务业的健康发展。要使我国健身俱乐部快速发展,经营模式至关重要。

(二)我国健身俱乐部的基本经营体制

1.健身俱乐部的人员配备

健身俱乐部的工作人员大体上可以分为三种,即管理人员、教练和普通维护人员。管理人员主要指总投资人和各连锁点的行政管理者,他们是俱乐部的核心。一个团体的兴衰成败虽然涉及很多因素,但最根本的原因在于领导阶层,所以有必要强调管理者的作用,研究管理方面的经验。教练人员和普通维护人员对健身俱乐部的正常运作同样起着重要的作用。教练人员应该熟悉相应运动项目的具体情况,为消费者提供正确有效的运动方案和日程安排。目前,中国的教练员认证制度已经基本完善,所以在聘用教练员的时候要有标准和尺度,根据俱乐部的定位选择合适的教练人员。普通维护人员需要进行上岗培训,负责场地的卫生管理和器材的技术维护工作。这些维护人员要以敬业精神和责任心作为前提,他们虽然不同于管理者需要作出重要的决策,但他们的工作也是健身俱乐部良好运行的基础。

2.健身俱乐部健全的会员制度

我国健身俱乐部在会员制度的制定方面已经相当成熟,可以根据运动项目的不同,引进相应的会员管理制度。目前,我国的健身俱乐部推行会员制,主要涉及会员级别、特殊服务和信息反馈等几个方面的内容。按照服务的空间范围和时间限度,将会员分为几个级别,比如金卡会员、银卡会员和铜卡会员等。越是高级的会员,越是可以享受更高、更全方位的健身服务和更长时间的消费权利,同时也要支付较高的费用。推行会员制是为了使俱乐部达到一定的规模,并通过规模运营创造良好的美誉度。对俱乐部的会员提供非健身性质的其他服务是发展会员制的有力手段,譬如可以不定期地安排会员聚会,以达到扩大会员社交圈子的效果。会员制度中应做好俱乐部会员的信息反馈管理,以问卷或口头调查的形式,达成俱乐部与会员之间的双向信息联系,组织各种健身比赛来增加会员的健身动力。

3. 健身俱乐部的市场推广

现代人获取信息的媒介越来越多,使各种市场推广活动受到广泛瞩目的难度不断加大。想要把健身俱乐部的市场推广工作做好,就要研究会员为什么要来俱乐部以及选择俱乐部时最关心的问题有哪些。根据有关调查结果表明,在选择健身俱乐部时最关心的四大要素依次为俱乐部的地点、员工、价格和器械。这正好为市场工作切入点提供了一些参考。

4. 健身俱乐部的销售工作

由于我国健身市场竞争的激烈,所有俱乐部在销售上绝对不感怠慢。其实一个俱乐部会费收入能达到多少并不难预测。我们把在每天来访的非会员中能有多少人加入称之为成交率。不同的俱乐部会有不同的成交率,所以他们按照自己的销售任务就需要有不同的来访人数。由此可见,俱乐部提高营业额的办法无非要从以下两个环节下手:一是提高非会员来访时的成交率;二是销售体系对各项工作的把控。这两个环节的工作,具体体现在对约见的管理、电话咨询统一的处理模式及技巧、来宾接待的统一程序、对流失来宾的跟进方法、促销价格的设置等细节。如果能很好地把握住这两个环节,就能把握好当今中国健身行业的销售市场。

5. 健身俱乐部的合理定价

由于体育健身俱乐部在我国出现较晚,人们对体育健身俱乐部的了解不多,价格成为消费者感受体育健身俱乐部的直接切入点。价格的适宜程度成为决定市场能否正常流通的最敏感、最关键的定位点,关系到健身俱乐部经营的好坏。像如何成功地设置促销价格对俱乐部经理来说是一个非常重要的问题。在原有的基础上进行多大幅度的优惠并不是问题,问题是老会员发现自己比别人早加入俱乐部却付了更多的钱,心理上难免会产生不平衡。其实解决这个问题并不难,有两点应该注意:第一,各种销售价格必须掌握得透明、规范。有些俱乐部在客户的压力下允许"讲价钱",不但让客人反感,也会加大每一次成交的难度。第二是让老会员享有各种优惠的优先权。有了规范作为前提,就不怕会员不理解促销了。只要会员没有错过什么好的优惠,他们会比新会员还欢迎促销。尽管他们已经入会了,总还可以续会,让他们在促销前续会,无论对俱乐部还是会员,都是好事。

6. 健身俱乐部的连锁

　　在国内,新的健身房的名字层出不穷,这也展示着整个健身市场日趋成熟的现象和欣欣向荣的局面;然而这现象却值得我们去思考,因为它代表了健身房经营商业化模式中的初级阶段。到目前为止,有的俱乐部还在计划和构想阶段,有的则可能实现了地区或跨地区的"小连锁",但这和真正意义的连锁还有一定的差距,原因在于还未能真正总结出关于广告宣传、市场推广、专业技术培训及俱乐部日常管理的模式化程序。连锁是把目前的健身房品牌化。对消费者而言,品牌意味着服务品质的保证。无论是国产还是洋品牌的健身房,都会为自己品牌的信誉作出最大的努力;同时,加盟连锁品牌的健身房一下子就会拥有拿来就用的管理经验、流程及统一的广告策划和市场推广方案、统一的员工培训等,将有效地提高各项工作专业化程度,从而直接影响到各项工作的质量。不同地点的俱乐部形成网络化的分布,将给消费者"通兑通取"的方便感觉,这无疑是对消费者接受商业健身俱乐部的又一促进。

　　7. 电子商务化

　　健身俱乐部的连锁经营是必须的,而且有很多国外同行的成功经验和案例可以借鉴。但更为重要的一个环节是健身俱乐部运营的电子商务化。如果说连锁解决的是如何赶上欧美国家先进的健身俱乐部的问题,那么健身俱乐部的电子商务化解决的是如何超过他们的问题。随着电子技术和因特网的发展,信息技术作为工具被引入到商贸活动中,产生了电子商务。我们要把握时代的潮流,将健身俱乐部的运营和电子商务结合起来,充分运用信息时代的各种便利工具为俱乐部的发展提供有利条件。都市生活中,越来越多的人从事 IT 行业的工作,而这种行业的工作压力是巨大的,他们没有时间去从事健身运动,但他们对网络比较熟悉,他们是健身俱乐部所需要吸收的很重要的潜在消费者。他们的经济能力相对较强,对健身运动的需求也比较迫切,借助电子商务可以满足他们的需求。而且,伴随着网络的普及,其他的人群也会考虑通过电子商务的方式进行健身消费。按照目前的情况分析,电子商务与健身俱乐部的结合应用可为消费者提供网上交易和管理等全过程的服务,具有广告宣传、咨询洽谈、网上支付、电子账户、服务传递、意见征询六方面的功能。

　　我国健身行业的发展实际上也只是处在萌芽期。对于这些俱乐部而言,规范经营、有序竞争是必须的。健身行业是理性经营行业,应从品质和服务两方面去竞争,不断开发新项目,努力做出自己的特色,这才是中国健身行业唯一的出路。

第二节　现、当代健身房流行健身项目介绍

　　目前健身房内的健身项目很多,其中有几种很受大众欢迎。本节主要介绍它

们的基本运动原理和方法,使大家能了解并且深入这些流行运动项目。

一、瑜伽术

瑜伽是把姿势、呼吸和意念紧密结合起来,通过调身(摆正姿势)、调息(调整呼吸)、调心,运用意识对机体进行自我调节,健美身心,延年益寿。有意识地集中精神控制呼吸,同时无意识地将身体放松,使得身体非常柔顺,并且使中枢系统得到调整,强化了内脏器官的功能,调节了内分泌系统,能端正姿势、净化血液、预防和治疗慢性病,并消除多余脂肪,从而显现出人体的健康美。

瑜伽术起源于印度,它作为一种精神的、意念的和身体的功法已经流传了几个世纪。就像一棵树的所有枝叶都连接在同一棵树干上一样,各种不同的瑜伽流派都源于同一个根。瑜伽的一些基本流派有奉爱瑜伽(巴克提瑜伽)、上师相应法瑜伽、哈达瑜伽、思辨瑜伽、行动瑜伽、持咒瑜伽、圣王瑜伽和密宗瑜伽等。现在流行的健身瑜伽是哈达瑜伽,它是一种有自己的特定规则的身体训练方法。哈达瑜伽试图通过平衡身体和精神来达到所有瑜伽流派的最终目的——开启大智慧。哈达瑜伽的信徒相信,在开启大智慧之前身体必须保持强壮、纯净和感觉灵敏。强力瑜伽现在很流行,因为它崇尚比赛精神,它是哈达瑜伽的一种。高温瑜伽是在一个温度高达100华氏度的闷热房间里进行高强度和高难度的身体运动,它也是哈达瑜伽的一种。

练习瑜伽的益处有很多:(1)提高感受力。感受力不仅仅意味着你知道什么,还意味着你对很小的事物有着很强大的感受力,包括从远处传来的细微声音到身体里的能量运动带来的对身体的细微刺痛。因为瑜伽需要集中精神训练自己对外界环境的感受能力。(2)调整呼吸。进行连贯的有意识的呼吸带来的最明显的好处是可以增强心肺功能,增强呼吸肌肉(如腹部肌肉),让人保持更强壮的呼吸;也可以减轻压力,让人更放松。(3)平静和集中精神。瑜伽是一种有助于在高速运转的世界里找到平静的功法,还有助于在拥有平静后的精神更集中。(4)获得柔韧性,增强力量,增强耐力,改进姿态,使身体机能得到提高。

二、普拉提

普拉提先生是德国人,在他移民到美国前把这种功法叫做控制技术。普拉提运动的每一个动作都有一套严格的方法,这套训练程序中包括在地面和各种器械上进行身体的扭曲、拉伸、推、拉和滚动,是西方世界产生的第一个真正使用意念身体运动的功法。普拉提运动适合任何喜欢缓慢的、控制的、独特运动的人。

普拉提运动是一种超级稳定的方法,可以使你的头脑和身体建立联系,从而来发现任何使用身体的能量中心。能量中心就是身体的中间部位或叫核心部位,要想运动得更好就要使核心部位更强壮。正确地运用能量中心可以使身体通过躯干的力量更自由地运动,比那些没有强壮核心能量的肢体运动得更好。通过普拉提运动可以形成开阔挺拔的姿态、强壮的腹部肌肉、修长的下半身和平衡发展身体,远离损伤。

三、莱美健身体系

莱美(Les Mills)健身体系是有着多种运动健身套路的有氧健身体系。它们都是在优美的音乐和教练的全方位指导下进行身体锻炼的课程。该体系七项课程中的六项已引入中国:BODYBALANCE(身体平衡)通过瑜伽、太极、普拉提健身,塑造灵活性和力量,给你聚集中心和平静的感觉;BODYCOMBAT(有氧搏击)是猛烈有力的武术健身,给你完全释放和征服的感觉;BODYJAM(健康热舞)使你全神贯注于舞蹈激发的心肺健身中,直到最后一个舞蹈动作完成和最热烈的新音乐响起;BODYPUMP(身体充电)用原始的杠铃健身挑战自己,加强和调节整个身体;BODYSTEP(激情踏板)在热烈的音乐中通过踏板来提高身体机能;RPM(动感单车)在伴有强有力音乐的室内,踩着节拍骑车,从而达到燃烧脂肪的作用。

其中,BODYPUMP 是整个体系的主打课程,它是挑战你身体每块肌肉群的集体杠铃项目。它的一个套路课程分十节,每节都由适当的重量、激昂的音乐、坚强的意志和响亮的呐喊组成。高重复次数的动作不但能锻炼耐力,而且能加快体内新陈代谢的速度,迅速燃烧脂肪,提高信心,让人更健康。简单有趣是这个项目的特点。负重练习能加强骨密度,降低骨折的可能性。每周 2～3 次,每次 45～60 分钟,能在最少时间里收到最大的效果。

四、其他几种流行健身项目简介

(一)健美操

健美操动作简单易学,极富动感,形式多样。在节奏明快、强劲有力的音乐伴奏下,进行健身性运动,从而提高心肺功能,改善身体有氧代谢能力,塑造形体,营造良好的精神状态,提高人体运动基本素质和对外界事物适应能力。其中最受女性朋友欢迎的是去脂减肥功效。特别适合体形为脂肪纤瘦型、丰满型、壮健型的人群进行练习。

(二)舍宾

舍宾通过医学、营养、功能测试及人体测量来制定因人而异的训练和营养计划,通过多种练习使人体动作协调、姿态优美、举止文雅得体、形体健康美,并且能对女性内分泌失调、睡眠质量差、胃下垂、妇科病、高血压、糖尿病起到调理作用,还能促进新陈代谢,加快血液循环,使皮肤细腻有光泽,延缓女性衰老,并能有效地提高会员依据自己形体选择着装、化妆的审美能力。

（三）形体雕塑

形体雕塑不仅利用芭蕾、舞蹈、体操舒展的动作训练人体的优雅姿态,而且也传播它们高雅的艺术精髓,培养人的内涵修养,有助于提升练习者的现代气质和高雅风度。内容包括基本站立姿势、收拉脚位练习、脚步动作舞蹈组合练习以及把杆和垫上一系列的基本功练习。主要练习正确的立、坐、卧、走、跑及头面部的姿态和表现,使你的外在表现和内在修养、形体之美与精神之美和谐统一。

（四）芭　蕾

优雅的芭蕾训练可以练就你日常生活中坐、立、行的正确姿势和优美的体形,同时还能陶冶情操,培养优雅的气质和高雅的举止,让你享受生理和心理的健康。

（五）踏板操

踏板操动作朴实舒展、有力度,对提高锻炼者的心肺功能、运动技巧、大脑在运动中的快速反应能力以及塑造健美的体形有着特殊的效果。踏板操的动作如行云流水,在整个运动中使机体持续不断地保持着中等的运动负荷,且节奏变化呈脉冲式,使你在生理和心理上产生明显的满足感,从而达到理想的锻炼效果。

（六）时尚街舞

所谓"街舞",是现在最广泛流行的一种体育舞蹈。它起源于美国街头舞者的即兴舞蹈动作。这些街头舞者多半以黑人或墨西哥人为主,其独有的风格在于它注重身体的协调性(我们所谓的律动),重视身体上半身的律动,并且增加了许多手部动作,能加快人体新陈代谢,动感十足,动作变化多样,让你既达到锻炼身体的目的,又感受到劲舞的刺激。

（七）纤柔球操

纤柔球操是一种独具风情的身体调节运动,既能提高身体的协调性和人体与器械的配合能力,又能调节全身的平衡状态和柔韧素质。在柔和的音乐伴奏下让人体与球融为一体。尤其有益于调节身体的中枢神经和内脏器官,对脊柱疾病有很好的辅助治疗功效。长期进行纤柔球操练习,可以提升内脏器官的机能水平,增强心脏收缩力,促进血液循环,增加血液输出量,从而满足运动时能量消耗的需要。

第三节　健身房训练项目系列集锦

一、健身房训练的基本理论

健身房训练是指在健身场所内有教练指导情况下,通过徒手和各种器械,运用专门的动作和方法进行练习,以增强体质,发达肌肉,改善形体、体姿和体态以及陶冶情操为目的的运动项目群。

健身房训练可采用各种徒手练习,如各种徒手健美操、韵律操、形体操、器械操以及各种自抗力动作,也可采用各种各样轻重不同的运动器械来进行练习,如杠铃、哑铃等举重器械,单杠、双杠等体操器械,以及弹簧拉力器、滑轮拉力器、橡筋带等各种特制的综合力量练习器和专门设计的力量练习器等。

(一)健身房训练的特点

健身房训练的特点概括起来主要有以下四点:

1. 既可锻炼身体、增进健康,又可陶冶情操、美化身心,将体育和美育融为一体。在训练中不应该单纯地追求局部,还要注意改善自己的体形、体态,使其匀称、协调、优美;不仅要注意体形、体态的仪表美,而且要自觉陶冶自己美好的情操,加强思想修养和艺术修养,注意语言美、行为美、心灵美,真正把体育和美育、外在美和内在美很好地融合在一起。

2. 设备齐全,服务到位,易于开展。一般健身房场所在室内,健身设备比较齐全,并且有专业健身教练指导与保护,大大提高了有效性和安全性。

3. 练习方法灵活、机动、多样,男女老少皆宜。练习方法多种多样,有徒手和自抗力动作,有利用轻重器械做的各种动作,即使是重器械,也可根据需要自由调节重量、次数、组数,自由调节运动量。所以,它能够充分满足男女老少以及不同健康状况的人的各类需要。

4. 训练的过程亦是矫正的过程。训练的主要目的就是使体形、体态趋向完美,不断改善身体状态。而且有时身体某部位由于伤病会出现肌肉萎缩现象,利用力量训练从很轻的重量开始训练,慢慢增加重量,可以抑制萎缩,使其恢复到原来的状况。

（二）健身房训练的作用

长期进行健身训练，能够发达肌肉、增长力量；增进健康、增强体质；改善体形体态、矫正畸形；调节心理活动，陶冶美好情操；提高神经系统机能，培养顽强意志品质。

1. 发达肌肉，增长力量

健身房训练的一个突出作用是可以有效地发展全身肌肉，增长身体素质。在人体中，由肌肉、骨骼，关节和韧带等共同组成了运动器官，使有机体得以进行各种各样复杂精细的运动，而一切运动的原动力就是那些大大小小的肌肉。健身房训练中要经常采用各种各样的杠铃、哑铃等负重动作，对全身各部位肌肉进行锻炼，提高全身的肌肉质量，增强身体素质。此外，由于中枢神经系统调节机能的改善，特别是神经过程的强度和集中能力的提高，在力量训练的影响下，肌细胞内的肌动蛋白和肌球蛋白等收缩物质含量增加，脂肪的减少，从而使肌肉的黏滞性减小。所有这些变化的结果，促使了身体素质的增长。

2. 增进健康，增强体质

经常从事健身房锻炼，能对心血管系统、呼吸系统和消化系统等各内脏器官的功能产生良好的影响，可使心肌增强，心腔容量增大，血管弹性增强，进而提高心脏的收缩力和血管的舒张能力，使心搏有力，心输出量增加。心跳次数也可减少到约60 次/分钟，这样心脏休息的时间就增多了，出现了节省化的现象。由于心脏的工作能力和储备能力都提高了，就能承受更大的负担量。力量锻炼还能使血液中的红血球、白血球和血红蛋白增加，从而提高身体的营养水平、代谢能力和对疾病的抵抗能力。

健身房训练对呼吸系统的机能也有良好的影响，它能提高呼吸深度，增加每次呼吸时的气体交换量，这既有利于呼吸肌的休息，又可提高呼吸系统的功能储备，从而保证在激烈运动时满足气体交换的需要，提高机能水平。

健身房训练还能提高消化系统的机能，因为肌肉活动时要消耗大量的营养物质（尤其是能源物质），这就需要及时补充。同时，肌肉的活动可使胃肠的蠕动增强，消化液分泌增多，使消化和吸收能力得到提高，食欲增加。

3. 改善体形体态，矫正畸形

体形主要是指全身各部位的比例是否匀称、协调、平衡、和谐，以及主要肌肉群是否具有优美的线条。体态主要是指整个身体及各主要部位的姿态是否端正优美。我国自古以来就很重视体态，强调一个人要站有站相、坐有坐相。俗话说："站如松、坐如钟。"如果长时间不注意体态端正，就可能影响某些骨骼的正常生长和发育,如脊柱的侧屈以及含胸驼背等,影响体态美。

健身房训练的各种动作能给予身体某些部位的生长发育以巨大的影响,促使骨骼的生长和肌肉的发展。科学的训练还可减少肌肉中的脂肪含量,达到消脂减肥的目的。这些变化都能够有效地改善人的体形体态。如三角肌发达了,肩部就显得宽阔;背阔肌增大了,能使身体呈出美丽的倒三角形;腹肌发达了,就会使腹部扁平、坚实……男子变得体格魁梧、肌肉发达、英姿勃勃、风度翩翩;女子变得体态丰满、线条优美、秀丽动人。所以,当一个人的体形体态已经出现某些缺陷的时候,就可以针对性地选择某些适当的动作来进行锻炼,以达到矫正畸形的作用。如四肢不成比例者,可以采用先练差的一侧的办法使之发达起来,以达到匀称协调;含胸驼背者,可多练一些卧推举和扩胸动作,经过半年左右的锻炼,胸廓自然就会挺拔,肌肉也会发达充实起来。由于训练运动有这些作用,因此一些动作已被进一步用于医疗体育方面,以期恢复肢体的某些功能。

4. 调节心理活动,陶冶美好情操

人的心理活动,其本质乃是大脑对外界客观事物的反映。现代生活的紧张节奏,会使人产生紧迫感、压抑感,而紧张的体力劳动和脑力劳动又会使人产生疲劳感。出现以上情况,可以通过休息、睡眠、沐浴、放松按摩等恢复措施使疲劳得以消除。但神经的疲劳是产生深度疲劳的主要因素,因此,除采用上述方法外,还可采用一些调节心理活动的积极措施,而健身房训练则能起到这方面的作用。通过卓有成效的锻炼效果来吸引人的注意力,如通过一段时间锻炼后,身体素质提高了,多余的脂肪减掉了,体形健美了,人在心理上就会产生一种满足感。通过优美明快的音乐,节奏鲜明而又活泼愉快的形体练习,可以调节人的心理活动,松弛紧张的神经,转移和消除人的疲劳感、压抑感,使大脑得到充分的休息。

健身房训练还可以陶冶人的美好情操。爱美之心人皆有之,如果一个人执著地追求健与美,追求生活中真、善、美的东西,他就能自觉地抵制假、恶、丑的现象,就会感到生活很充实。因而在工作和学习中就会精神振奋、精力充沛、注意力集中、充满信心。形体训练所带来的形体美、姿态美的良好变化,也会使人变得活泼开朗、朝气蓬勃。所以,形体训练是一种青春常在的运动,它可以调节人的心理活动,陶冶人的美好情操。

5. 提高神经系统机能,培养顽强意志品质

中枢神经系统由脑和脊髓构成,而其最高指挥机关则是大脑皮层。它一方面担负着管理和调节人体内部各器官系统的活动,保持人体内部环境的平衡;另一方面则维持人体与外部环境的平衡。

健身房训练是在中枢神经系统的支配调节下进行的。反过来也能提高中枢神

经系统的机能水平。它能够提高神经过程的强度和集中能力,提高均衡性和灵活性,从而提高有机体对内外环境的适应能力。经常坚持锻炼的人,一般能睡得熟、睡得深,很少患神经衰弱。

健身房训练中,肌肉经常要工作到极限,锻炼者要经常克服由于大运动量训练所带来的肌肉酸疼等疲劳感觉和各种困难,长期的刻苦训练,持之以恒,坚持不懈,就可以培养顽强的毅力,培养不怕苦、不怕累、不怕疼痛、不怕枯燥的顽强意志品质。

(三)健身房训练的基本标准

由于男女性别的差异,男女的标准理应有所不同,分述如下:

1. 男性训练的标准

(1)肌肉发达,体魄健壮。肌肉是人体力量的源泉,同时也是力的象征,因此健美的体形、健壮的体魄是和发达的肌肉密切相关的。在艺术家、人类学家和体育家的眼里,发达的肌肉和健壮的体魄是人体美的重要因素。发达的颈肌能使人颈部挺直,强壮有力;发达的胸肌(胸大肌、胸小肌)能使人的胸部变得坚实而挺拔;发达的肱二头肌、肱三头肌及前臂肌群,可使手臂线条鲜明,粗壮有力;覆盖在肩部的三角肌可使肩部增宽,加上发达的背阔肌,就会使躯干呈美丽的 V 形;有力的骶棘肌能固定脊柱,使上体挺直,不致弓腰驼背;发达的腹肌能增强腹压,保护内脏,有利于缩小腰围,增强美感;发达的臀部肌肉和有力的下肢肌肉,能固定下肢,支持全身,给人以坚定有力之感。总之,发达而有弹性的肌肉是力量的源泉,也是健美体魄的象征。

(2)体形匀称,线条鲜明。体形主要反映人体的外部形象,无疑是构成人体训练的重要因素之一。从研究人体美的角度来看,以脂肪所占的比例、肌肉的发达程度,以及肩宽和臀围的比例,作为划分体形的条件比较合适。这样可将体形分成肥胖型、瘦弱型和运动型 (或肌型)三类。

①肥胖型:其特点是上(肩宽)下(臀围)一般粗,躯干像个圆水桶,腰围很大。腹壁的脂肪很厚,在腰两侧下垂,腹部松软,肚脐很深。胸部的脂肪多而下坠,有些女性化。一般都短粗颈、双下巴。体重往往超过标准体重约 30％～50％。

②瘦弱型:其特点和肥胖型相反,腰围很小,躯干上小下大,肩窄、胸平。四肢细长,肌肉不丰满,线条不明显。颈部细长,无双下巴。体重小于标准体重 25％～35％。

③运动型(肌型):其特点是肩宽、臀小,背阔肌发达,上体呈倒三角形。腰围较细,腹部肌肉明显。四肢匀称,肌肉发达。颈部强壮有力,无双下巴。体重不少于或不超过标准体重 5％左右。经常从事各项体育活动的人,特别是运动员,多为运

动型。他们身材匀称、肌肉发达、线条鲜明。

　　知道了体形分类，就可通过训练来改善自己的体形，身体肥胖的可以通过锻炼来减肥，身体瘦弱的也可以通过健美锻炼来增加体重，力求使体格强健而匀称，肌肉发达而柔和。

　　（3）精神饱满，坚韧不拔。精神饱满其外在的表现是皮肤健美、姿态端正、动作潇洒，其内在的表现则是富有朝气、勇敢顽强、坚韧不拔。

　　①皮肤健美：这是人体美的重要表征。苏联著名诗人马雅可夫斯基称颂结实的肌肉和古铜色的皮肤是世界上最美丽的衣裳。的确，皮肤是健康状况的镜子，红光满面气色好的人才有精神；相反，脸色发灰精神疲惫的人，往往是身体衰弱、多愁善感的病人。红润光泽的肌肤和经常锻炼、适当的营养、正常的作息制度以及乐观的情绪等因素有关。我们应注意经常锻炼身体，保护好皮肤。

　　②姿态端正，动作潇洒：中华民族有着悠久的文明历史，历来重视人的一言一行、一举一动。优美的坐姿应该是抬头、挺胸、直腰、收腹。切忌含胸驼背，因为这是造成脊柱弯曲、腰背疼痛的病因，而这样的坐姿也必然会使人显得精神萎靡不振。优美的站姿应该要目视前方，头颈、躯干和脚在一条垂线上，两臂自然下垂。切忌弓腰挺腹，过分偏移重心至一腿的站姿。长期这样会造成脊柱变形、一肩低垂等毛病。优美的走姿不是一摇三晃，也不是八字横行，而应该保持身体正直、挺胸直腰、微收小腹的姿态，膝和足尖始终正对前方行进，两臂自然摆动，步伐稳健而均匀。总之，优美的姿态和潇洒的动作，既符合人体解剖学和生理学的规律，又能给人以健康的印象。

　　③勇敢坚定，坚韧不拔：中华民族历来重视人的精神气质，在赞美英雄的形象和力量的同时，总要更突出地称颂英雄的宏伟气魄。人是一个有机的统一整体，同样，人体美也是外部表现的形体美和内在体现出的精神气质美的和谐统一，两者有机结合才能称得上真正的美。因此，必须具有勇敢无畏的精神、坚韧不拔的顽强意志、刚毅果断的性格和良好的品德修养。这种美发自心灵深处，却又能通过一举一动、一言一行而在外部表现出来，并使得别人能够感受到。这就要求在进行锻炼的同时，必须注意加强思想作风、意志品质、精神气质的锻炼和修养。

　　总之，男性应该具有发达的肌肉、健壮的体魄、匀称的体形、魁梧的身材、端正的姿态、潇洒的风度，以及发自心灵深处的勇敢无畏、刚毅果断、坚韧顽强的精神气质的阳刚之美。

　　2. 女性健身房形体训练的标准

　　由于女子在身体结构和生理机能等方面均与男子有着明显的区别，因此女性的形体训练标准与男子不同，其特点为：

(1)适度的肌肉,健康的体魄。发达的肌肉是男子健身房训练的首要因素,然而对于女子来说,却不应该要求练就像男子一样发达的肌肉,因为两者的生理特点不同。女子全身肌肉约占体重的 32%～35%,脂肪占 28%。而男子全身肌肉约占体重的 40%～45%,脂肪占 18%。所以,女子既不可能练出像男子那样发达的肌肉,同时也没有必要,因为那样就失去了女性美的特点。女子应该有着适度的肌肉,并且皮下应该有适度的脂肪,从而使得主要的肌肉群显现出圆润的线条,而不应像男子那样练得青筋暴露,甚至一根根肌束都很明显。当然,健康的体魄仍然是女性美的重要条件,不赞成那种弱不禁风的病态"美"。

(2)匀称丰满并具有女性曲线美的体形。体形如何才是女子形体美的主要标志之一。美的体形首先要各部分比例匀称协调,按照分类当然还应以运动型为佳。女性的体形应该丰满而不肥胖,这样的体形有一种健康之美;或者是苗条而不瘦弱,这样的体形则另有一种精干之美。但是,不管是丰满还是苗条,都应该具有女性特有的曲线美,这才能真正显现出女子的形体美。丰满而挺拔的胸部是构成女性曲线美的主要标志之一。乳房应丰满而富有弹性,并应有适度发达的胸肌作为依托,从而构成胸部优美的曲线。过分肥大松弛或过分干瘪的乳房都将影响女性的美观。坚实平坦的腹部和稍微纤细苗条的腰部是女性曲线美的又一标志,因为这样才能显现出腰部优美的曲线。腰腹周围过多地堆积着皮下脂肪,无疑会使人显得臃肿难看。丰满而适中的臀部能构成女子形体又一优美的曲线。臀部过分肥大同样会显得臃肿,有损于形体美,反之过于瘦小,则表现不出形体的曲线。修长而有力的四肢也是女性形体美不可缺少的一部分。腿部应略长于躯干,这样就显得修长而苗条,腿部既不能粗胖,也不能瘦长,而应有结实的肌肉,才能显现出腿部优美的曲线。

(3)红润光洁的皮肤。红润光洁的皮肤可给人以容光焕发、朝气蓬勃之感,这无疑会增加女性的魅力。黝黑无光泽,或净白无血色,这样的皮肤均会影响女性的美观。皮肤还应光洁、细腻,并且富有弹性,这样才显得青春焕发。为此,除应加强对皮肤的保护以外,还应注意皮肤的清洁卫生,多参加户外的锻炼,适当的光照、按摩,以及经常保持舒畅的心情和健康的情绪,这些都可防止皮肤过早地衰老。

(4)端庄而优美的姿态,活泼大方而又稳重善良的性格和气质。这些都会为女性美增色不少。端庄优美的姿态可增加女性的风度,显得妩媚动人,但又不致失之于轻浮。活泼大方而又稳重善良的性格和气质,可使女性具有一种内秀之美。要达到这些要求,既与个人的性格和气质有关,更要靠提高个人的文化水平和加强个人的思想修养。

总之,女性应该具有适度的肌肉、健康的体魄、匀称丰满而有曲线的体形,红润光洁的皮肤,端庄优美的姿态,活泼大方、稳重善良的性格和气质,体现矫健之美和端庄之美。

　　3. 健身房训练体围标准

　　形体美是人体健身房训练的主要内容之一,而形体的优美在很大程度上又取决于身体各部位体围的尺寸和相互间的比例。下面分别介绍男女一般健身房形体训练体围标准,如表 5-2、表 5-3 所示。

表 5-2　女子一般健身房形体训练体围标准

身高（cm）	体重（kg）	扩展胸围（cm）	臀围（cm）	腰围（cm）
152～154	47.5	88	88	58
154～158	48.5	88	88	58
158～161	50	89	89	59
161～163	51.5	89	89	60
163～166	53	90	90	60
166～169	54.5	90	90	61
169～171	56	92	92	61
171～174	58	92	92	62
174～176	60	94	94	64
176～178	62.5	98	96	66

表 5-3　男子一般健身房形体训练体围标准

身高 （cm）	体重 （kg）	胸围 （cm）	扩展胸围 （cm）	上臂 （cm）	大腿 （cm）	腰围 （cm）
153～155	50	94	97	32	48	65
155～157	52	94	98	32	49	65
157～160	54	95	99	33	50	66
160～163	56	95	101	33	51	66
163～106	59	98	102	33	52	68
166～169	61	99	103	34	53	69
169～171	63	100	104	35	53	69
171～174	65	100	105	35	54	70
174～177	67	102	107	36	55	71
177～180	70	103	108	36	55	72
180～183	72	103	109	37	56	73

　　此表摘自《健美运动》体育学院通用教材

　　（四）健身房训练的练习原则

　　1. 渐进超负荷原则。一般来说,肌肉最大力量、爆发力,肌肉耐力和肌肉块的增长程度、减肥效果、肌肉线条的改善,以及心肺功能的提高,与运动强度有着直接关系。在一定范围内,运动强度越大,锻炼效果越佳,反之则小。开始锻炼时身体不能承受大的运动强度,而需要一个较长的过程,这就是渐进超负荷原则的运用过程。在力量训练中,通常首先选定适宜的负荷重量,随之不断地增加并达到预定的练习次数和组数,随之增加负荷重量,然后再不断地增加练习次数和组数到预定值,重复循环下去,随着运动强度的不断增加,锻炼效果也会越来越明显。

2. 专门性原则。此原则包括下面三个方面的内容:

(1)肌肉的运动与效果的同一性。就是说,要想哪块肌肉得到锻炼,必须要进行那块肌肉参与的负重锻炼;要想发达身体某部位肌肉,必须使那个部位参与负重锻炼。

(2)对某一动作具有特效性。这不仅意味着负重练习对某自身动作改善和提高具有特效性,而且使参与运动的肌肉得到锻炼,并由于肌肉神经共同活动得到加强,使动作更加熟练有效。

(3)锻炼方法专门性。即采用不同负荷重量、不同重复次数和练习组数等会对肌肉锻炼产生不同的作用。也就是说,要实施不同目的的锻炼,就得使用不同的锻炼方法。表 5-4 所示是哈勒(1971)对力量训练的手段、方法与作用所做的总结。在训练中,使用不同的锻炼方法,其对肌肉所产生的作用也是不同的(见表 5-5)。

表 5-4　力量训练的量与方法(哈勒 1971)

最大力量	每组练习重复次数	完成动作节奏	休息间歇	完成组数	方　法	作　用
100%～85%	1～5 次	适中	2～5 分钟	初学者 3～5 组,优秀运动员 5～8 组	85%/5　+ 95%/2～3 + 100%/1　+ 95%/2～3	提高非周期运动的最大力量
85%～70%	5～10 次	适中到慢	2～4 分钟	3～5 组	70%/10　+ 80%/7　+ 85%/5　+ 85%/5	提高最大力量,是要求最大力量的周期性运动的基本训练方法

续表

最大力量	每组练习重复次数	完成动作节奏	休息间歇	完成组数	方　法	作　用
50%～30%	6～10次（最大速度）	极快	2～5分钟	4～6组	30%/10　＋ 40%/10　＋ 50%/10　＋ 40%/l0	在强化最大力量的条件下提高爆发力
70%	6～10次	很快	2～5分钟	4～6组	75%/10　＋ 75%/10　＋ 75%/10　＋ 75%/10	提高爆发力及最大力量
60%～40%	20～30次（最大重复次数的50%～70%）	快到适中	30～45秒	3～5组	循环训练	提高肌肉耐力
40%～25%	最大重复次数的25%～50%	适中到快	适宜	4～6组	循环训练	同上，但用于不以肌肉耐力为主的运动项目

表 5-5　健身房形体训练方法与作用

负荷重量（极限负荷百分比%）	每个动作练习组数	重复次数	间歇时间	动作节奏	作　用
60～90	3～5	8～15	30～90秒	节奏适中为主	肌肉块
50～70	大于或等于4	15～25	10～45秒	以快节奏为主	心肺功能
小于50	4～6	大于或等于25	30～60秒	以快节奏为主	减肥

3. 全面锻炼原则。要追求身体形态、机能、身体素质和心理等方面的和谐发展，应做到以下几点：

(1)力量与速度、耐力、柔韧等素质练习相结合，促进身体素质的均衡发展。

(2)动力性与静力性练习相结合，大肌肉群与小肌肉群练习相结合，促进全身肌肉匀称发展。

(3)负重练习与快乐练习相结合，有益身心协调发展。

(4)负重练习多样化，采用多种练习器械，并尽可能保持锻炼强度的一致性。

(5)全身与局部锻炼相结合。在全身锻炼时，又要针对身体某局部进行强化锻炼；在进行局部锻炼时，又要兼顾身体的全面发展。

（6）主动性部位运动与被动性部位活动相结合,做好准备活动。

（7）负重练习与有氧运动相结合,以促进肌肉和心肺功能的协调发展。

（五）健身房形体训练方法

发展力量素质去塑造体形是健身房形体训练的基本途径。根据人体美的要求去塑造体形,协调地发展各部分肌肉群。

1. 动力训练法

通常最大力量、相对力量、速度力量、力量耐力和发达肌肉的练习均采用此办法。此方法运用范围广泛。做时可用杠铃、哑铃、拉力器及综合力量练习器等器材进行练习。为了发达肌肉,采用慢速和中速进行练习最佳。用动力训练法来发达肌肉,其运动量通常为:

强度:60％～80％（力量练习重量最大值的百分比）

组数:4～6组（综合力量练习可做到8～10组）

次数:6～10RM（RM意思是疲劳前能按所指定的重量次数举起的最大重量,如8RM为能举8次的最大重量）

密度:间隔60～90秒

速度:慢速或中速

2. 退让训练法

这种退让练习,对肌肉刺激深,更有利于发达肌肉、增加力量。该训练法应把向心收缩与离心收缩（退让工作）相结合,能够增强训练效果。如单杠的引体向上,上拉引阶段是克制性向心收缩,下放阶段是退让离心工作。卧推中上推杠铃是向心收缩,下放杠铃是离心收缩。这些练习的两个阶段肌肉都参加了工作。在训练中应注重退让训练法,特别是要慢慢控制速度,才能收到更好效果。

3. 静力训练法

此法能使比动力性力量更多的肌纤维参与工作,能较为显著地发展练习者的静力力量,达到较好的训练效果。如单杠的引体向上,拉到最高点时静止10～20秒后放下即为完成一组动作。运动负荷安排要点:

强度:80％～90％

组数:2～4组

次数:2～4次

时间:每次静止用力10～20秒

间歇:2～3分钟

速度:完全静止

4. 其他健身房形体训练方法

(1)动静结合法。它把动力练习和静力练习有机地结合起来,先动后静。即先做动力练习至极限,而后固定在需要锻炼部位的角度静止用力 6～8 秒,可练 2～4 组。

(2)克制退让结合法。用动力练习(克制性收缩)重复 5～6 次,做不起来后再做 2～3 次退让性工作。这样的结合能使肌肉得到更深的刺激。

(3)先衰竭法。这是目前增大肌肉围径的有效方法。其做法是:要想发展哪块肌肉,先选择只发展这块肌肉的局部肌肉练习来训练,做 6～10 次直到疲劳,使其衰竭,然后在 3～5 秒之内跑向另一器械,做一个以发展这块肌肉为主的综合肌肉群练习,用 70%的重量做到极限,这样交替训练 4 组左右,肌肉会感受到极大的刺激。据研究,这样能有效地刺激肌肉生长,促进其发育。

(4)动作多变训练法。肌力训练有一个规律,当几个固定动作,采用恒定运动负荷量训练一阶段后,肌体就会逐渐适应,肌力就不会提高或提高甚慢,此时应采用变异性训练法以促使肌体发生变化,从而进入新的适应过程。

(六)健身房形体训练健身计划

锻炼者应当制定锻炼计划,既有利于克服锻炼中的盲目性和片面性,又有利于贯彻循序渐进的原则,持之以恒地进行全面身体锻炼,使之符合自身实际情况,以提高锻炼质量。

(1)制定步骤和方法。明确锻炼目的和目标。人有差异,锻炼目的也就各有不同,因此在制定计划前,首先要明确目的和目标。

(2)练习内容的选择与编排。①按照专门性原则,由锻炼目的选定练习内容,保持锻炼目的与练习内容的一致性。例如,要发展大腿肌肉力量,可选用负重下蹲;要发展肱二头肌,可选用以肱二头肌为主动肌的肘弯举。②练习内容的选定,还要考虑可提供使用的场地、器械等物质条件。③选用练习要相对稳定。一块肌肉锻炼效果的出现,要依赖对该肌肉保持连续性的刺激。④对业余锻炼者来说,时间有限,提高锻炼效果至关重要。⑤肌肉的配对练习。防止出现肌肉不均衡的现象。⑥肌肉锻炼要有序。第一,遵循大肌肉群先于小肌肉群的锻炼程序;第二,对锻炼新手不宜连续进行两个相同性素质练习,如推举和卧推就不宜连起来练;第三,不同肌肉群的练习可交替进行;第四,全身各大肌肉群锻炼编排顺序,一般胸、肩、背、大腿练习编排在前,上臂、前臂练习居中,小腿、踝和腹肌编排在后。

(3)循序渐进施行超负荷刺激。对于业余训练者,要经历一个适应性锻炼过程,在最初锻炼的 3 个月中,每周可练 3 次,每次排 5～8 个练习,每个练习做 2～3 组,或安排 8～10 个练习做 1～3 组,或安排更多练习,只做 1～2 组。一般不超过 24 个左右综合组。每个局部肌肉群安排 1～2 个动作,每个局部肌肉每周锻炼 2 次为易,锻炼一般采用 8～15RM,负荷重量约为极限负荷的 60%～80%,每分钟完成动作 12～15 次,组间休息约为 60～90 秒,不超过 120 秒,一次锻炼一般不超过 60 分钟。

经过 3 个月的初级锻炼后,可进入初中级、中级锻炼阶段,也需 3 个月时间,一次锻炼一般包括 8～10 个练习,重点肌肉群可安排 2～3 个动作,每个局部肌肉群每周锻炼 2 次为宜,每个练习做 3 组,共完成 24～30 个综合组。在此阶段锻炼中,增大肌肉块的锻炼采用 8～12RM 负荷刺激较为理想,负荷重量大约为极限负荷的 60%～90%,同时运动节奏变慢,约为 8～10 次/分钟,组间休息一般为 45～60 秒,不超过 90 秒,使身体朝着"形体训练标准"发展。

(4)制定各肌肉群周锻炼分配方案。主要依据有两点:①肌肉锻炼要有序。②每个肌肉以每周锻炼 2 次为宜,不超过 3 次(见表 5-6 和表 5-7)

(5)制定出锻炼计划。在完成以上工作后,就可着手制定计划,包括选定练习内容、确定练习重复次数和组数等。

表 5-6　每周锻炼 3 次各肌肉周锻炼分配方案

方案	周	锻炼部位(肌肉群)及其顺序
一	一(二)	胸、肩、肱二头肌、肱三头肌、大腿和臀、小腿、腰腹
	三(四)	胸、背、肩、肱三头肌、肱二头肌、大腿和臀、腹
	五(六)	胸、背、肩、肱二头肌、肱三头肌、大腿和臀、腹
二	一(二)	胸、肩、肱三头肌、肱二头肌、前臂、小腿、腹
	三(四)	胸、背、肱二头肌、肱三头肌、大腿和臀、前臂、腰腹
	五(六)	胸、肩、肱二头肌、肱三头肌、大腿和臀、腰背、腹

表 5-7　每周锻炼 4 次各肌肉周锻炼分配方案

方案	周	锻炼部位(肌肉群)及其顺序
一	一、四或二、五	大腿　上臂　前臂　腹
	二、五或三、六	背　胸　肩　小腿
二	一、四或二、五	胸　肩　肱三头肌　腹
	二、五或三、六	大腿　背　肱二头肌　小腿
三	一、四或二、五	胸　大腿　肱二头肌　小腿
	二、五或三、六	肩　背　肱三头肌　腹

2.健身房力量训练计划范例

(1)初级(见表 5-8、表 5-9、表 5-10)

(2)初中级、中级(见表 5-11、表 5-12、表 5-13)

表 5-8

锻炼阶段	第一月	第二月		第三、四月		
组别	第一组	第一组	第二组	第一组	第二组	第三组
重复次数	10	10	8	10	8	6
周一（二）	1.卧推（胸大肌）　2.仰卧飞鸟（胸大肌）　3.俯立划船（背阔肌中部）　4.侧平举（三角肌中束）5.前平举（三角肌前束）6.肘弯举（肱二头肌）7.仰卧臂屈伸（肱三头肌）8.颈后深蹲（大腿和臀）9.仰卧腿上举（腹肌下部）10.提踵（小腿肌）						
周三（四）	1.上斜卧推（胸大肌上部）　2.俯立划船（背阔肌中部）　3.立正划船（三角肌前束）4.耸肩（斜方肌）　5.坐姿臂屈伸（肱三头肌）　6.坐姿肘弯举（肱二头肌）7.蹲（大腿和臀）　8.搁腿仰卧弯起（腹肌上部）						
周五（六）	1.卧推（胸大肌）　2.仰卧屈臂上拉（背阔肌和上胸肌）　3.单手俯立划船（背阔肌）　4.坐姿颈后推举（三角肌）　5.肘弯举（肱二头肌）　6.俯力臂屈身（肱三头肌）　7.颈后深蹲（大腿和臀）　8.仰卧腿上举（腹肌下部）						

注：采用锥形加重法。摘自娄琢玉《怎样进行健美锻炼——致初学者》

表 5-9

编号	动作名称	建议开始重量按体重百分比%	第一月		第二月		第三月	
1	高翻	20	1	8	2	8～8	2	5～9
2	单臂划船	10	1	8	2	8～8	2	5～9
3	屈臂上拉	10	1	8	2	8～8	2	5～9
4	立姿推举	20	1	8	2	8～8	2	5～9
5	直立划船	10	1	8	2	8～8	2	5～9
6	俯身飞鸟	5	1	8	2	8～8	2	5～9
7	半蹲弯举	5	1	8	2	8～8	2	5～9
8	附身单臂后拉	5	1	8	2	8～8	2	5～9
9	腕弯举	20	1	8	2	8～8	2	5～9
10	仰卧架腿屈体	0	1	12	2	15～15	2	25～25
11	直立提踵	35	1	8	2	8～8	2	5～9
12	负重箭步跳	15	1	8	2	8～8	2	5～9

注：第二月次数 8～8,指每组各做 8 次；第三月次数 5～9,指第一组以最大重量做 5 次,第二组减轻重量做 9 次,以此类推。摘自《乔·韦德训练健美体系课程》

表 5-10

编号	动作名称	重复次数	组间休息	组数
1	站立弯举杠铃	8～10	1～2'	4～5
2	站立推举杠铃	9～12	1～2'	4～5
3	哑铃仰卧飞鸟	8～12	1～2'	3～4
4	壶铃耸肩	8～12	1～2'	3～4
5	俯身侧举哑铃	8～12	1～2'	3～4
6	负重仰卧起坐	10～15	1～2'	4～5
7	壶铃深蹲提踵	10～15	1～2'	4～5

隔天练一次，每周练 3 次，每次练 5～7 个动作。摘自莜麦《定量训练法》

表 5-11

锻炼阶段		第一月			第二月			第三月		
组别		第一组	第二组	第三组	第一组	第二组	第三组	第一组	第二组	第三组
大肌肉群	次	10	8	6	10	8	6	10…	8	6
小肌肉群	数	15	12	10	15	12	10	15	12	10
周一（二）		1.卧推（胸大肌）　2.仰卧飞鸟（胸大肌）　3.立正划船（三角肌前束）　4.侧平举（三角肌中束）　5.仰卧臂屈肌（肱三头肌）　6.俯坐肘弯举（肱二头肌）　7.坐姿腕弯举（前臂肌）　8.提踵（小腿肌）　9.搁腿仰卧起（腹肌上部）								
周三（四）		1.上斜卧推（胸大肌上部）　2.俯立划船（背阔肌中部）　3.单手俯立划船（背阔肌）　4.坐姿腕弯举（前臂肌）　5.立姿肘弯举（肱二头肌）　6.坐姿臂屈伸（肱三头肌）　7.颈后深蹲（大腿和臀）　8.俯卧腿上举（腹肌下部）　9.体侧举（腰侧肌）								
周五（六2）		1.卧推（胸大肌）　2.仰卧飞鸟（胸大肌）　3.前平举（三角肌前束）　4.坐姿颈后推举（三角肌）　5.坐姿肘弯举（肱二头肌）　6.俯力臂屈身（肱三头肌）　7.箭蹲（大腿和臀）　8.硬拉（股二头肌和腰背肌）　9.搁腿仰卧弯起（腹肌上部）								

表 5-12

训练日	训练动作	训练部位
周一、四或二、五	1.卧推　2.上斜卧推　3.仰卧飞鸟　4.坐姿颈后推举　5.立正划船　6.侧平举　7.仰卧臂屈伸　8.俯立臂屈伸　9.坐姿臂屈伸　10.提踵	胸、肩、肱三头肌、小腿
周二、五或三、六	1.颈后深蹲　2.箭蹲　3.硬拉　4.俯立划船　5.单手俯立划船　6.仰卧屈臂上拉　7.立姿肘弯举　8.俯卧肘弯举　9.坐姿肘弯举　10.搁腿仰卧弯起　11.仰卧腿上举　12.体侧举	大腿、背、肱二头肌、前臂、腹、腰

此表适宜体力较好者，采用 4 天双分化训练，每个动作仍做 3 组锻炼为期 3 个月。

注：表 5-8 和表 5-9 都采用锥形加重法。大肌肉群是指胸、背、大腿、肩和上臂肌。小肌肉群是指腹、腰、下背、

前臂和小腿。摘自娄琢玉《怎样进行健美锻炼——致初学者》

表 5-13

周一			周四		
动作名称	组数	次数	动作名称	组数	次数
窄卧卧推	3	9	窄卧卧推	3	9
上斜飞鸟	3	9	上斜推举	3	9
直立握举	3	9	屈臂上拉	3	9
侧平举	3	9	颈后推举	3	9
直立划船	3	9	屈体侧平举	3	9
屈体杠铃划船	3	9	屈体杠铃划船	3	9
杠铃弯举	3	9	坐式哑铃弯举	3	9
卧式肱三头肌挺伸	3	9	坐姿弯举	3	9
上斜哑铃弯举	3	9	坐姿臂屈伸	3	9
侧屈体	3	30～50	侧屈体	3	30～50
小腿搁凳仰卧起坐	3	30～50	仰卧起坐	3	30～50

周二			周五		
动作名称	组数	次数	动作名称	组数	次数
深蹲			深蹲	3	9
硬拉	3	9	腿屈伸	3	9
耸肩	3	9	腿弯举	3	9
腿屈伸	3	9	跨步蹲起	3	9
仰卧腿弯举	3	9	硬拉	3	9
直立提踵	3	9	耸肩	3	9
斜板仰卧举腿	3	9	单臂划船	3	9
坐姿正握腕弯举	3	25	提踵行走	3	15
（掌心向上）	3	15	直立反握弯举	3	15
坐姿反握腕弯举	3	5	转体仰卧起坐	3	30～50
			坐姿屈膝	3	30～50

注：连接线相连项为超级组，换项时不休息。摘自《乔·韦德训练健美体育课程》

二、健身房锻炼全身肌肉动作方法

(一)胸部肌肉练习

胸部肌肉包括胸大肌、胸小肌、前锯肌等。胸大肌是胸部的主要肌肉，是块较大的扇形扁肌，从它的走向可分成上部、中部和下部，其发达程度是一个人健美与否的主要标志之一。胸大肌的主要机能是使上臂屈、内收、旋内，还能拉引躯干向上臂靠拢。

1.卧推。作用：发展胸大肌、三角肌(前部)、肱三头肌和前锯肌。做法：仰卧在卧推凳上,两手可采用不同握距(中、宽、窄)握住杠铃杆,将杠铃(或综合架)自头部移到胸上后,两臂用力控制住杠铃,缓缓地将横杠放在胸大肌中部,然后用力将杠铃向垂直上方推起直至两臂伸直。要点:将杠铃置于胸部时胸要挺起,杠铃缓慢放在胸大肌中部,用力推起时要用胸大肌发力。呼吸:放杠铃至胸和上推时吸气,两臂伸直后呼气。说明:卧推可采用宽、中和窄三种握距。不同握距对共同发展的肌肉部位影响是不同的。采用宽握距对发展胸大肌效果尤为明显;采用窄握距对发展肱三头肌则有更好的影响,因为窄握伸臂的距离最长;采用中握距则对胸大肌、三角肌(前部)、肱三头肌和前锯肌均有良好影响。

2.斜上握推。作用:发展胸大肌、三角肌(前部)、肱三头肌和前锯肌,尤其对胸大肌上部有较大的影响。做法:斜躺在上斜凳上,握住杠铃、哑铃等重物,然后用力将重物自胸部向上推起,直至两臂在额前上方伸直。要点:注意胸大肌上部的用力,两肘不要过早分开。呼吸:上推前吸一口气(不吸满)憋气上推,成功后立即呼气,放下时再吸气。

3.仰卧飞鸟。作用:发展胸大肌、前锯肌和三角肌(前部)。做法:两手握哑铃并置于胸前(拳心相对),然后仰卧在凳上,两臂伸直与身体垂直,两膝分开,脚踏地面,随即两臂缓缓向侧下分开(肘微屈)直至肘部低于体侧,这时胸部要高高挺起,腰部离凳,仅肩背部和臀部着凳,然后胸大肌用力收缩,将微屈而分开的两臂内收,至胸上伸直。要点:向下侧分两臂时,肘部要微屈并低于体侧,这样能有效地刺激胸大肌。呼吸:两臂侧分及向上内收时吸气,臂接近伸直时呼气。

4.斜上飞鸟。作用:发展胸大肌上部。做法:斜躺在上斜凳上做仰卧飞鸟动作。呼吸:同上。说明:还可采用斜下飞鸟,它能有效地发展胸大肌下部。要点:动作前胸大肌被充分拉长,然后尽量用胸大肌发力,还原时要作退让性工作。呼吸:用力前吸气,而后短时憋气,用力结束前呼气。

5.俯卧撑。作用:发展胸大肌、三角肌、肱三头肌和前锯肌。做法:练习者俯撑后,身体挺直,然后屈肘使胸部触地,立即伸直两臂为一次,反复练习直至疲劳再放下身体。要点:屈肘时要尽量拉长胸大肌,用力时要注意胸大肌发力。呼吸:刚开始做时可一口气做好几次,而后每做一次前吸气,成俯撑时呼气。说明:俯卧撑的做法很多,比较好的还有用俯卧撑架做的俯卧撑(也可在两条长凳上做)、脚垫在高处的俯卧撑以及单臂俯卧撑。

(二)背部肌肉练习

背部主要肌肉有斜方肌、菱形肌、背阔肌、最长肌、最短肌强壮有力的背部是健力的象征。斜方肌能使肩胛骨上提,向下,向上转动和内收,能使头和脊柱伸直,在儿童、少年成长时期发展此肌可以预防和矫正驼背;背阔肌在腰背上部是人体最大的阔肌。发达的背阔肌使人体成美丽的倒三角;而背长肌和背短肌由于位于脊柱两侧,从骶骨到枕骨是一强大的脊柱伸肌,其机能是使头和脊柱伸,使躯干侧屈。这部分肌肉得到发展对于防止弓腰驼背、矫正畸形,以及工作生活和增加形体美(维持正确的体姿)均有重要的意义,因此,我们应当重视背部肌肉的锻炼。

1. 发展斜方肌的练习

(1)提铃耸肩。做法:将杠铃从地面提起,身体伸直,两臂持铃下垂。做时用力向上耸肩(不屈肘)至最高位,然后复原再做。要点:向上耸肩时要注意斜方肌和肩胛提肌的积极用力,不得屈肘。另外,要慢慢下降做退让性工作。呼吸:耸肩时吸气,复原时呼气。

(2)直臂扩胸(哑铃)。做法:两臂由前平举向两侧做平举扩胸,然后复原再做。要点:向两侧扩胸时,肘可微屈,尽可能向后用力,胸要高高挺起。呼吸:向后扩胸时吸气,向前复原时呼气。说明:这个练习由于有扩胸动作,因此易被误认为该练习能发展胸大肌,其实该练习对背部斜方肌及冈上肌,冈下肌,大、小圆肌及斜方肌有较大影响,对胸大肌影响甚微。该练习对发展三角肌也有较大作用,因为三角肌一直在做静力支撑工作。

(3)直立提肘拉。做法:两手握铃,间距比肩略窄,身体直立,两臂伸直下垂,用力时先耸肩而后向上提肘,将杠铃提至胸部高度后慢慢复原。要点:先耸肩后提肘,两肘向前上高抬,两手控制杠铃运动方向,使之沿胸部向上。呼吸:耸肩提肘时吸气,复原时呼气。

(4)俯卧反飞鸟(直臂扩胸后振)。做法:两手持哑铃俯卧在高凳上,然后将伸直的两臂向侧上抬起,使之超过身体的平面。这时上背部肌肉达到了最大的肌紧张。

2. 发展背阔肌练习

(1)俯身划船。做法:上体前倾与地面平行,以背阔肌收缩及肘关节上体的力量将杠铃垂直上拉至胸腹部。要点:模拟划船动作,尽量垂直上拉。呼吸:上拉时吸气,下放时呼气。

(2)跨铃屈体拉铃。做法:横跨在杠铃上(一头可不安放铃片),弓身两臂伸直握铃将杠铃提离地面(用伸腿之力),然后屈肘上拉杠铃,使铃片触及胸部为一次,放下杠铃再做。要点:要尽量保持提铃时的体姿,用背阔肌的收缩力和屈臂上拉之力将杠铃提拉起来。呼吸:拉铃时吸气,放铃时呼气。说明:这是一个有效地发展背阔肌的练习,它还对大、小圆肌等肌群有良好影响。

(3)卧拉(俯卧划船)。做法:俯卧在长凳上,两臂伸直下垂持铃,屈臂将杠铃拉起靠近凳底面。有两种做法:一种是垂直式,即把杠铃直接由地面上拉至胸下;另一种是波浪式,它是先把杠铃向前摆出,然后,向后拉引至小腹下方。

(4)单臂划船。做法:卧在长凳上,或是弓身成水平状,然后两臂向后上拉(肘微屈),使器械约与肩同高,而后慢慢复原再做。要点:弓身后要尽量保持原来的姿势,两臂用力向侧后上拉,上背部肌肉用力收缩,三角肌后部也得到锻炼。呼吸:后拉时吸气,复原时呼气。

(5)下拉(在综合力量练习架上做)。做法:两臂拉住拉力架的把手,用力下拉拉力器,使肘关节贴近身体的两侧,拉力架横杆贴近颈部。要点:不论是直立还是跪姿,都应挺直身体,下拉时不要爆发式用力,还原时也要控制速度。呼吸:下拉时吸气,还原时呼气。说明:下拉这个动作练习对发展背阔肌、上背部肌群以及三角肌后部等肌群作用很大,应该经常练习它。

(6)宽握颈后引体向上。做法:两手采用宽握距,握住单杠成悬吊状态,然后用力屈肘使上体引向单杠,直至颈部触及单杠为一次,再还原反复做。要点:做时一定不要借体的摆动力,要注意动作的幅度,悬吊时肩要充分拉开,而上拉时颈部要触及单杠。呼吸:拉引时吸气,复原成悬吊状时呼气。说明:这个练习开始时胸大肌参与用力,而后是背阔肌、肱二头肌及前臂肌群,由于它简单易行锻炼效果好,一直用来作力量素质的测验指标之一。经过一段时间练习达到 15 次左右时,应负重进行训练,效果才会更好些。通常在腰部和足踝部负较轻重物。

3. 发展背长肌和背短肌的练习

(1)负重体屈伸(山羊)。做法:俯卧长凳上,两脚固定,两手在颈后固定重物,做体前屈接挺身起练习;也可双人做挺身起练习,练习者俯卧在同伴并拢的两膝上做挺身起动作。要点:做时一定要使身体成反弓,背肌充分收紧;做静力练习时,要维持最大的肌肉紧张 6 秒左右。呼吸:挺身或成反弓静止用力时吸气,并稍憋气,复原时立即呼气。

(2)控背。做法:练习者仰卧在背悬空的两长凳上,身体用力挺直,这时在腹部负人或负重物,背部用力收紧,保持挺直姿势 6～8 秒。要点:负从前要挺直干收紧腰部,然后保持这种静止用力姿势 6～8 秒。呼吸:用力时憋气,放松时呼吸。

(3)直腿硬拉。做法:两腿伸直站立,上体前屈,挺胸收紧腰背,两臂伸直握住杠铃,然后伸髋、展体将杠铃拉起至身体挺直。要点:杠铃贴身,腰背肌收紧,手臂伸直悬吊住杠铃。呼吸:用力前吸气,将杠铃提离地面,身体充分伸直后调整呼吸。

(4)宽握硬拉。做法:两手宽握杠铃杠,屈膝下蹲,腰背收紧,然后伸膝,伸展上体,直至身体充分伸直。要点:挺胸、直腰、慢慢伸直躯干。呼吸:同直腿硬拉。说明:直腿硬拉、宽握硬拉等练习,既能发展伸脊柱的背肌力量,也能发展股后肌等伸髋肌群。

（5）俯卧两头起。做法：俯卧在长凳上（或在床上、地上），两臂伸直放在体前，然后迅速抬起上体和下肢，让腹部支撑，以维持平衡。要点：身体成反弓越大，对锻炼背肌越有利。呼吸：挺身前吸气，放松时呼气。

（三）腹部肌肉练习

腹肌位于骨盆与胸腔之间，主要有腹直肌和腹内外斜肌。其主要机能是使躯干前屈、侧屈、旋转和骨盆后倾；此外，还能对腹腔器官产生压力。扁平的、有轮廓的坚实腹部比大腹便便要美，这是尽人皆知的，要想使腹部坚实就应多练腹肌。

1. 仰卧起坐。作用：发展腹直肌、腹内外斜肌、髂腰肌和腹直肌（以上腹部为主）。做法：仰卧在凳上或垫上（背部悬空难度大，效果更好），两手抱头或负轻重物，下肢固定，快速收腹起坐，再慢慢倒体至水平后重复做。要点：斜板起坐效果更好，斜板角度越大对锻炼腹肌及髂腰肌效果越好。做时要在充分拉长腹直肌的基础上，尽量收腹折体，使胸腹部贴进大腿。倒体时要慢，折体时要稍快。呼吸：起坐前吸气，还原时呼气。

2. 侧卧侧身起坐。作用：发展腹内外斜肌为主。做法：练习者抱头侧卧在垫上，同伴用双手压住其两腿。练习者起坐至最高处，再还原重复练习。要点：这个动作难度较大，侧身起坐时要努力往高处起，才能达到锻炼之目的。呼吸：用力时吸气，还原时呼气。

3. 屈膝或直膝两头起。作用：采用无固定的两头起动作，对整个腹部均有锻炼意义。做法：仰卧，两臂在头后伸直。收腹起坐，同时屈膝（或直膝）上举，两臂前摆手触脚面（或手抱弯曲的膝部）。

4. 直立侧上拉。作用：发展腹内、外斜肌及伸展躯干的力量。做法：两脚开立，弓身用右手握住放在左脚一侧的哑铃，然后向右上方伸展扭曲的上体，重复 8 次后换另一侧再做。要点：两膝不得弯曲，上体对侧的腹外斜肌要充分拉长，转体速度要加以控制，应运用腹外斜肌及腰大肌之力使躯干扭转 90°～100°。说明：不同做法有把重物放在身后的侧拉，其要领和作用大体相同。

5. 体侧屈。作用：发展腹内、外斜肌。做法：身体直立，两腿开立约比肩宽，肩负杠铃做左右侧屈。

6. 体旋转。作用：发展腹内、外斜肌的力量。做法：身体直立，两腿开立约比肩宽，肩负杠铃作左右转体动作。要点：旋转时会产生一种离心力，这时要用对侧的腹内、外斜肌加以控制，然后再向另一侧旋转。呼吸：自然呼吸，不要憋气。

（四）臂部肌肉练习

人们历来都把胳膊力量的大小看作是体力强壮的标志之一，又把胳膊的粗壮及线条清晰度作为健、力、美的象征。上肢肌主要由三角肌、肱二头肌（和肱肌）、肱三头肌和前臂肌群组成。

1. 发展三角肌的练习

三角肌位于肩部呈倒三角形，由前、中、后部肌纤维组成，其主要机能是使上臂屈、伸、外展、旋内和旋外，对固定肩关节有一定作用。经常练它能使肩膀增宽。

（1）直臂前平举并上举。作用：发展三角肌前部等肌群。做法：直立，两臂下垂持铃（杠铃，哑铃或杠铃片），直臂前平举静止 4～6 秒再上举到直臂支撑。要点：身体微前倾，完全用两臂上举之力，不得借助展体之力。呼吸：上举时吸气，举直后呼气。

（2）直臂侧平举并侧上举。作用：发展三角肌中部等肌群。做法：直立，两臂下垂持铃，做直臂侧平举，稍停，再上举成直臂支撑。要点：上抬两臂时肘可微屈，不得借助外力来抬臂。呼吸：抬臂时吸气，放下时呼气。

（3）宽握颈后推。作用：这是一个发展上肢综合肌群的练习，它能发展三角肌（中束为主）、肱三头肌、胸大肌和前锯肌。宽握距对发展三角肌有很好的效果。做法：将杠铃放置在颈后肩上，伸臂将杠铃沿颈后部上举至两臂在头上伸直。要点：上举时，三角肌、胸大肌开始用力，而后肱三头肌接着用力，这时三角肌不应放松。呼吸：上举前吸气，两臂伸直后调整呼吸。

（5）宽握坐推。作用：发展三角肌前束、中束及肱三头肌，对胸大肌、前锯肌也有影响。做法：同颈后宽推，不同的是放在胸前，坐在凳上。

（6）轮换坐推哑铃。作用：这是一个发展上肢伸肌的好练习，由于采用坐姿就不能借助下肢及躯干的外力，对上肢伸肌如肱三头肌及三角肌影响较大。做法：两手各握一个大哑铃（或活动哑铃）坐在凳上，然后用两腿勾住坐凳使身体坐直，轮换一臂上举，直至伸直。要点：臀不离凳，夹肘上推。呼吸：自然呼吸，尽量不要憋气。

2. 发展肱二头肌和肱肌的练习

肱二头肌和肱肌位于上臂前面，肱二头肌在浅层，肱肌在深层。这是上肢的主要屈肌，它的主要机能是使前臂在肘关节弯曲和旋外，以及使上臂向前臂靠拢。肱二头肌和肱肌发达了，能增加健美感，是重要的"美肌"之一。

（1）胸前弯举。做法：两脚开立，两臂持铃下垂，掌心向前，然后屈臂将杠铃（哑铃和铃片）弯举至胸前，再慢慢还原继续做。要点：做动作前一定要伸直两臂，充分拉长肱二头肌；做时身体不要前后摆动，要完全用前臂及上臂屈肌之力慢慢将器械举起再慢慢放下器械。呼吸：用力前吸气，放下器械时呼气。

（2）直立轮换弯举。做法：直立，两手各持一活动哑铃，一臂屈，一臂直；放下一臂时，另一臂则弯曲。

（3）坐姿斜板弯举。做法：双手握小杠铃或 U 形杠铃，将肘关节置于斜板上作弯举动作。要点：肘固定，完全用肱二头肌及前臂肌群之力。呼吸：用力吸气，放松还原时呼气。

3. 发展肱三头肌的练习

肱三头肌位于上臂后面，是上肢主要伸肌，其主要机能是伸前臂。肱三头肌和肱二头肌一样能增加健美感，也是重要的"美肌"之一。

（1）颈后臂屈伸。做法：身体直立，两手正握杠铃或 U 形杠铃（或铃片）肘高抬，上臂固定耳侧，然后做臂屈伸动作，将杠铃等重物向上举起，直至两臂在头上伸直。要点：肘要高抬，肘尖向上，两肘夹紧，用力时不得外分或借助其他力量。呼吸：用力时吸气，直臂后呼气。

（2）单臂屈伸。做法：用一臂握铃并将其推起，然后慢慢屈肘，肘尖向上，待手触肩肘立即向上用力伸直。这个动作采用站姿或坐姿均可。

（3）仰卧臂屈伸。做法：仰卧在地上或长凳上，两手正握住在头前地上或凳上放好的重物（杠铃、杠铃片等），两肘高抬，肘尖向上，然后伸前臂将肘伸直。要点：肘高抬并内夹，伸臂方向要控制在头上方。呼吸：用力伸直前吸气，伸直后呼气。

（4）仰卧单臂侧屈伸。做法：单臂持铃仰卧在长凳上（或地上），将握铃的手置于另一臂肩处，然后向侧上方伸直手臂。说明：仰卧单臂屈伸还可将铃放置在头侧（肘高抬）做臂屈伸动作，做时要注意使掌心向内。

（5）背后臂屈伸。做法：两臂在体后反握小杠铃，将铃提至髋部使手臂弯曲，然后用力向后上伸直双臂。要点：这是一个难做的练习，做时要注意夹肘，肱三头肌尽量用力。

（6）俯卧撑。做法：根据不同性别和不同训练水平采用不同难度的俯卧撑，力量较好者可采用脚垫高俯卧撑；力量很好者可在背上负重。要点：身体绷紧伸直，向下屈肘时可采用夹肘式及分肘式、伸臂要平稳，不要急促。

（7）窄握力量推。做法：提铃至胸，变换握距成窄握，然后伸臂将杠铃推至头上，两臂伸直，再慢慢放下杠铃至额部，连续上推。要点：采用窄握，低放以加长两臂的工作距离，伸臂过程中不要分肘。呼吸：提铃至胸后调整呼吸，然后憋气上推，完成动作后立即调整呼吸。如果举得轻，则用力上推时吸气，放下时呼气。说明：各种推举（坐推、颈后推、卧推等）练习，均能发展肱三头肌，同时还能发展胸大肌、三角肌。但窄握力量推对发展肱三头肌最为有效。因此，应注意练习它。此外，在双杠上或单杠上做双臂屈伸,也能发展肱三头肌的肌力。

(五)腿部肌肉练习

下肢肌主要有臀大肌、股二头肌、半腱肌、半膜肌、大收肌、股四头肌、小腿三头肌和屈足肌群。

1. 发达股四头肌和臀大肌的练习。

股四头肌位于大腿前外侧,由四个头即股直肌、股中肌,股外肌和股内肌组成。该肌很发达,是人体最大、最有力的肌肉之一,其机能是使小腿伸、大腿伸和屈,并维持人体直立姿势。

(1)下蹲(深蹲、半蹲、静蹲等)。做法:将杠铃放在胸前做下蹲起立的叫前蹲,前蹲时,通常是两手握住放在深蹲架上的杠铃,屈肘将杠铃放在锁骨上,然后负铃向前走两步,离开深蹲架后保持挺胸直腰姿势慢慢下蹲(两腿可采取侧分或并腿)至大小腿夹角小于90°后再起立。将杠铃放至颈后慢慢下蹲而后起立叫后蹲。坐在凳上而后站起叫坐蹲;下蹲至大小腿夹角在90°后上叫半蹲;从直立位置慢慢超负荷下蹲而后借助外力(保护者的帮助)站起叫退让蹲。两腿分开约与髋同宽,做时要挺起胸部,收紧腰部。负铃下蹲到一定位置(135°或90°),膝角固定不动6~8秒者叫静蹲,它通过肌肉的等长工作,不断提高肌肉的张力而发展力量。要点:练习时,要记住下面两句话:"抬头挺胸腰收紧,慢慢下蹲快起立。"这样效果好,能防止受伤。说明:以上蹲起练习,虽然动作不大相同,但均能发展股四头肌、腰背伸肌、股后肌群以及小腿三头肌。前蹲对发展上背部肌肉和股四头肌前端(膝部)效果更好些;而后蹲则对腰背肌及股四头肌末端(近臀处)影响更大;深蹲对股四头肌锻炼效果好,而膝角在135°以上则主要锻炼腰背伸肌和股后肌群。

(2)腿举(综合力量架上做)。做法:仰卧在腿举架下,两腿将腿举架向上蹬至完全伸直,反复练习。

(3)箭步蹲。做法:肩负杠铃或胸负杠铃走出深蹲架,前后分开两腿成箭步,然后屈膝下压至能承接的深度即伸直两腿,最后收回两腿。呼吸:各种下蹲方式不同,但呼吸方法相同,即做前先深呼吸几次,然后吸气(留有余地)憋气下蹲,完成动作后调整呼吸。

2. 发展股后肌群的练习

(1)腿弯举。做法:足负重物做连续弯举动作(直立或俯卧);也可俯卧在凳上,双脚勾住身后的橡筋拉力器(或综合练习架上的滚筒),两手抓住身前支撑物(如凳沿等),两腿做弯举动作。

(2)双人屈小腿对抗。做法:一人俯卧在长凳上弯曲两腿,另一人站在其身后,两手握其踝用力将其弯曲的两腿拉直,练习者坚持不被拉直。在对抗中练习股二头肌的收缩力量,使之发达。

3. 发展小腿三头肌和屈足肌群的练习

小腿三头肌位于小腿后面浅层,由腓肠肌和比目鱼肌组成,屈足肌群在小腿后面深层,其主要机能是使小腿屈和足屈,这些肌群在走、跑、跳时,对屈足起很重要的作用。

(1)负重提踵。做法:肩负杠铃,足趾下可垫木板或铃片,然后做直膝提踵动作,连续做。要点:做提踵时应特别注意身体重心不要在做前有意前移,因为这样练习效果极差。

(2)壶铃蹲跳。做法:练习者全蹲后,双手握住重物,然后伸膝、展体、最后屈足,使身体垂直向上跳起。要点:预备姿势要做两直:臂直、腰直;跳起时要做到三直:髋部、膝部、踝部充分伸直。呼吸:用力蹬伸时吸气,下蹲时呼气。

三、健身房形体训练与营养

人为了生存、生活,就必须从食物中摄取营养,以供给机体的生长、发育以及物质代谢和生理机能活动。这种摄取、消化、吸收和利用食物的过程就叫做营养过程。食物中对人体有生理功效的成分叫做营养素。人体所需的营养可概括为:蛋白质、脂肪、糖、水、矿物质、维生素六大类。它们共同起到人体供能,构成人体的组织和调节人体生理机能的功用。其中蛋白质、脂肪和糖类是人体运动中最为基本的三大营养素。

(一)三大营养素与健身房形体训练

1. 蛋白质与健身房形体训练。蛋白质是由碳、氢、氧、氮、硫、磷等元素组成,其中主要特点是含氮,构成蛋白质的基本单位是氨基酸。氨基酸的种类多达二十余种,其中八种是人体内不能合成的。蛋白质是供给人体氮元素的唯一来源。此外,机体进行组织的新陈代谢和损伤修补都必须依靠蛋白质。1克蛋白质在体内可产生4千卡热能供机体使用,如蛋白质长期供给不足,血浆蛋白浓度下降,会出现浮肿、机能减弱、抵抗力下降、体重下降、肌肉萎缩、贫血等。妇女还可能会出现月经障碍。健身房形体训练中,肌肉收缩主要靠肌肉中的蛋白质。肌纤维增粗,力量增大,必须依靠肌肉中蛋白质的增加。激烈的运动会使血红细胞破坏增加,蛋白质分解代谢加强,可引起负氮平衡、运动性贫血,都需要蛋白质供给量的增加来进行调节和改善,以预防运动性贫血,因此经常锻炼者的蛋白质需要量往往高于普通人。但如果摄入过多的蛋白质会增加肝脏和肾脏的代谢负担,对身体有害无益。我国膳食蛋白质的来源主要是粮食和谷类蛋白质。蛋白质含量见食物营养表（见表5-14）。蛋白质在体内的储存甚微（约1%）。每天供应要适量，才能满足机体的需要。蛋白质的需要量是因人而异的。成年重体力劳动者较高，处于伤病康复期及生长发育期的需要相对较高。

2. 脂肪与健身房形体训练。脂肪是由碳、氢、氧三种元素组成的。它可分为中性脂肪和类脂两大类，通常所说的脂肪是指中性脂肪（又称甘油三脂）。脂肪是组成机体的重要成分，起到调节体温、保护脏器的作用。脂肪是高热能物质，1克脂肪在体内可产热9千卡。贮存于体内的脂肪成为机体的燃料库。某种情况下则成为人体的主要能源。脂肪还能够促进A、D、E、K等多种脂溶性维生素的吸收和利用。脂肪是人们长时间进行体育锻炼活动如各种超长距离（跑、游泳、滑雪等）运动项目的主要能量来源，但它耗氧多，在有氧债的情况下，脂肪代谢障碍，不但不能被有效利用，而且还会增加体内的酸性代谢产物。食用脂肪的营养价值取决于脂肪酸的种类与含量及在人体内的消化率和维生素含量等。要达到上述要求，首先是食用脂肪含不饱和脂肪酸，特别是必需脂肪酸越多，其营养价值越高。其次，脂肪的消化率越高，其营养价值也越高，如表5-14和表5-15所示。此外，脂肪中维生素的含量越高，其营养价值也会越高。人们对脂肪的需要量并不太高，通常每天约50克就可以满足了，过多地摄入脂肪，尤其是动物脂肪，则会导致肥胖、高血脂及动脉硬化等多种疾病。

表 5-14

| 食物营养表 | | | | | 千焦耳 | | | 100 克 = 2 两 | | |
| 米面类 | | | | | 水产类 | | | | | |
食品	重量克	蛋白质	脂肪	糖	热量	食品	重量克	蛋白质	脂肪	糖	热量
大米	100	6.7	0.8	76	1420	螃蟹	100	14.0	2.6	1.0	345
食品	重量克	蛋白质	脂肪	糖	热量	食品	重量克	蛋白质	脂肪	糖	热量
小米	100	9.7	1.7	77	1520	鲫鱼	100	13.1	1.1	0.1	261
馒头	100	6.1	0.2	49	932	黄花鱼	100	17.3	0.7	0.3	303
面条	100	7.4	1.4	57	1134	桂鱼	100	14.8	8.6	/	581
玉米面	100	9.6	4.3	72	1524	带鱼	100	15.8	3.4	2.1	421
富强粉	100	1.1	0.4	72.9	1423	干贝	100	63.6	3.2	15.2	1432
糯米粉	100	11.1	0.4	72.9	1424	青鱼	100	16.0	2.6	2.3	401
面包	100	7.3	5.8	93	1524	鲜贝	100	14.8	0.1	3.4	309
馄饨皮	100	7.3	1.4	56.2	1120	鱿鱼	100	15.1	0.8	2.4	323
血糯米	100	8.3	1.6	73.6	1436	河虾	100	17.5	0.6	0	318
						蛏肉	100	7.1	1.1	2.4	201

食物营养表　　　　千焦耳　　　　100克＝2两

蛋类						水产类					
食品	重量克	蛋白质	脂肪	糖	热量	食品	重量克	蛋白质	脂肪	糖	热量
鸡蛋	100	11.8	15.0	1.3	783	比目鱼	100	9.3	9.1	/	501
鸭蛋	100	13	14.7	1	781	鲤鱼	100	18.1	1.6	0.2	365
蛋清	100	9.6	0.1	1.2	185	虾	100	16.3	1.3	0.1	326
肉类						蛤蜊肉	100	51.3	6.4	21.7	1466
食品	重量克	蛋白质	脂肪	糖	热量	对虾	100	20.5	0.7	0.2	377
猪肉	100	16.9	29.2	1	1402	海米干	100	47.5	0.5	/	820
猪心	100	17.1	6.3	/	525	鱿鱼	100	15.1	0.8	2.0	322
猪肝	100	20.0	4.0	3.0	537	虾皮干	100	39.3	3.1	9.1	916
猪肚	100	14.6	2.9	2.0	382	海蜇	100	12.4	0.1	4.1	272
猪肾	100	15.5	4.8	/	441	海参	100	21.4	0.3	1.0	267
牛肉	100	20.1	10.2	/	722	鳝丝	100	17.2	1.2	0.6	343
兔肉	100	21.2	0.4	0.2	373	黑鱼	100	18.8	0.8	0	342
鸽子	100	16.6	14.2	1.8	840	目鱼	100	13.0	0.7	1.4	268
鹌鹑	100	16.6	14.2	1.8	840	海带	100	5.8	0.4	22.4	486
鸡肉	100	23.3	1.2	/	440	虾仁	100	17.3	0.66	0	320
鸡肝	100	18.2	3.5	2.1	463	螺蛳肉	100	11.4	3.8	1.52	360
鸡翅	100	23.3	1.2	0.1	440	甲鱼	100	15.3	1.1	26.6	745
鸡爪	100	24.0	16.4	2.7	1063	基围虾	100	18.7	4.3	/	300
牛百页	100	50.0	19.3	5.2	1653	**豆制品类**					
牛肚	100	14.8	3.7	/	391	食品	重量克	蛋白质	脂肪	糖	热量
羊肉	100	11.1	28.8	1.0	1290	豆腐	100	7.4	3.5	3.0	295
食品	重量克	蛋白质	脂肪	糖	热量	食品	重量克	蛋白质	脂肪	糖	热量
鸭舌	100	14.4	15.6	0.8	631	豆腐丝	100	21.5	7.9	7.0	780
鸭肉	100	16.5	7.4	0.1	560	豆腐脑 豆腐花	100	5.3	1.9	1.0	175
鸭肝	100	17.1	4.8	6.8	575	豆腐衣	100	43.2	26.0	12.1	1912
						豆腐干	100	15.6	0.8	4.1	340
饮料类						**甜食类**					
食品	重量克	蛋白质	脂肪	糖	热量	食品	重量克	蛋白质	脂肪	糖	热量
牛奶	100	3.3	3.6	6.1	285	冰激凌	100	3.7	8.6	23.8	785
豆浆	100	4.4	1.9	2.1	177	蛋糕	100	7.9	4.2	64	1340
米面类						**水产类**					
麦乳精	100	5.4	6.2	37.7	1112	巧克力	100	10.0	28.7	57.2	2320

食物营养表				千焦耳		100 克＝ 2 两				
蔬菜类					调料					
食品	重量克	蛋白质	脂肪	糖	热量	食品	重量克	蛋白质	脂肪	糖	热量
韭黄	100	1.8	0.2	2.0	66	酱油	15	0.89	0.2	0.8	34
青椒	100	0.8	0.1	4.5	96	麻油	10	0	10	0	376
蘑菇	100	2.8	0.2	2.4	96	植物油	10	0	10	0	376
草菇	100	32	1.4	24	1000	糖	10	0.04	0	10	166
金针菇	100	2.1	0.4	3.7	113	猪油	10	0	9.9	0	374
香菇	100	12.1	1.8	59.6	1265	色拉油	10	0	10	10	375
西兰花	100	2.4	0.2	3.2	100	姜	100	1.2	0.6	10.8	232
青豆	100	15.1	7.0	13.9	753	花雕	100	—	—	—	352
荷兰豆	100	3.5	0.4	7.0	193.7						
豆苗	100	4.6	0.8	3.0	150						
蚕豆	100	8.8	0.5	13.8	398						
草头	100	5.9	0.1	9.6	264						
紫菜	100	14.0	1.2	36.8	1112						
萝卜	100	0.8	0.1	3.2	72						
豆芽	100	2.0	0.2	61.8	76						
小红萝卜	100	0.9	0.2	3.8	88						
鸡毛菜	100	1.7	0.4	2.5	84						
雪菜	100	1.5	0.4	4.12	108						
芹菜	100	0.5	0.4	3.1	76						
黄豆	100	32.4	18.8	20.8	1600						
卷心菜	100	1.2	0.2	3.6	88						
黄瓜	100	0.7	0.2	2.0	54						
丝瓜	100	1.4	0.1	4.3	100						
苦瓜	100	1.0	0.2	3.4	80						
茄子	100	1.0	0.3	4.1	100						
冬笋	100	3.0	0.2	1.2	84						
花生仁	100	24.3	48.7	15.3	2504						
绿豆	100	23.0	1.5	57.8	1328						

表 5-15　常用食物脂肪酸

食物名	组成(%)		
	饱和脂肪酸	单不饱和脂肪酸	多不饱和脂肪酸
猪油	42.7	45.6	8.5
黄油	58.3	34.3	5.8
豆油	14.8	20.9	62.3
花生油	19.9	42.5	37.5
芝麻油	12.4	40.8	46.5
菜油	4.5	74.1	21.6
猪肉,瘦	34.8	48.7	13.7
猪肉,中	38.3	49.2	11.2
猪肉,肥	41.6	49.5	8.7
猪舌	36.0	48.8	15.2
猪心	34.2	21.1	44.8
猪肝	45.5	25.2	15.5
猪肾	44.6	26.5	28.1
猪肚	54.1	37.3	8.3
猪肠	33.0	44.1	18.1
牛肉,瘦	46.4	44.3	9.0
羊肉,瘦	42.2	43.3	12.2
兔肉	44.4	26.5	26.7
牛奶	59.5	32.5	6.5
鸡肉	25.5	41.2	29.9
鸭肉	25.2	46.8	23.5
鸡蛋	25.3	40.8	16.3
鸡蛋黄	25.8	43.3	14.6
黄鱼	37.2	42.1	20.4
带鱼	37.2	45.8	15.6
白鲢	31.6	47.2	20.3
花鲢	31.4	45.0	22.9
鲤鱼	18.9	58.1	22.2
鲫鱼	25.7	51.2	20.3
黄鳝	29.2	38.3	30.2
墨鱼	53.7	7.6	37.6
对虾	37.7	45.6	15.2

3. 糖类与健身房形体训练。糖又称为碳水化合物,由碳、氢、氧三种元素组成。就其分子结构的简繁分为单糖(如葡萄糖、果糖)、双糖(如蔗糖、麦芽糖)与多糖(如

淀粉、糖元）。各种糖（除纤维素和果胶外）的功用基本上一样，主要是消化吸收的快慢不同。各种糖均在消化道内分解成单糖而被机体吸收。所以单糖吸收的速度比多糖快。各种糖的甜度不一样，就单糖而言，其吸收的速度也不一样。1克糖在体内氧化可产热 4 千卡。糖的供热，由于比脂肪和蛋白质易消化吸收，分解迅速，产热快，耗氧少，可减少体内的氧债，有利于机体进行运动。血糖是维持中枢神经系统的机能以及保证人的大脑功能正常活动的唯一能源。糖类还是构成人体组织的主要成分之一，如细胞核中的糖蛋白，以及结缔组织和神经组织均有糖类参与构成。由于糖在体内代谢有耗氧少、供能快等特点，因此与运动能力有很大关系。训练前适当增加一些糖分能有效地提高运动练习效果。糖的来源很广，各种食物内均含有大量的淀粉与少量的单糖和双糖。此外，食用糖等也是一个重要的来源。人体对糖的需求量与能量的消耗是成正比的。通常以占每天总热量的 50%～70% 为宜。我国属高糖膳食，因此在食品充足的情况下，没有必要再进行补充。经研究，过多地食入糖类，易造成肥胖、糖尿病、心血管疾病及龋齿等病症，给健康带来不良影响。蔬菜水果含糖量如表 5-16 所示。

表 5-16　蔬菜水果含糖量

1%	2%	3%	4%	5%	6%	7%	8%	9%～10%
南瓜	菠菜	大白菜	绿豆芽	小葱	白萝卜	香菜	胡萝卜	榨菜
紫菜	芹菜	青菜心	油菜	青蒜	冬笋	毛豆	葱头	蒜苗
生菜	小白菜	韭黄	韭菜	辣椒	黄豆芽	黄胡萝卜	樱桃	杏子
	小青菜	塌棵菜	春笋	丝瓜	豆腐干		柠檬	葡萄
	西红柿	豌豆苗	茭白	韭菜花	桃			
	冬瓜	小红萝卜	花菜	酱豆腐	枇杷			
	黄瓜	茄子	空心菜					
	菜瓜	酸菜	西瓜					
			臭豆腐					
			扁豆荚					
11%	12%	14%	15%	16%	17%	20%	22%	85%
柿子	橘子	荔枝	苹果	土豆	石榴	香蕉	红果	粉条
沙果	梨	山药						
	橄榄							
	豌豆							

（二）健身房形体训练与热量

正如电脑要耗电、卡车要耗油一样，人体的日常活动也要消耗热量。热量除了供给人在从事运动、日常工作和生活所需要的能量外,同样也提供人体生命活动所需要的能量,血液循环、呼吸、消化吸收等。热量来自于碳水化合物、脂肪、蛋白质,碳水化合物产生热能＝4 千卡/克,蛋白质产生热量＝4 千卡/克;脂肪产生热量＝9千卡/克。热量的单位是千卡和千焦耳。1 千卡＝4.184 千焦耳。1 千卡是指能使 1毫升水上升 1℃的热量。以下是有关热量的基本公式:

成人每日需要热量＝人体基础代谢需要的基本热量＋体力活动所需要的热量＋消化食物所需要的热量

消化食物所需要的热量＝10％×(人体基础代谢需要的最低热量＋体力活动所需要的热量)

成人每日需要的热量＝1.1×(人体基础代谢需要的最低基本热量＋体力活动所需要的热量)

成人每日需要的热量因性别差异有所不同,男性为 9250～10090 千焦耳,女性为 7980～8820 千焦耳。注意:每日由食物提供的热量应不少于 5000～7500 千焦耳,这是维持人体正常生命活动所需最少的能量。

其中,人体基础代谢需要的基本热量简单算法女子为体重(500g)×9,男子为体重(500g)×10。人体基础代谢需要的基本热量精确算法如表 5-17 所示。体力活动所需要的热量为人体基础代谢的需要的基本热量×活动强度系数(见表 5-18)。平时日常生活所需热量如表 5-19 所示。

表 5-17

年　龄	公　式
	女　子
18～30 岁	14.6×体重(kg)＋450
31～60 岁	8.6×体重(kg)＋830
60 岁以上	10.4×体重(kg)＋600
	男　子
18～30 岁	15.2×体重(kg)＋680
31～60 岁	11.5×体重(kg)＋830
60 岁以上	13.4×体重(kg)＋490

表 5-18

活动强度系数表		
活动强度	活动内容	活动强度系数
极轻	驾驶、看电视、打字、玩牌、坐、站、躺、看书等	0.2
轻	打扫房间、短距离散步、打高尔夫	0.3
中等	重的家务活、网球、羽毛球滑雪、溜冰、跳舞	0.4
重	重体力劳动、篮球、足球、爬山	0.5

表 5-19　生活动作的热量消耗量(千焦耳/分钟)

名称	热量	名称	热量	名称	热量	名称	热量
休息		日常活动		文体活动		工作学习	
睡眠	2.7	穿脱衣	7.0	广播体操	11.6	自习	3.5
午睡	3.2	整理床	8.9	乒乓球	14.2	听课	3.4
坐着休息	3.6	洗脸刷牙	4.5	单杠	16.6	写字	4.7
站着休息	4.0	吃饭	5.0	双杠	18.2	看书	3.6
坐着说话	4.6	上下楼梯	18.6	爬绳	14.1	整理书信	7.5
站着说话	5.0	站立洗衣	8.9	跳高	22.2	开会	4.3
下棋打扑克	4.2	扫地	11.4	排球	13.7		
看电影电视	3.4	拖地板	11.7	篮球	19.0		
		擦窗	8.3	健身操	12.3		
		整理家务	8.9	剧烈跑步	23.6		
		散步	6.2	自行车	12.6		
		走路	11.3	桌球	7.4		
				唱歌	9.3		
				跳舞	13.0		
				慢跑	15.7		

（三）制定减肥食谱的注意事项

实际上，减肥食品无需营养专家为你制定，你只需遵循一些原则和需要注意的问题就可以了。每天饮食所摄取的热量多少与肥胖关系十分密切。不过你只要掌握每日饮食中三大营养成分所提供的热量最佳比例(50％的热量来自碳水化合物，20％来自蛋白质，30％来自脂肪)，自我控制热量摄入，就能达到减肥的效果了。计算每日摄入与消耗热量是否平衡，是保持理想体重的重要一环。当然这并不需要每天都计算，只要你对此有一定的估计就可以了。

1. 食物多种花样。尽量每餐多吃几样食物，这样就可为机体提供多种营养素。

食物的种类多,提供的营养素就丰富,就能满足机体对各种营养素的需要,机体就能有充足的能量。但要记住 50—20—30 最佳热量来源比例。

2. 保持一日三餐。有规律的饮食习惯有利于食物的消化吸收。一日三餐按时吃饭是人类长期生存所形成的规律。这种进食规律能使血糖水平维持在较稳定的范围内。要避免忽而暴食,忽而饥饿。要想减轻体重,其三餐热量分配比例是 25—50—25;要保持体重不变,三餐热量应为 25—30—45。

3. 增加热量支出。若要减轻体重,就要减少热量的摄入,增加其支出。机体内 450 克脂肪相当于 3500 千卡热量。如果每周减 0.9kg 脂肪,相当于 7000 千卡热量,每天应少摄入 1000 千卡热量的食物。要想减掉脂肪,同时不减少肌肉,就必须参加有氧运动,如跑步或登山等。

4. 少吃高脂食物。脂肪含量较高的食物有肥肉、油炸食品,鸡肉、鱼肉中脂肪含量较少。1 克脂肪含 9 千卡热量,而 1 克蛋白质或碳水化合物只含 4 千卡热量。

5. 尽量少吃糖和零食。含糖高的食品有蜂蜜、果酱、饮料、甜点心等。糖含热量高,营养价值又低,维生素、矿物质的含量极少。有些零食可谓是减肥的大敌,比如膨化食品的热量高得惊人,如果吃下 100 克这种零食,则须要爬 300 层楼梯才能消耗掉它提供给你的热量。

6. 多吃富含纤维的食物。如新鲜水果、蔬菜、全麦面包等。这些食品不但热量少,纤维素与水结合,还能增加食物的体积,增加饱腹感,可以减少热量的摄入。

7. 少饮酒。酒中热量较高,一瓶啤酒含 150 千卡热量。而酒中其他营养素含量很少。

8. 细嚼慢咽。吃饭时要细嚼慢咽,切勿匆忙进餐。吃一顿饭的时间最好在 20 分钟左右,这不仅有助于消化,也可避免吃得过多。

第四节　健身房训练注意事项

作为旅游服务从业人员,不仅应具有自我锻炼监督能力,而且也应该有能够对他人进行基本运动监督和指导的能力。在康乐部工作的员工尤其重要,所以应掌握在健身房训练中可能发生的运动特殊情况。

一、运动性疲劳和消除方法

运动性疲劳是指运动持续一定时间后,运动能力及身体功能暂时下降的现象。在进行体育锻炼一段时间后,身体出现一定程度的疲劳是正常的生理现象。

1.运动性疲劳及疲劳程度判断。疲劳的出现是一种预报信号,可以告知运动参加者该减少运动量或者停止锻炼,以防止机体的过度消耗,对机体有保护性意义。但是并不是疲劳一出现就该减少运动量或停止锻炼,因为没有一定程度的疲劳是无法获得较好的锻炼效果的。疲劳的程度可分为轻度疲劳、中度疲劳和非常疲劳三种情况。对于一般的健身锻炼而言,运动中根据运动强度的大小,疲劳应控制在中等程度以上才能达到锻炼的目的。判断疲劳的程度可以根据表 5-20 进行。

　　2.运动性疲劳的成因。有关疲劳的成因问题有各种说法,一般疲劳可分为神经性疲劳和机体疲劳两大类。引起神经性疲劳的原因是由于运动引起能量物质消耗增多,大脑皮层的能量供应特别是糖的供应不足,致使神经细胞由兴奋转为抑制,以起到对大脑的保护性作用。另外神经疲劳与运动心情不良有很大关系,比如在长跑运动中,如果对此项目不感兴趣,甚至想象极点出现的难受情景,怀有此种心情的人跑起来肯定会越跑越难受。机体疲劳的原因是由于运动时能量消耗增加,机体内的供给能量物质来不及释放能量以满足运动需要。同时由于运动需要氧气量增加,消耗的能量物质的速度也增大,代谢产物来不及排泄,造成机体内代谢产物积累,从而出现疲劳。

表 5-20

内容	轻度疲劳	中度疲劳	非常疲劳
自我感觉	无任何不舒服	疲乏、腿痛、心悸	除疲乏、腿痛、心悸外,尚有头痛、恶心甚至呕吐等现象,持久
面色	稍红	相当红	十分红或苍白,有时呈紫蓝色
排汗量	不多	甚多,特别是肩带部分	非常多,尤其是整个躯干部分,在颈部及汗衫出现白色盐迹
呼吸	中等度加快	显著加快	显著加快,并且偶有深呼吸出现,有时呼吸节奏紊乱
动作	步态轻稳	步态摇摆不稳	摇摆现象显著,出现不协调动作
注意力	能较好地正确执行口令	执行口令不准确,变方向时发生错误	执行口令缓慢,只有大声发口令才能接受

　　3.疲劳的消除方法

　　(1)坚持合理的生活制度。合理的生活制度是指遵守作息时间,保持良好的睡眠条件和充足的睡眠时间,注意饮食卫生,克服吸烟和饮酒等不良嗜好。睡眠是消除疲劳的重要方法。在睡眠时应创造安静、空气清新、卧具清洁卫生的环境,以便使睡眠有一定的深度。

（2）合理安排膳食。合理安排膳食是消除疲劳或提高抗疲劳能力的重要手段。膳食除了要保证糖、蛋白质、脂肪这些能量物质的需要外，还应保证维生素、无机盐和水的供应。食物既要有营养又要易于消化，加强水果、蔬菜等碱性食物的补充。另外，在长时间高强度的运动后，喝糖水也能加速疲劳的消除。

（3）物理疗法。物理疗法是指按摩、温水浴和热敷等方法的总称。这些方法可以促进全身或局部的血液循环，加强新陈代谢，促进疲劳物质的消除。常用的消除疲劳的按摩手法有推摩、擦摩、揉捏、按压、叩打、抖动和运拉等。根据需要可运用以上手法的一部分或者全部。温水浴的水温控制在 42℃ 左右，每天最多两次。热敷温度以 47～48℃ 为宜，可用热水和毛巾、热水袋等进行局部热敷，这对局部疲劳的消除，有良好效果。

（4）积极的休息。在舒适、幽雅的环境中散步，听听轻松的音乐等，对消除疲劳尤其是因神经紧张所引起的疲劳，具有良好的作用。另外用自我控制、静坐等气功疗法，也有助于疲劳的消除。

二、运动损伤的主要原因及预防

（一）在健身锻炼中，难免会发生运动损伤，但只要重视，损伤是可以避免的

1. 对预防运动损伤的意义认识不足。表现为：在锻炼中认为"运动损伤难免"，致使在锻炼过程中违反运动规律和动作技术形成习惯；不积极做预防损伤工作，甚至发生伤害事故后也不认真总结。对锻炼者来说，表现为好胜心强、好奇心大，思想麻痹、心血来潮、不自量力，忘乎所以或情绪急躁、急于求成，体育作风恶劣、故意伤人等。

2. 缺乏准备活动或准备活动不合理。缺乏必要的准备活动，或者准备活动不合理，是导致运动损伤的常见原因，有以下几种常见表现：

（1）没有做准备活动，或者做得不够充分，使身体缺乏必要的协调性，肌肉僵硬、关节不灵活等，以致身体无法尽快满足高强度运动的需要，从而导致运动损伤。

（2）准备活动量太大，致使身体出现疲劳以后，机体工作能力下降，无法承受接下来的运动内容的要求。

（3）准备活动缺乏针对性，与锻炼的内容不相符，没有对容易受伤的部位做好准备活动。

（4）准备活动与正式运动相隔时间过长，使原先的准备活动失去意义。

3. 运动负荷量安排不当。锻炼者没有很好地进行自我监督，在身体工作能力下降很多的情况下还坚持高强度的锻炼。

4. 局部长期负荷过重。器材选用不当,在锻炼的间歇锻炼,结束后不注意放松活动,这样往往导致慢性损伤。

5. 缺乏保护和自我保护。

（二）运动损伤的预防是针对运动损伤的原因而进行的

从运动损伤的特点和原因可知,运动损伤的预防措施有以下几方面:

1. 加强防伤观念。时刻要有安全思想,克服思想麻痹,不要勉强去做自己根本不能完成的复杂动作。

2. 合理安排好运动量和运动强度。

3. 做好准备活动。准备活动的目的是克服物理惰性和生理惰性,可以使身体机能尽快进入工作状态。进行锻炼时,必须做好充分的准备活动。既要全面又要有针对性地做准备活动,不能令身体出现疲劳,以防机体工作能力下降。

4. 加强易伤部位的日常训练。易伤部位是指解剖上有弱点的部位,例如膝关节、腰部、肩及踝关节等。日常锻炼时应针对性地对这些部位加强练习,既要使这些部位的能力得到加强,又要使其对抗肌的功能得到提高。

5. 加强保护和自我保护。要掌握正确的保护和自我保护的方法、技巧,并且在锻炼时充分运用。

6. 加强医务监督。通过定期检查,了解锻炼后的机能变化,发现潜在的损伤。通过监督可使自我锻炼的方法更趋合理。

7. 加强运动场地的安全检查。

8. 参加体育锻炼时应穿运动服装和运动鞋,并且都应该合适。

三、运动中常见损伤的急救

1. 常见软组织损伤的急救

（1）开放性软组织损伤。①皮肤受到外力摩擦,发生损伤,有组织液和血液渗出称擦伤。②如被利器伤及皮肤深层组织则视为切伤或刺伤。运动中,往往是由于在快速奔跑中摔倒,或身体转动与器械摩擦而造成的。如果面积不大且较肤浅,可用1%的龙胆紫溶液涂抹伤口,不必包扎。关节的皮肤擦伤,要用生理盐水洗净伤口,用消炎油膏涂抹并盖上无菌纱布,黏膏固定,必要时缠上卷带。如果伤口较深时,应由医生处理,要注射破伤风抗毒素,以预防破伤风。

（2）闭合性软组织损伤。①挫伤,如锻炼者身体间的冲撞,身体与器械的碰撞,致使身体某一部位受伤。表皮完好,但深层组织或内脏器官破损,称为挫伤。挫伤往往会出现肿胀、疼痛、皮肤青紫,甚至并发内脏器官破裂。处理时,应先用冰袋敷于患处,抬高肢体,加压包扎,如出现休克状况时,要注意保暖,急送医院处理。一般挫伤 48 小时后出血即可停止,可用热敷,按摩治疗。伤及部位不要过早过多地活动。②急性肌肉拉伤,因肌肉训练不足,柔韧性差。力量较弱或准备活动不充分致使肌肉在猛烈地收缩,或被动牵张下,会造成急性肌肉拉伤。拉伤时,往往伴有响声,感到肌肉痉挛或刺痛,肌力削弱或部分功能丧失,伤部有刺痛感,局部能触摸到凹陷,并有剧痛,还因断端肌肉收缩而出现隆态的硬块。处理时,应局部冷敷,加压包扎,抬高患肢或使肌肉处于放松状态,待 48 小时后,开始按摩理疗。如肌肉完全断裂,应尽快送医院缝合。一周后,症状基本消除,方可逐渐进行一些徒手的伸展性练习。必要时应着护具加以保护。③关节韧带扭伤,指在外力作用下,关节活动超过正常范围,造成的关节囊、韧带肌腱等组织撕裂。出现伤害时会伴有断裂声响,受伤关节疼痛,肿胀,皮下淤斑,功能受到障碍,关节韧带松弛,行动不便。其处理方法,首先冰敷,加压包扎,抬高患肢(体位)。48 小时后开始按摩、理疗。如有断裂应急送医院缝台,X 线检查是否骨折,如出血已经停止,可在无痛范围内活动关节,必要时借助保护器具,逐渐恢复。

2. 出血的急救。血液从损伤的血管向外流出称出血,出血可分为毛细血管出血、静脉出血和动脉出血三种。按部位不同又可分为外出血和内出血两种。健康人每千克体重平均约有 75ml 血液。若急性大量出血达全身血量的 20%,即可出现乏力、头晕、口渴、面色苍白等一系列急性贫血症状,严重出血达全身总血量的 30% 以上时,会出现"失血性休克",将会危及生命。止血的方法主要有:

(1)抬高肢体法。常用于四肢出血,或作为其他止血法的辅助步骤。方法是把出血的肢体抬高超过心脏的水平位置,以降低出血部位的血压,减少出血。

(2)压迫法。如静脉或毛细血管出血,可用无菌纱布、药棉等敷料盖住伤口,再用绷带予以包扎,以达到避免感染和方便运送的目的。如动脉出血,可采用指压法实施止血。其方法是在出血的部位上端,用拇指或其余四指把动脉血管压在相应的骨面上,切断局部供血。此外,还可用冷敷的方法止血。其方法是将冰袋放在受伤部位,或把受伤肢体放入冰水中浸泡,使局部皮温下降到 $10 \sim 15 ℃$,导致血管收缩,降低毛细血管的通透性,减轻水肿,还可起到麻醉镇痛,缓解肌肉痉挛的作用。运用加垫捆扎和止血带止血均可收到很好的止血效果。

3. 骨折的急救。凡骨或骨小梁的连续性断裂,统称为骨折。骨折可分为病理性骨折和外伤性骨折,运动中所发生的骨折,大多是由于各种暴力(直接性、传达性、牵拉性以及积累性暴力)作用所造成的。骨折会出现疼痛、肌肉痉挛、肿胀和皮肤出血,功能受到障碍,造成畸形。完全骨折时,局部往往会出现关节活动异常,伴有骨摩擦声。通过 X 光片可进一步证实和了解骨折局部的病理变化。轻度骨折常无明显的全身症状,严重骨折时常伴有明显的出血或神经损伤,容易发生休克、发烧、口渴、便秘等全身性症状。

(1)骨折急救的原则。①救命在先,防止休克。严重骨折、多发性骨折,或伴有其他并发症的伤员,首先要注意防止休克,一旦发现要及时处理。②早期就地固定。为防止损伤加重,避免骨折断端移动,减轻疼痛和便于转运,一经骨折应就地先予以固定。③先止血再包扎固定。有伤口或开放性骨折的出血伤员,应先采取适当的止血方法,再处理创口,预防感染,经包扎后立即送医院处理,以便早日康复。

(2)注意事项。使用夹板宽窄要合适,使骨折的上下关节都固定,夹板不可直接接触皮肤,通常用棉花、绷带或软布包垫。若肢体明显畸形,而妨碍夹板固定时,可将伤肢沿纵轴稍加牵引后固定。固定绷带应缚扎在骨折处的两端。上肢骨折固定后,应用悬臂带将伤肢挂于胸前。下肢骨折用夹板固定后应与健肢捆缚在一起后再行转运。固定既要牢靠,又要松紧适度,以免压迫神经血管。

(3)急救包扎的方法。①绷带包扎法。绷带包扎的方法较多,要根据包扎部位的形态特点,采用不同的包扎方法。其方法主要有:环形包扎法,常用于额部,手腕和小腿下部等。螺旋形包扎法,常用于肢体粗细相差不多的部位,如上臂,大腿的下部等。反折螺旋形包扎法,适用于包扎肢体粗细相差较大的部位,如前臂、小腿及大腿等处。可先作2~3圈环形包扎后,再进行反折螺旋形包扎。8字形包扎法,适用于包扎肘、膝、踝等关节处。②三角巾包扎法。三角巾使用方便,适合全身各部位的包扎。

(4)前臂悬挂法。分大悬臂带和小悬臂带两种。①大悬臂带法,此法常用于肱骨和锁骨骨折以外的各种上肢损伤。②小悬臂带法,常用于肱骨或锁骨骨折,先将三角巾折成8~10cm的宽带使用。

(5)上肢骨骨折的急救固定,上肢骨折常出现的有:锁骨骨折,肱骨骨折,前臂骨折,手腕骨折及手指骨折等。①锁骨骨折。可将两条三角巾折叠成宽带,并在两腋下分别垫上适当大小的棉团,然后用两条宽带分别绕过伤员两肩的前面在背面打结,形成两个肩环,再用第三条宽带于背后将其拉紧、打结,并将上肢固定,或用小悬臂带将伤肢挂起。②肱骨骨折。可用长短、宽窄相宜的两块有垫夹板,分别垫放在伤臂的内、外两侧,用三条宽带将骨折的上下部分缚好,屈肘90°,用小悬臂带将前臂挂于胸前,再用绷带或三角巾将伤臂固定于体侧。③前臂骨折。用两块有垫夹板,放在前臂的背侧和掌侧,再用宽带缚扎夹板。屈肘90°,在前臂中间处用大悬臂带将前臂挂在胸前。④手腕骨折。用一块有垫夹板放于掌侧,用绷带固定,最后用三角巾将前臂挂于胸前。⑤手指骨折。以一块压舌板放于掌侧,用胶布固定。

（6）下肢骨骨折的急救固定。①股骨骨折。用三角巾 5～8 条折叠成宽带，取有垫长夹板两块置于伤肢的内、外两侧。外侧的长夹板上达腋下，下至足跟部；内侧的夹板，上至大腿根部，下达足跟，然后用宽带固定夹板并在外侧打结。②小腿骨折。取两块有垫夹板分别置于小腿内、外两侧，上至大腿下部，下达足跟部，用三角巾折叠成若干条宽带，分别在膝上、膝下和踝部缚扎固定。⑧踝足部骨折。取一直角形夹板置于小腿后侧，用棉花或软布垫在踝部和小腿下部，用宽带或三角巾分别在膝下、踝上及脚掌处缚扎固定。

（7）躯干部骨折的急救固定。①腰椎骨折。腰椎骨折时，应尽可能不要变动原来的位置，防止骨折处有移动，更不能让伤员坐或站立。可将一平板置于伤员身旁，由数人协力轻轻将伤员搬到木板上仰卧，如腰部空悬时，应用软垫垫实。若用帆布担架时患者要取俯卧姿势，使脊柱伸直。绝对禁止一人拖肩、一人抬腿，或一人背送的错误运送方法。②颈椎骨折。颈椎骨折急救固定不当，或搬运方法错误，很容易压迫脊髓，造成四肢与躯干的高位截瘫，甚至影响呼吸导致死亡。因此务必使头部固定于伤后位置，防止屈伸和转动，数人协作，将伤员搬至平板上，头颈两侧用沙袋或卷起的衣服固定后即可运送医院救治。

（8）关节脱位的急救固定。运动中由于暴力作用，使关节的关节面失去正常的相互关系，应视为关节脱位。多见于肩、肘关节脱位，如有休克症状者，应先做抗休克处理，尔后在脱位形成的状态下固定伤肢。①肩关节脱位的急救固定。先将伤肢肘关节屈曲 90°，用一条大三角巾悬挂前臂，三角巾直接斜跨胸背部，在健肩上打结，然后再用一条三角巾折成宽带，绕过患侧上臂，在健侧腋下打结。②肘关节脱位的急救固定。伤肘不可能屈成 90°，只能使伤肢尽量靠近躯干，再用三角巾包扎固定，其方法同肩关节脱位所述方法。

4. 休克的急救。在运动损伤中，由于急剧的大量出血、失液、骨折、脱位，严重的软组织损伤或内脏破裂，导致有效循环血量不足，或心排血量减少，均有可能会引起休克。精神过分紧张、受惊、饥寒、疲劳，长时间的下蹲、突然起立，疾跑后突然停下来等都有可能诱发休克。发生休克，患者会出现全身软弱，头昏、耳鸣，眼前发黑，面色发白，手足发凉，脉搏快而弱，血压降低，呼吸浅而弱等症状。急救时，应使患者安静平卧，头部与脚腿均稍抬高，以增加回流心脏的血量，维护呼吸功能，保持呼吸通畅。如伤骨、脱位等要给予止痛、止血和包扎固定。昏迷的伤员，可针刺，或指掐人中、内关、足三里、涌泉等急救穴位，如呼吸停止，应做人工呼吸。在进行上述现场急救的同时，应立即派人去请医生，或尽快将患者送医院，进一步治疗。

5. 人工呼吸与心外挤压。由于一氧化碳或药物中毒，麻醉意外，严重创伤和大出血，电击伤害，窒息、溺水等，都有可能给人造成呼吸中断和心跳停止，两者可同时发生,也可单独发生,则需要马上进行人工呼吸和心外按摩。

(1)人工呼吸。人工呼吸的方法有口对口吹气法、俯卧压背法及仰卧压胸法多种。①口对口(或鼻)吹气法。这种方法最实用、操作简单、效果好。首先要清除伤员口鼻内的痰液及污物,取下活动假牙,解开衣领、内衣、裤带等。让伤员仰卧,如有可能,要用纱布或薄手绢盖住伤员的口鼻。救护人员位于伤员头部一侧,深吸一口气,贴紧伤员的嘴或鼻吹入,使伤员胸廓稍有隆起,为使空气不从鼻孔漏出,可用一手捏住伤员的鼻孔。如果口腔有严重外伤或牙关紧闭时,可捂住伤员的嘴,改从鼻孔吹气。吹气完毕,救护人员的嘴离开,捏鼻的手放松,并用一手压伤员的胸部,帮助其呼吸。在进行人工呼吸时,配合兼做心脏挤压,对抢救呼吸、心搏骤停的伤员是极为有利的。②俯卧压背法。做好各项人工呼吸前的准备,让伤员俯卧,头偏向一侧,两臂伸过头,一臂枕在头下,另一臂向外伸开,以使胸廓扩张。救护人员面向伤员,两腿屈膝分别跪在伤员大腿两侧,双手平放在伤员背部两侧肩胛骨的下角处,俯身向前,慢慢用力向下,稍向前挤压;然后,双手放松,但不离原位,使伤员胸壁扩张,吸入空气。按上述动作反复有节奏地进行,每分钟约14次左右。③仰卧压胸法。由于采取仰卧,伤员的舌头容易后坠而阻塞呼吸道,需垫块纱布或手绢,把伤员的舌头拉出来。淹溺或胸部受伤者不宜采用此法。具体操作如下:救护人员两腿分别跪在伤员大腿两侧,双手分别放在胸打肌下延(相当于第六、七对肋骨处),用力向下,稍向前推压,其动作要领速度与俯卧压背法相同。

(2)心脏挤压。呼吸与心跳是人体最重要的互为相关的生命活动,缺一不可。伤病员生命危急的时刻,呼吸、心跳几乎是同时停止的,因此在做人工呼吸抢救时,对心脏也应采取急救措施,进行心脏挤压,帮助恢复心跳。其操作方法如下:让伤员仰卧于硬地或木板上,救护人员在伤员一侧,双手重叠地放在胸廓正中间相当于胸骨下二分之一处,用力向下挤压,有使胸骨下陷的感觉,以压下 3~4cm 为宜,然后放松,如此反复有节奏地进行。每分钟约 60 次左右。挤压的部位及力量应因人而异,儿童用单手挤压即可,如伤员健壮丰满,挤压的力量可大一些。挤压动作要稳健有力,均匀规则,重力应在手掌根部,着力点仅在胸骨处。心脏挤压与口对口吹气应同时进行,做一次口对口吹气,挤压心脏 4~5 次。如仅有一个人进行抢救时,应先吹气后挤压。

6. 低血糖症的急救。正常人的血糖通常维持在 80~120 毫克左右,当血糖低于 55 毫克时,可出现晕、乏力、心悸、面色苍白、出冷汗,使人感到饥饿,严重者可出现神志模糊、语言不清、精神错乱、惊厥,甚至昏迷,检查时则会发现,脉搏快而弱,昏倒前血压升高,而昏倒后则降低,呼吸短促,瞳孔扩大,若查血,则血糖明显降低。其急救的方法,首先使伤员平卧、保暖,神志清醒者可给其喝糖水,并吃少量的食品,一般短时间后即可恢复。若昏迷,可针刺或掐点急救穴,并迅速请医生来处理。若能静脉注射葡萄糖,提高血糖浓度,就可使病情迅速好转。平时无锻炼基础或有病的人以及在空腹饥饿的时候,不要参加长时间的剧烈运动。进行超长距离跑时,应准备一些含糖的饮料,以供途中饮用。

7. 晕厥。是一种暂时性脑缺血、缺氧而造成的暂时性的知觉丧失现象。除一些因心脏病、癫痫、脑震荡、高血压等疾病易于引起晕厥外,运动中,如疾跑后突然停止而引起的晕厥,也称为"重力休克"。举重时,胸内和肺内压增加,精神过分紧张,低血糖,直立性血压过低,过度疲劳等,都有可能引起晕厥。一旦发生晕厥,应立即停止活动,让患者平卧于空气流通处,将头部放低,同时解开衣领,注意保暖,以针刺人中、百会、合谷、十宣、涌泉穴位。及时吸氧、补液,饮一些糖水,必要时静脉注射50%的葡萄糖100毫升。如果是由于创伤、剧痛引起的,应及时止痛和处理好创伤。

8. 脑震荡。脑震荡是指头部受到硬物的击撞而引起的暂时性脑机能障碍。脑震荡时会出现短时间意识丧失,四肢肌肉松弛,全身反射消失,瞳孔放大,脉搏及呼吸微弱。患者意识恢复后往往会出现头昏、头痛、恶心、呕吐等症状,有的还会出现逆行性健忘症,轻者数日,重者数月,并有可能留下后遗症。一旦发生脑震荡,急救时,应使患者保持安静、平卧、头部冷敷,运送时要减少颠簸震动。针刺人中、合谷穴。注意休息,合理补充营养,可逐渐恢复。如若昏迷时间较长,并有惊厥抽搐现象,应考虑脑组织有病理解剖上的变异,要及时送往医院进行抢救。

9. 中暑。中暑是长时间处在高温或辐射环境下发生的一种急性病,通常在夏季训练和比赛中较多见。在高温环境下,大量排汗造成体内氯化钠流失引起热痉挛、热衰竭,致使头晕、头痛、呕吐、肌肉痉挛或突然昏倒,严重者可出现精神失常、虚脱、抽搐、心律失常、血压下降,甚至昏迷而危及生命。急救方法:一旦发现中暑征兆,患者应迅速离开热环境,到阴凉处休息,喝些清凉饮料,服十滴水或藿香正气水,就会很快恢复。高热患者,应重点进行头部的有效降温,做头、额部冷敷,或以50%酒精擦身,电扇吹风,必要时可使用退热药物。对于肌肉痉挛者,可口服些盐开水,牵引痉挛肌肉。头部剧痛者,可针刺或掐点太阳、足三里、合谷、风池等穴位。如昏迷,可针刺急救穴或嗅闻氨水,并在四肢做重推摩揉捏。对于较重的患者,一方面急救,一方面迅速送往医院抢救治疗。

10. 运动性腹痛。运动中或运动结束时往往会发生腹痛。这种腹痛有器质性的,也有功能性的。其产生的原因往往是因胃肠痉挛、肝脾淤血、腹部肌肉痉挛和其他腹部的慢性疾病所造成的。其处理方法如下:在运动中发生腹痛,应降低运动速度,调整呼吸节奏,加深呼吸,用手按压疼痛部位,或弯腰跑上一段距离,疼痛常可减轻或消失。如不见效,应停止运动,口服解痉药物(普鲁苯辛、阿托品、十滴水等),以针刺或掐点足三里、内关、大肠俞等穴。如仍无效,应请医生做进一步的诊断治疗。

11. 肌肉痉挛。肌肉痉挛俗称抽筋,往往是由于运动中的寒冷刺激,肌肉连续收缩过快,肌肉疲劳,或大量排汗及准备活动不充分等造成的。运动中能量消耗大,过于疲劳,神经、肌肉兴奋性改变,过于紧张等,都有可能出现肌肉坚硬、僵直或局部隆起,剧烈疼痛,且一时不得缓解。由于是肌肉的不自主性强制收缩所致,急救时采取拉伸、牵引的方法,几分钟即可缓解。如腓肠肌痉挛,可伸直膝关节,将患者的足部做缓慢的背伸。若屈拇、屈指肌痉挛,用力将足和足趾背伸即可,但切忌暴力。此外配合局部按摩,按压点穴(承山、涌泉、委中等)效果会更好一些。

12. 溺水。由于未掌握游泳技术,或在水中发生肌肉痉挛,水中呼吸节奏错乱,造成水从口、鼻进入肺部引起呼吸道堵塞,或咽喉因反射性痉挛(呛水)引起窒息,致使身体缺氧,如时间稍长,则会危及生命。溺水者因窒息,身体会出现发绀,面部肿胀,结膜充血,口鼻充满泡沫,肢体冰冷,昏迷,胃部积水,上腹部胀大,甚至呼吸、心跳停止。一旦发生溺水时,必须立即抢救,同时迅速请医生来处理。抢救时,使溺水者出水后,立即打开口腔,清除口、鼻内的分泌物及其他异物,并松解裤带、领扣和衣服,进行迅速倒水。然后迅速地进行人工呼吸,若心跳已停止,还必须进行胸外心脏挤压(参见本节人工呼吸与心外挤压部分)。

13. 过度紧张。过度紧张是由于训练水平不高,生理机能状态不良,运动负荷超出了机体承受能力而引起的一种急性病理状态。在紧张、剧烈运动后,患者会出现头晕、面色苍白、恶心呕吐、全身无力、脉搏快而弱、血压下降,严重者可出现嘴唇青紫、呼吸困难、咯红色泡沫样痰,导致右侧肋部疼痛、肝脏肿大、心痛、心脏扩大等急性心功能不全现象,甚至昏迷死亡。急救时,若为轻度过度紧张,让病人安静平卧休息,注意保暖,服用一些热糖水或镇静剂,即可在短时内恢复。对于严重的有心功能不全的病人,应使其半卧,保持安静,并针刺或掐点内关、足三里等穴。采取吸氧或肌肉注射杜冷丁50mg后立即送医院处理。如有昏迷现象,可加用人中、百会、合谷、涌泉等急救穴,疑有心肌梗塞,应立即送医院抢救。

四、常见的运动知识误区

(一)运动营养与减肥的误区

1. 只要多运动就能减肥

人体的能量消耗主要有三个方面:①维持基础代谢所需的能量。即维持呼吸、心跳、排泄、机体分泌等生命活动所需的能量。②食物的特殊动力作用。即进食后机体向外散热比进食前增加所消耗的热量,这与各种热源物质在体内进行同化、异化、利用、转变等过程有关。③机体活动。机体活动,尤其是体力活动是人体热能消耗的主要因素。在激烈运动时机体的能量消耗可比安静时提高 10～20 倍,因此就能量消耗而言,运动减肥对所有的人都有效,这是毋庸置疑的。但为什么有些人参加锻炼,体重不仅没减反而增加了呢? 众所周知,减肥最基本的原理是能量的负平衡,即热能的消耗要大于热能的摄入。锻炼后体重不仅没减反而增加,不外乎两种情况:一是运动中消耗的热能不足;二是运动后摄入的热能物质过多。有些人认为只要参加了锻炼,不管能量消耗多少,运动后便大吃大喝,补充的热能远远超出了消耗掉的能量,这岂能不胖? 由此可见,既坚持体育锻炼,又适当节食,才是正确的减肥之路。

2. 减肥过程中摄入的脂肪越少越好

这种认识是否正确呢? 能够供给机体能量的物质,我们称之为热源物质,包括糖、脂肪和蛋白质。脂肪是热源物质中热能最高的,1 克脂肪在体内燃烧的生理有效热量为 9 千卡,1 克糖和蛋白质各为 4 千卡。因此,减肥时限制脂肪的摄入是对的,但在减肥期间是否越少摄入脂肪越好呢? 如前所述,减肥时应当限制膳食的总热量,而不仅仅是限制脂肪的摄入。减肥期间应适量增加蛋白质、低糖(碳水化合物)和适量脂肪的膳食,并不是脂肪越少越好。三大热源物质的热量比,应当是碳水化合物 55％～60％,脂肪 20％～25％,蛋白质 15％～20％。即使是在减肥期间,也不应过分改变上述比值,而是要限制总热量的摄入。体内热能负平衡动用脂肪供能时,也会消耗、分解一些体内的蛋白质参与供能,而蛋白质对人体非常重要,必不可少,因此必须充分供给。此外,过多的蛋白质还可以通过其异生作用转变为糖来维持血糖的稳定,弥补糖(碳水化合物)的不足。减少糖的摄入,一方面可降低胰岛素的分泌,减少体脂的合成;另一方面会使体内的糖原储备降低,从而促进对脂肪的动用,减少体脂的储存。

膳食中保持适量的脂肪,对减肥有一定益处。这是因为:①脂肪可以抑制胰岛素的分泌和胰高血糖素的分泌,促进机体对脂肪的利用;②碳水化合物摄入减少,易造成相对较多的脂肪在体内代谢不完全而产生一定量的酮体。酮体有抑制饥饿感觉的作用。酮体被分解排出体外时,还可额外消耗一些热量。此外,适量的脂肪也会使人产生饱腹感,使减肥者能较自然地接受低热量膳食,而不觉得饥饿难耐。

总热量的摄入减少时,常伴有无机盐和维生素的摄入不足。因此在减肥期间应多食新鲜瓜果、蔬菜及海产品,因富含纤维的食品(如全麦制品、燕麦等)有饱腹感而不供给热能,同时还能减少热量的吸收,是最好的减肥食品。

3. 运动强度越大,减肥效果越好。

不少肥胖锻炼者认为:减肥就是要受累,锻炼时强度越大越好,只要运动时大汗淋漓、气喘吁吁,就能达到减肥目的。由此而导致谈运动色变,望而生畏。

(1)这种认识错在哪里? 运动中机体供能的方式可分两类:①是无氧供能,即在无氧或氧供应不足的情况下,主要靠 ATP、CP 分解和糖元无氧酵解供能(即糖元在无氧的情况下分解成为乳酸同时供给机体能量)。这类运动只能持续很短的时间(约 1~3 分钟)。800 米以下的全力跑、短距离冲刺都属于无氧供能的运动;②为有氧供能,即运动时能量主要来自糖元、脂肪的有氧氧化。由于运动中供氧充分,糖元或脂肪可以完全分解,释放大量能量,因而能持续较长的时间。这类运动如5000 米以上的跑步,1500 米以上的游泳、慢跑、散步、迪斯科、交谊舞、自行车、太极拳等都属于这类运动。

由此我们可以得到一个简单的启示:即大强度的运动不可能持续很长时间,总的能量消耗较少,因而不是理想的减肥运动方式;而强度较低的运动由于供氧充分,持续时间长,总的能量消耗多,更有利于减肥。另外,实验证明低强度、长时间运动时能使体内脂肪的氧化增加。减肥的最终目的是消耗体内过多的脂肪,而不是减少水分或其他成分,因此不能单纯片面地强调运动强度的大小或出汗的多少。

(2)怎样锻炼才能取得最佳的减肥效果? ①锻炼应选择中等强度的运动,即在运动中将心率维持在最高心率的 60%~70%(最高心率=220-年龄),强度过大时能量消耗以糖为主,肌肉氧化脂肪的能力较低;而负荷过小,机体热能消耗不足,也达不到减肥的目的。②以中等强度进行锻炼时,锻炼的时间要足够长,一般每次锻炼不应少于 30 分钟。在中等强度运动时,开始阶段机体并不立即动用脂肪供能。因为脂肪从脂库中释放出来并运送到肌肉需要一定时间,至少要 20 分钟。运动的方式可根据自己的条件、爱好、兴趣而定,如走路、慢跑、迪斯科、交谊舞、游泳等都是适宜的方式。③脂肪的储备和动用是一种动态平衡,因此要经常参加运动,切不可一劳永逸。减肥运动应每日进行,不要间断。

由此可见,进行减肥锻炼时,运动强度不宜过大。

4. 减肥与力量无关

研究表明:随着年龄的增加,40 岁以后机体安静时代谢率(RMR)将以 1%~3% 的速度逐年下降,RMR 的降低在很大程度上归咎于随年龄增加而导致的瘦体重(LBW)的减少,而机体 RMR 水平的降低和 LBW 含量的下降都与运动不足、机体的活动减少有关,这也正是许多人中年之后开始发福的根本原因。

怎样才能预防 LBW 的减少,提高机体的 RMR 水平呢? 最好的方式莫过于坚持体育锻炼。科学研究证明:有氧运动可以有效地改善心血管系统、呼吸系统的机能,提高人体的最大摄氧能力,并不提高体内瘦体重的含量;而力量训练虽不能有效地改善心肺机能及最大摄氧能力,却能明显增加体内瘦体重的含量,瘦体重的增加可提高机体安静时的代谢率。这意味着什么呢?用简单的话说,即使是在睡觉,瘦体重多的人也比瘦体重少的人消耗的能量要多。

由此可见,力量训练无论是对维持原有的理想体重,还是对发福后的减肥,都是很有意义的。因此,在进行减肥运动时,应坚持以有氧运动为主(有氧运动持续时间长,消耗的能量多),并适当增加力量练习,以增加 LBW 的含量,提高机体的RMR 水平,巩固和增强减肥效果。

5. 不运动也能减肥

目前各种减肥食品、饮品、药物、器械的广告铺天盖地,对于日益增多的肥胖群体无疑是件好事,但某些宣传给人的印象是不运动也能减肥。面对这种趋势,大家必须清醒地认识到,对绝大多数肥胖者而言,运动减肥是最经济、最有效、副作用最少、最有益于健康的方法。早在 20 世纪 50 年代,国外就已开展了减肥方法的研究,曾经采用过饥饿或半饥饿疗法。这种疗法虽然可以明显减轻体重,但大多数人减重后主观感觉不良,如出现恶心、呕吐、低血压、心律不齐、肌肉痉挛、乏力等症状,甚至突然死亡。以后又采用过极低热能膳食疗法,并注意同时补充维生素和矿物质,这种方法在较短的时间内明显地减轻体重,基本解决了安全问题。但在此疗法停止后,多数人体重迅速回升,经过 3～5 年的随访,100% 的人都已超过或恢复到了减肥前的体重。

那么药物减肥的前途如何呢? 药物减肥从药理作用上可分以下几类:增强能量消耗的药物;抑制食欲的药物;阻止消化吸收的药物;影响脂肪代谢的药物。药物减肥对某些内分泌紊乱、代谢异常的肥胖病人而言,作用应该是肯定的。但对大多数单纯肥胖的人而言,药物减肥不是减肥的主要手段,只能作为运动减肥、饮食减肥的辅助手段来应用。减肥药物除了影响机体对热能物质的吸收外,还影响机体对其他营养素的吸收利用,并且可能对机体造成其他的不良影响。根据国内外的研究,运动减肥的益处可以归纳为以下几点:①促进能量消耗,造成机体的热能负平衡。②抑制食欲。③对维持正常的血压、降低血清胆固醇水平、提高心肺功能都有积极作用。④可以改善人的心理状态,有助于消除焦虑。⑤运动可以防止减肥过程中瘦体重的减少。研究证实,单纯食物减肥时瘦体重的丢失约占减肥总重的 25%,而适当节食的同时进行体育锻炼,既能消耗多余的能量,又能防止瘦体重的丢失。⑥运动减肥可以防止由单纯节食而造成的机体代谢水平降低。热能摄入减少到一定程度,可使机体安静状态的代谢率(RMR)迅速下降 20% 左右。由于安静状态的代谢率降低,不少节食减肥者当减肥达到一定程度时,就似乎进入一个

"平台期",即使继续节食,体重也不再下降了,但是,一旦节食停止,由于机体的吸收能力反射性地提高,体重则迅速回升。而只有运动能够提高安静状态的代谢率(RMR),使体重继续下降而不出现反弹。

6. 练腹肌可以减少腹部的赘肉,减肥应哪肥练哪

腹部堆积着赘肉确实影响美观,而且脂肪在身体内均匀分布比集中在腹部对身体要好,因为腹部过多的脂肪会妨碍内脏器官的功能,所以腹部肥胖的人有着强烈的减肥欲望,于是刻苦地进行腹部锻炼,希望能够减掉腹部脂肪。有人每日做上百次仰卧起坐,已做了几个星期,可是还不能缩小凸出的腹部。为什么呢?因为不是练哪儿就能减掉哪儿的脂肪,局部减肥几乎是不可能的。当你要用脂肪的时候,脂肪来自遍布全身的脂类物质,并非来自某一运动部位的脂肪。仰卧起坐是对增强腹部肌肉很好的运动,但是不能使局部脂肪有效地消失。那么,怎样才能使脂肪消失呢?这一点似乎比较简单,只要使运动消耗的热量大于从食物中摄取的热量就行了。运动后一般食欲会增加,如果不进行饮食控制,就达不到减肥的目的,但可以增强体质。要想减少局部脂肪,必须在全身锻炼的基础上,再进行局部运动,才会达到良好的效果,并且还要注意控制饮食。

令人安慰的是,腹部脂肪比身体其他部位的脂肪容易减少。研究表明,人体不同部位的脂肪细胞代谢存在差异。通常腹部脂肪细胞的代谢活动强,而其他部位如臀部脂肪细胞的代谢活动较弱,这可能是自由脂肪酸、甘油、甘油三酯及胰岛素水平与腹部脂肪而非臀部脂肪的积累呈相关关系的原因。研究发现,中度肥胖的男性经15周的有氧运动或大强度训练后,总体脂肪显著减少,其中躯干皮下脂肪减少比四肢多,所以运动训练对中心形体脂肪分布的肥胖者有一定的减肥效果。此外,运动还会使血液循环中的某些代谢指标发生有益的改变,如使血脂出现好转,从而减少心血管疾病的危险。所以,肥胖者应该尽快加入到运动行列,使运动成为生活中必不可少的一个内容。

7. 多出汗可以帮助减肥

人们时常看到这样的景象,盛夏进行慢跑的人穿着一件吸汗的长袖厚运动服,这些人是"想"达到减肥的目的,而事实是增加出汗只能使体内失水快些,这样在运动后量体重时便可能出现体重减轻现象。可是,经过运动后补水,过不了一天,体重又会恢复正常,所看到的体重减轻只是暂时现象。出汗减少的是机体内对生理机能发挥重要作用的水,而不是脂肪。而且这种体重减轻可能引起危险,因为身体主要是通过皮肤来散热的,穿上一件不透气的运动衣,身体便不能将汗水蒸发,使体热保留在体内,在盛夏这样做的后果是容易出现脱水和中暑昏厥现象。昏厥是各种原因所致的意识短暂紊乱和意识丧失,昏厥发生的危险性还在于昏厥发生的

瞬间身体摔倒后引起的骨折、外伤等意外事故。脱水使人口渴强烈,尿量减少,心率加快,工作能力开始减退,严重的还可导致死亡。而穿着短裤和网孔宽大背心进行跑步,则散放体热就容易得多。所以,锻炼身体时要穿轻松宽大的衣服,不要妄想通过多出汗来减轻体重。

8. 锻炼过程中不应喝水,喝水会影响锻炼效果

在体育爱好者甚至一些职业教练员中流行着这样一种观点,即在运动过程中不宜补水。他们认为,在运动或训练过程中喝水会增加心脏负担,增加胃肠道负担,易造成运动中腹痛,影响运动效果,因而应在运动结束后再补水。那么,在运动过程中应不应该补水呢? 首先让我们来看看水有哪些生理作用。水是组成机体的重要成分,水占成人体重的 50%~70%,儿童可占 80% 以上。其中血液含水 90%,肌肉含水 70%,骨骼含水 22% 等;水参与物质代谢过程;水是良好的溶剂,食物的消化、吸收、运输、生物氧化以及排泄都需要有水;水参与体温调节,水的比热太,在体内使体温容易保持稳定。因此,水的蒸发散热(排汗)是调节体温的一种重要方式,蒸发 1 克水可散热 0.54 千卡;水保持腺体的正常分泌,各种腺体分泌物均是液体。水是机体内环境的主要成分,必须保持稳定。在正常情况下,体内水分的出入量是平衡的,体内不存在多余的水分,也不能缺水。多余水即排出体外,缺水若不及时补充,就会影响机体机能。

当剧烈运动时,特别是在炎热或湿度很大的天气里进行运动时,因大量出汗必然使身体失去大量的水分和无机盐,丧失的水分和无机盐若得不到恢复,将导致机体出现不同程度的脱水,在补充水和无机盐之间,补充水更为重要。脱水可引起排汗率、血浆量、心输出量、最大摄氧量、工作能力、肌肉力量和糖元含量等下降。脱水虽然在热环境中运动较为常见,但也可发生在温度适宜的环境中。当脱水约占体重的 1% 时(约 700 毫升),将引起渴感,身体不会感到不适;脱水占体重的 5% 时,会感到不适,嗜睡和精神紧张交替出现,此时还可能出现易激动、疲劳和食欲不振等现象。脱水 5% 在足球、网球和长跑运动中是极为常见的;脱水程度大于 7% 时将十分危险,此时分泌唾液和吞咽食物变得十分困难;脱水超过 10% 时,行走的能力受到影响,同时协调能力差和肌肉痉挛;脱水达到 15% 时,会引起谵语和皮肤皱缩,还有尿量减少、吞咽食物的能力丧失,喝水也有困难等症状;脱水超过 20% 时,出现皮肤出血、干裂,这是耐受脱水能力的上限,再继续脱水将导致死亡。

在炎热而湿润环境中,进行 1.5~2 小时以上的体育运动时失水 3~5kg 并不少见。失水的多少取决于环境温度、相对湿度、运动的持续时间、衣着和运动强度等。当脱水达到 3% 时,将使运动能力下降并导致热疾病,使健康受到损害。下丘脑中的渗透压感受器受到刺激引起渴感。但是,口渴的感觉并不能与对水的需要完全

保持一致,因此很容易出现缺水占体重 2‰～4‰ 的情况。重要的是要让锻炼者有规律的饮水,而不是根据渴感补充水。锻炼者应注意及时补充体内丧失的水分,以保证身体健康和正常的工作能力。

失水造成生理机能障碍的主要机制是血容量减少,不能满足机体的需要。机体在运动时需要充分的血容量,一方面是要加强对肌肉组织的血液供应,以保证其物质代谢的进行;另一方面是运动时机体产生大量的热,需要血液将多余的热带到体表散发,以维持正常体温。当血容量减少时,就不能同时满足上述两方面的要求,从而导致机能下降,主要特征是心率加快、体温升高。

在长时间运动中,特别是在夏天,及时补充水分是十分重要的。补充水的方法最好是少量多次,运动中每 15～20 分钟饮水 150～200 毫升,这样既可及时保持体内水的平衡,又不增加心脏和胃的负担。一次大量饮水对身体不好,因为大量水分骤然进入体内,可使血液稀释和血量增加,这会增加心脏的负担。此外,大量的水进入胃中,由于不能及时被机体吸收(人体吸收水的速度每小时最多 800 毫升),就会造成水在胃中贮留,稀释胃液、影响消化。若大量饮水后继续运动,水在胃中晃动,使人不舒服,并可引起呕吐。为防止运动中脱水,我们可以在运动前适当补水,方法是在运动前 1 小时饮水 300～500 毫升,或在运动前 15～20 分钟饮水 150 毫升左右,以增加体内的临时储备,对维持运动时的生理机能有良好作用。运动后饮水也应采用少量多次的方法。

补水时含糖量不宜过高,因为糖的浓度越高,饮料在胃中停留的时间越长,这就影响了水分及时进入体内。夏天饮料的糖浓度不宜超过 5％,最好是 2.5％。在寒冷环境时,糖浓度可增加到 5％～15％,这可使饮料通过胃较慢、较稳定地供给机体水分和糖,有利于维持血糖水平。

总的来说,在持续时间多于 60 分钟的运动中,饮料对于防止生理机能下降和延缓疲劳发生有显著作用。所以要学会使用饮料,习惯于运动中补水。水或饮料的温度以 8～14℃ 为宜,因为这种温度的饮料通过胃的速度较快。

9. 运动前进食可提供更多的能量

运动需要消耗大量的能量,而人体能量的供应完全依赖于食物。基于上述常识性认识,许多人认为锻炼者在比赛前或训练前应多吃点富含营养的食物,以保证提供给人体运动中所需的能量。其实不然,其一是在正常情况下,体内储备的能量足够一般运动之用;其二是运动前过量进食可引起一系列不良反应。从解剖学上看,胃在腹腔中与其他脏器牵系不多,只要体位略有变换即可移动。饭后运动,充满食物的胃会随着身体重心的移动而颠簸振动,使胃不断地受刺激,很容易引起腹痛、恶心、呕吐等症状。因为进餐后的一定时间内,胃中食物充盈,影响横膈膜的活动,影响呼吸,对运动不利。此外,进餐后,为了更好地消化食物,消化液的分泌加强,胃肠的蠕动加快,同时血液由其他器官流入内脏器官,约占循环血液量的 25％。如果此时进行剧烈活动,血液就会再次进行重新分配,内脏器官的血管收缩,血液大量流向运动器官。因此进食后不久就进行运动,必然会造成运动系统与消化器官都需要血液供应的矛盾,这不仅妨碍食物的消化吸收,而且也影响运动能力。

(二)运动常识的误区

1. 游泳是人人适宜的锻炼方法

游泳是一项锻炼身体、增强体质的体育活动,为广大群众所喜爱。但是,患有某些疾病的人是不宜游泳的:①心脏病患者。游泳会增加心脏的负担,对患有心脏病的人来说,容易发生心率不齐、心力衰竭。②肺气肿、肺功能不全患者。这种病人的呼吸功能有障碍,而水的强大压力作用于胸腔和腹腔,妨碍了胸廓的扩张和横膈的下降,会加重呼吸困难和缺氧,发生头晕、眼花等症状。③癫痫患者。这种病人在游泳时如果癫痫发作,出现抽筋、昏迷、失去自救和呼救能力,容易发生事故。④由于内耳病变引起耳聋、眩晕的患者。内耳不但是听觉器官,也是身体的平衡器官,这种人不但学不会游泳,而且容易发生危险。⑤慢性化脓性中耳炎患者。游泳时水灌进耳道是常有的事,不清洁的水将细菌带入了耳道,可引起中耳炎复发或加重。⑥有性病、体癣、足癣、砂眼等病的患者,以及患霉菌性阴道炎、滴虫性阴道炎的妇女。因为这些病有传染性,游泳时可将病菌散播到水里面传染给别人。⑦对寒冷过敏的人。这些人下水后受到冷的刺激会产生过敏,出现皮肤发红、发痒,严重时会出现头昏、眼花、心悸、气急甚至昏迷,以致发生意外。⑧月经期妇女。妇女月经期间子宫内膜脱落而形成创面,不清洁的水将病菌带入,会引起感染性疾病。再者,冷水的刺激,使盆腔血管收缩,可引起痛经和月经不调。⑨饮酒以后。饮酒后大脑皮层呈现抑制状态,使人动作失调,游泳时容易发生危险、易得感冒等。⑩饱食以后。饱食后游泳会使胃肠道供血不足,消化液分泌减少,久而久之,会引起消化不良、胃痛等疾病。

2. 感冒发烧时活动活动,出点汗就好了

感冒发烧时活动活动,出点汗就好了,这是一种错误认识,也是一种危险的做法。需知,在我们生活的环境中,除了动物、植物外,还有大量的微生物,在我们的身体机能良好时,我们的机体有良好的防御体系,可以同大多数微生物“和平共处”,即使是某些致病微生物也不能进犯。而当感冒发烧时,情况就不同了。感冒是机体防御能力下降的结果,而发烧是机体遇到致病微生物侵袭时的一种特殊的防御反应。当体温升高时,机体内的白细胞的吞噬能力增强,游走性增强,有利于消灭局部的细菌;体温升高时,淋巴细胞增殖,抗体的分泌增加,有利于对入侵的致病微生物的清剿,从而加速了疾病的愈合过程。

感冒发烧虽然不是什么大病,但要小病大养,当然这里说的不是无病装病或无病呻吟,主要是指要预防并发症,防止病情加重或病情恶化。

(1)采取措施治疗感冒

①积极治疗原发病,防止交叉感染,合理使用抗感染药物。

②多喝开水,清洁口腔,保证身体良好的状态,加速毒素及代谢产物的排出。

③发烧期间应充分卧床休息,直至退热,然后才能逐步恢复活动。在恢复活动的初期应减小运动量、运动强度,缩短运动时间,要加强医务监督,密切观察机体的反应,及时调整运动量。

此外,免疫系统的功能受多种因素的影响,如生活方式、运动、饮食、精神状态等,营养不良、精神压力及运动强度过大的人更容易被感染。为了保持良好的健康状况,需以预防为主,未病先防,未病先养,不断提高机体的免疫机能。这是因为健康是一个动态过程,而不是一种静止的、不能改变的状态。对健康人而言,健康只有更好,没有最好,健康只能去维护,而绝不能去消费、去透支。

(2)提高机体的免疫机能

①平衡膳食:摄入的热量适当,热源质比例适当,膳食中蛋白质、脂肪和碳水化合物含量的比例,按总热量的百分比计为 15%∶25%∶60%。充足的维生素、充足的无机盐和微量元素,易于消化吸收,有利于维持酸碱平衡。

②降低心理和环境应激水平,保持乐观豁达的生活态度,以积极的态度接受生活的挑战。

③保证睡眠,睡眠时间应在 7~8 个小时。

④养成体育锻炼的习惯,每天进行中等强度运动 40~60 分钟。

⑤建立良好的生活方式,其内容涉及烟、酒、早餐、工作时间等问题。

⑥必要时可使用免疫调节手段,如中医药、免疫球蛋白和前列腺素抑制因子等。

3. 一日之计在于晨,闻鸡起舞好处多

俗话说:"一日之计在于晨。"我国人民素有闻鸡起舞的习惯,在晨曦朦胧的清晨,湖边、公园、林荫道边到处是晨练的人们。

(1)晨练是祸是福,是喜是忧?

对在职人员和广大学生而言,早晨锻炼从时间安排上讲,多不会影响正常的工作和学习,而且清晨锻炼可以促进人们更快地由睡眠状态转为清醒状态,提高全身各系统器官的机能,为即将进行的学习或工作做好生理上的准备;晨练对提高体质、改善心肺机能有良好作用,也是毋庸置疑的。但从医学、保健学的角度看,清晨锻炼并不是十全十美的。其主要原因是,夜间植物吸收氧释放二氧化碳,清晨阳光初露,植物的光合作用刚刚开始,空气中二氧化碳的浓度仍然较高,如果继续将锻炼的时间前移,则效果更差。如果锻炼者生活在城市,还得考虑空气污染问题,清晨大气的活动相对静止,各种废气(生活用气、工业用气)不易消散,是一天中空气污染较严重的时段。另一方面,从人体的生理变化规律来看,在早晨6时左右,人们的血压开始增高,心率也逐渐增快,到上午10时左右达到最高峰。如果锻炼者是冠心病、高血压患者,此时进行剧烈活动最易发生意外。

人经过一夜的睡眠,体内的水分随着呼吸道、皮肤和便溺等丢失。这使机体的水分入不敷出,使全身组织器官以致细胞都处于相对的失水状态。当机体水合状态不良时,由于循环血量减少,血液黏滞度增加,轻者会影响全身的血液循环的速度,不能满足机体在运动时对肌肉组织的供血供氧,因而在运动中易出现心率加快、心慌气短、体温升高现象;严重时,特别是在身体有疾患的情况下,突然由静止状态转为剧烈运动状态易诱发血栓及心肌梗塞。

由此可见,尽管我国从古就有闻鸡起舞的习惯,但是,清晨锻炼确实对机体有诸多不利影响,特别是对于那些患呼吸道疾病、高血压、冠心病的人更应十分注意,以免出现意外事故,使锻炼适得其反。

(2)晨练应注意哪些问题

进行晨练必须搞清楚其中的道理,去其利,避其害,扬长避短,科学进行锻炼。只有这样,晨练才能够起到强身健体的作用。

①晨起适当补水,使循环血量增加、血液黏滞度降低,但切记不要一次饮水过多,以150~200毫升为宜,以免增加心脏及胃肠道的负担。

②做好准备活动。清晨神经系统、呼吸循环系统及运动器官机能相对低下,易发生心血管意外;另外,由于肌肉的力量、韧带的伸展性都不够,身体的协调性差,易发生肌肉拉伤和关节韧带扭伤。因此,必须做好准备活动,让机体的功能充分调动起来后再投入锻炼,避免意外伤害事故的发生,有效预防运动损伤。

③养成锻炼习惯。对于长期坚持锻炼的人而言,机体可以对某种锻炼方式或生活习惯产生适应。特别是中老年人,由于心血管系统适应能力较差,突然剧烈的运动容易引起心血管意外。只有经常坚持运动,才能收到应有的效果。一旦间断,心肺功能、体力和工作能力即随之下降。

④注意选择锻炼场所,避开空气污染严重的区域。

⑤开始锻炼时运动量和强度要小,以后随身体适应能力提高而逐渐加大。锻炼的时间在不短于每次15分钟的基础上逐渐延长,每日锻炼一次或隔日一次为宜。

如果采用慢走，以后逐渐增加速度，在此基础上转入慢跑或走跑交替。开始跑速要慢，距离要短，适应1～2周后，再逐步增加运动量和锻炼时间。这样做，既能取得良好的锻炼效果，又可将早晨锻炼的危险控制到最低。

　　3. 体力劳动者可以不参加体育锻炼

　　一些从事体力劳动的人认为，自己在工作中身体活动的强度、体力消耗都已很大，与那些坐办公室、长时间缺乏体力活动的人不一样，体力劳动之后进行体育锻炼会使机体的疲劳更加严重，因此，可以不必再进行体育锻炼了。这种观念是不全面的，带有很大的局限性和片面性。

　　体力劳动与体育锻炼的最大区别在于体力劳动多是一种局部负荷，而体育锻炼是一种有意识的全身活动。体力劳动可以起到一定的锻炼身体的作用，但是劳动与体育活动终究是两回事，体力劳动不能代替身体运动。大家知道，劳动的直接目的是创造物质财富，现代社会的劳动过程中有着各种各样的不同职业，限于工作特点和劳动方式，人们所从事的多是一种简单的或单一的重复运动，而且大都是限于身体局部的反复活动和固定姿势的动作，身体范围和性质受到很大的限制。因此，对身体的影响只能局限在某些部位的组织和器官，往往只能有一个或几个肌肉群进行活动，长年累月单一重复的劳动会使人感到疲劳，长时间局部劳动的结果很可能造成职业病。比如，纺织工人整天在机台前走动，计算机操作者、缝纫工人总是坐着，绘图员、车工总是站着等。长时间进行某种劳动，而不注意体育锻炼，就会使身体的某一部分肌肉负担过重，而使身体的另一部分肌肉的活动减少，造成肌肉力量间的不平衡。

　　长期单调的弯腰动作，容易引起腰肌劳损；长时间站立会使下肢血液回流障碍，导致下肢静脉曲张；而长时间坐着工作时，则会使腹压增高，引起消化不良等疾病，严重的甚至会引起身体的畸形发展。单纯从事体力劳动的人到了中年时期，常会感到体力明显不足，健康状况下降。长此以往，还会导致局部劳损，身体变形，比如局部酸痛，左右侧肢体的粗细不均，前后肌肉比例失衡，而造成弯腰驼背，并出现相应的症状或体征，如局部长期酸痛，肌肉无力，甚至功能障碍。

　　研究表明：人们在体力劳动后进行一些轻松的体育活动，身体疲劳的恢复速度要比静坐或静卧的休息效果更好。这是因为支配劳动活动与支配体育活动的神经中枢（大脑皮层）位置不同，在劳动之后进行体育活动，可以使指挥劳动活动的神经中枢抑制加深，可以使参与劳动活动的肌肉得到充分放松和休息；另一方面，体育活动刺激机体的呼吸循环系统，使血液循环加快，呼吸加快加深，改善了肌肉的氧气供应，加快了营养物质的代谢，促进了代谢产物的排出。就短期效果而言，体育锻炼有助于疲劳消除；就长期的效果而言，体育锻炼可以改善体质，提高劳动效率，长久减轻劳动活动中的疲劳。所以,对于长期从事体力劳动的人来说,还是应该经常因地制宜地参加一些体育活动。例如,在劳动过程中做几节生产操、工间操,伸伸腿、弯弯腰,或者有意识地做几节与自己劳动姿势相反或改变体位的活动,如持续弓身弯腰的,可做些后仰伸展的动作;搬运装卸重物后,可做些放松四肢的活动等,缓和一下机体的紧张程度,使机体得到必要的放松和休息。

虽然从表面上看,增加了部分体力活动的时间和数量,然而,这些活动却可以使劳动中很少活动的肌肉得到锻炼,从而使身体各部分的肌肉得到均衡发展。持之以恒,可使肌纤维增粗,健壮有力,有效地预防局部负担过重和肌肉关节劳损,预防颈椎病、驼背,还可以增强心肌的收缩力,提高心脏功能和血管弹性,使肺活量增大,神经系统更加灵活,反应机敏,从根本上增强体质,改善和提高健康水平。这对于有效消除因单一长时间劳动引起的疲劳,使人们以更为旺盛的精力和充沛的体力投入工作,以及延缓生命衰老等各个方面,都具有一般体力劳动无可替代的作用。

在劳动之后进行锻炼,应注意方式方法。一般讲,在强度较大的体力劳动之后,不宜进行剧烈的体育活动,因为在重体力劳动中机体已经消耗了大量的能源物质,机体已经很疲劳了,这时如果继续进行大负荷的体育锻炼就会使疲劳加深,恢复速度减慢,影响第二天的工作。

在重体力劳动后可进行一些强度较小的体育活动,如散步、慢跑、游泳、交谊舞等活动,使神经中枢的兴奋转移,使代谢产物的排除加快,使参与劳动活动的肌肉得到充分放松和休息,使疲劳的消除速度加快,使机体的恢复更充分。此外,劳动后参加体育锻炼,还要注意活动的多样化,以避免局部负担过重,使身体得到全面锻炼。

体育锻炼可以调节我们的精神状态。大家可能有过这样的感觉,就是在进行轻松地运动后,人会感到精神振奋、头脑轻松、心情愉快,这就是体育锻炼对人体精神状态调节的证明,通过精神状态的改善可以提高工作效率,并减少许多由于精神因素而导致的疾病的发生。

为了我们有更健康的身体,为了提高劳动效率,让我们在劳动之余,更积极主动地去参加体育锻炼吧!

4. 扭伤后立即揉揉或者热敷好得快

急性闭合性软组织损伤是运动损伤中较多见的一种损伤,如肌肉拉伤、挫伤、韧带扭伤等都属于这类损伤。急性闭合性软组织损伤的特点是:由一次暴力而引起,揭伤局部有疼痛、肿胀、活动障碍等症状,但皮肤、粘膜完整。

当急性闭合性软组织损伤发生后,首先要注意检查有无合并伤,如腹部挫伤后是否合并有内脏破裂,肌肉挫伤后有无断裂,有无明显血肿,头部挫伤有无脑震荡等。如有较严重的合并损伤,应先处理合并伤,然后处理软组织损伤。在确定没有严重的合并伤后,在急性闭合性软组织损伤后的 24～48 小时内,要进行冷敷、加压包扎、制动和抬高患肢,还可以使用一些中药,其目的在于止血、镇痛、减轻肿胀。加压包扎 24～48 小时后可以解除。伤后 48～72 小时以后,可以开始在局部做热敷、理疗、按摩等,以改善血液循环,促进局部代谢,加速损伤的修复。当损伤基本恢复后,要开始加入力量训练和肌肉、韧带的伸展练习,以恢复受伤部位的肌肉力量及肌肉、韧带的柔韧性。

可见,认为扭伤后立即揉揉或者热敷好得快的认识是错误的,那样只会加重组织的出血和肿胀,延长病程。

5. 没有痛苦的运动就没有收获

如果是为了参加奥运会,这句话可能是对的。但是对一般人而言,痛苦是一个警告,而非达到成功所必须跨过的一个门槛。每个人都应该注意身体发出的讯号,如果感到痛苦,赶快停止。有益的运动做得太多会产生相反的结果,锻炼过度可造成一系列的问题,特别是对刚刚开始锻炼的人更是如此,身体需要时间来复原。锻炼身体到了某一程度后就会发生效用逐减的现象,这时必须增加运动量才能取得更好的结果。假定一星期运动 3 次已获得成效,那么如果一星期运动 6 次,也不可能得到双倍的好处,好处只能增加一些而已,同时还会因为锻炼过度而增加受伤的危险,所以每周锻炼的次数与健身效果密切相关。最适合的周锻炼次数应该在前一次练习的效果尚未消失之前,就进行第二次运动,这样每次锻炼的效果逐渐积累,就能够达到提高体能、增进健康的目的。对于一般人来讲,如果运动量适当,运动强度不大,可以每周运动 3～5 次,既能保证健身效果,又不会给身体造成受伤的危险。如果运动量和运动强度都较大,运动后感到很疲劳,运动较多的部位在第二天起床后仍然感到酸胀疼痛,则以隔日进行一次运动较好。那么如何知道自己进行的运动量是否适度呢? 如果运动后微微出汗,全身轻松、舒畅,食欲增强,睡眠好,说明运动量适当,效果好;如果感到头昏、胸闷、气短,运动后食欲减退,睡眠不好,明显感到疲劳,第二天这些症状不能完全消失,则说明运动量过大,应适当调整。

6. 强度大、节奏快的健美操重塑体形效果好

健美操能增强人体肌肉韧带和内脏器官的功能,发展人体柔韧、协调等方面的基本素质,能增进健康,增强体质;帮助形成正确优美的身姿、体态;协调发展人体各部位肌肉群,使人体匀称和谐地发展。因此,长期坚持健美操锻炼,能够使肌肉富有弹性,身体匀称、苗条,达到最佳锻炼效果。但是,并不是练习强度越大、节奏

越快的健美操重塑体形效果越好。健美操是依靠身体各部位的自身重量,通过多次重复练习,逐渐达到一定的负荷量。实践证明,只有适宜的负荷刺激,才能达到锻炼身体、增强体质的目的。大强度健美操只能舒筋活血,增加肺活量,提高身体素质,却不能明显弥补形体上的不足。只有小强度、长时间的练习,才能修正、弥补不理想的形体。有了对健美操的正确认识,掌握了健美操动作的练习方法,根据自身需要灵活运用,长期坚持练习,才能受益终生,既可弥补形体上的不足,又能使身体素质得到改善。

7. 跑步穿什么鞋都行

"千里之行,始于足下",我们日常进行的许多活动都离不开下肢的活动,那么除了水中(如游泳)和个别垫上运动,我们都要穿鞋,所以鞋的好坏或者说是否合适,会直接影响运动时脚的舒适程度以及相关关节损伤的发生率。

对于体育运动爱好者来说,跑步穿的鞋的鞋底要厚一些,这可以减轻脑部受到的震动,减少运动损伤的发生。鞋的大小要合适,太小会挤脚,而太大在运动时会感到不舒服;进行长时间运动时,最好不要穿新鞋进行,这是因为新鞋的里面往往比较硬,一些不合适的地方可能会硌脚,甚至导致磨出水泡;不能穿鞋底太硬或太滑的鞋进行运动,如塑料凉鞋、塑料底的布鞋和皮鞋,这些硬底鞋的鞋底往往比较滑,容易摔倒而导致意外。

8. 运动后饮酒可以加速疲劳消除

运动后饮酒对身体的影响主要要看酒量的多少,一般认为运动后少量饮酒可以改善血液循环,加速疲劳消除。但是长期大量饮酒会使食欲下降,食物摄入减少,以致发生多种营养素缺乏。酒精还影响叶酸的吸收,致使体内叶酸缺乏,叶酸缺乏可导致贫血。另外,大量饮酒会损害消化系统尤其是肝脏的健康,由于酒精的分解主要在肝脏进行,因此饮酒对肝脏的损害特别大。酒精会引起脂肪肝、肝硬化,甚至肝癌。再者酒精刺激食道和胃黏膜,会引起消化道粘膜充血水肿,导致食道炎、胃炎、胃溃疡。此外,还会增加患高血压和中风的危险,损害中枢神经系统。如果是正处于生长发育阶段的青少年,由于他们的组织器官尚未发育成熟,酒精对他们的毒害更甚,因此运动后不应当饮酒。

9. 运动后要多喝水

进行体育运动时,人体会大量出汗,这时机体对水的需要量也会相应地增加,它约占人体重的 $60\% \sim 80\%$,当脱水时,其身体机能会受到明显的影响,因为水是机体进行物质运输和进行代谢的主要载体,脱水会导致血量减少,血液循环障碍;导致出汗减少,不能有效地散发热量,造成热量在体内的蓄积;导致尿量减少,不能将代谢废物排泄出体外,所以说运动后要注意补充水分。但是,需要补充水分不等于要大量饮水,因为机体对水的需要量是依据消耗来决定的,正常情况下机体的摄取与排泄处于一种动态的平衡,摄入小于排泄时,会导致缺水,但是如果摄入大于排泄时,会导致水在体内蓄积,当超过一定限度时,甚至会发生水中毒。所以运动后应该大量饮水这个观点是错误的。人体在运动中,随着出汗的增加就会出现缺水,这时应该及时进行补充,而不是等到运动结束后才进行补充。有人认为运动中不能饮水,因为饮水会影响运动能力的发挥,这也是非常错误的观点。正确的补水方法是在运动中少量多次地进行补充,每次饮水量在 150~200 毫升,每 20~30 分钟补充一次,每小时的总饮水量不要超过 600 毫升。

10. 身体没病就不用锻炼

"无病便是健康"、"年轻人用不着锻炼"这是一些人对健康的一种错误认识。还有人说:"我吃得香、睡得着,从来没有病,身体很健康。"也有的年轻人说:"我不怎么锻炼,不是也很健康吗? 锻炼是老年人闲着没事时进行的活动!"这些看法都是不正确的。有人提出过"第三种状态"的观点,即指人群中有大多数人处于"有病"与"健康"之间的"第三种状态"。这种状态可以因某种因素而向另两种状态变化,即在"第三种状态"的人群中,潜伏着不健康的因素。人类要想健康地生存,需要有三个基本条件,这就是营养、休息和运动。对于个人来说,这三个方面都必须满足最基本的需要量。健康,可以说是这三方面处于平衡状态的外在表现,任何一方面的不平衡,都不能认为是健康。从这个观念上来看,"无病就是健康"的观念是错误的。在现实生活中,我们也看到了当上述三个因素间的平衡关系被破坏时对人体健康的影响。比如,随着科学技术的发展,工作的机械化和电子化,使人们工作中体力劳动比例越来越少,人们的工作、家务和各种活动中,重体力劳动变成了轻体力劳动,复杂劳动变成了单一的操作,不少从事体力劳动的工种实现了自动化或半自动化。家务劳动及一般的日常活动也由于各种现代化设施的问世和普及,使大量的家务劳动大大减少,自动化带给了人们生活以极大的便利。

与此同时,"慢性运动不足症"已不知不觉地威胁着人们,因为人们在日常生活中的体力活动量已经难以满足机体的正常需要,这就导致体力下降、机能下降、精神疲倦、心理神经系统障碍增加,高血压、脑溢血、心脏病、肥胖症等"文明病"发病率增加,使心脏病和循环性机能障碍等疾病的死亡率在美国和欧洲各国占据致死率首位。以上种种事实足以证明人类的健康与运动是紧密相关的。"没有病"并不就是"健康"。我们还可以从另一个角度来分析"没有病就是健康"这种说法的不正确性。大家都知道,人是一种有意识、有思想、有非常丰富而又极端复杂的内心活动的高级生物,既有生理活动,又有精神活动,这两方面活动紧密相连,因此衡量一个人是否健康,必须根据这两方面的情况进行综合判断。

（1）世界卫生组织对健康的定义

①有充沛的精力，能从容不迫地应付日常生活和工作的压力而不感到过分的紧张。

②处事乐观，态度积极，乐于承担责任，事无巨细不挑剔。

③善于休息，睡眠良好。

④应变能力强，能适应外界环境的各种变化。

⑤能够抵抗一般性感冒和传染病。

⑥体重得当，身材匀称。站立时，头、肩、臂位置协调。

⑦眼睛明亮，反应敏锐，眼睑不易发炎。

⑧牙齿清洁，无空洞，无痛感，齿龈颜色正常，无出血现象。

⑨头发有光泽、无头屑。

⑩肌肉、皮肤有弹性。

其中，（生理、形态）前四条为心理健康的内容，后六条则为生物学方面的内容。

（2）心理健康的标准

①智力正常。②能动地适应环境。③热爱人生。④情绪稳定。⑤意志健全。⑥行为协调。⑦人际关系适应。⑧反应适度。⑨心理年龄与生理年龄相一致。⑩能面向未来。

由此可见，健康的人应该是在生理和心理两方面都健康的人，而不仅仅是没有病的人。

11. 运动中鼻腔出血没多大关系

一些人在寒冷季节进行锻炼时鼻腔常常出血，这是否是一种正常现象呢？首先，让我们来了解一下鼻腔的特性。鼻腔是呼吸道的门户，鼻腔内由鼻黏膜覆盖着，鼻黏膜里有丰富的毛细血管，经常处于湿润状态，它们的作用是使外界空气在进入肺脏前变得温暖、湿润。但是在寒冷季节，特别是北方地区，由于风多雨少，加上取暖的因素，导致空气干燥，鼻黏膜的水分蒸发很快，容易干燥。因此，毛细血管壁弹性降低，变得很脆。参加体育锻炼时，如果血管受到强烈震动，就比较容易破裂出血。此外，鼻腔在面部比较突出的部位，受到碰撞的机会也较多，特别是鼻中隔前下方的"克氏区"，毛细血管稠密而表浅，最易受外伤，是鼻出血的常发部位。所以由运动、空气干燥及外伤的原因导致的鼻腔出血，只要注意预防和进行合理的处理，就不会对身体产生严重的损害。但是也要注意由于其他原因导致的鼻腔出血，如血液疾病、鼻咽部肿瘤等导致的鼻腔出血，因此对于运动中经常出现鼻子出血者要去医院进行检查。

对前一种情况的鼻腔出血应该如何进行预防和处理呢？首先，要保护好鼻黏膜。常用手指挖鼻孔是一种坏习惯,它会使鼻毛脱落,黏膜受伤,血管破裂,引起出血。如果感到鼻子干燥不舒服时,可用毛巾或棉花蘸温开水轻擦一下,也可以用开水的蒸气熏一熏。其次,在参加体育锻炼时,特别是在跑、跳时要注意前脚掌着地,充分利用缓冲作用;在进行对抗性活动中,要避免外伤及头部、鼻部的强烈震动和冲撞。平时要多喝开水,多吃新鲜蔬菜、水果,使鼻黏膜保持湿润.增加抵抗力。

　　一旦出现鼻腔出血,要立即停止锻炼,抬头仰脸,用手指用力捏住鼻子,压迫鼻中隔的血管,以达到止血的目的。如果止不住血,可用毛巾蘸上冷水捂在鼻子和脸上,使血管遇冷收缩,防止血液继续外流。如果出血量大,用以上办法不能止住血时,可用清洁的棉花(有脱脂棉最好)、纱布条甚至餐巾纸等干净柔软的物品卷成条状,沿鼻底塞入鼻腔,紧紧填塞,直到无法再塞时为止。如果家中有滴鼻用的麻黄素药水,在棉卷上滴几滴,它能使血管迅速收缩,加强止血效果。如果备有"三七粉"或"云南白药"等止血药物,也可适量服用。如果经上述方法处理后仍出血不止,则应及时送往医院救治。

复习思考题

　　1. 健身房形体训练的作用是什么?

　　2. 在运动中晕倒应如何急救?

　　3. 人体体形主要分哪几种? 试举一个类型,运动者应该如何锻炼?

第六章

形体舞蹈知识简介

本章概要

　　本章着重介绍体育舞蹈的分类、特点，以及几种交谊舞的基本舞蹈方法。通过对本章的学习，可使学生对体育舞蹈基本知识有一个初步的了解，为继续学习体育舞蹈打下良好的基础。

学习目标

　　通过本章的学习，让学生了解和掌握体育舞蹈基础理论知识及基本舞蹈方法，并能将其运用到生活当中去，从而促进身心协调、健康发展。

第一节　形体与体育舞蹈

　　旅游服务形体训练是对学生进行艺术美育的教育过程，是获得形体美和心理美的主要途径。在学校开设形体课是引导学生按照美的规律塑造自己，促进身心协调、健康发展。提高审美能力和美的表现力，增强对生活的热爱和自信心，为走向社会、参与竞争创造条件。这些优点也正是体育舞蹈等一些舞蹈训练的基本功能。

一、体育舞蹈分类和特点

舞蹈产生于人类的生活、劳动和情感,是一种人体文化。舞蹈艺术居艺术之首,它随着人类的社会演变和文化进程而发展。研究表明,各种舞蹈都源于原始舞蹈,体育舞蹈也不例外。体育舞蹈的发展过程经历了原始舞蹈→公众舞→民间舞→宫廷舞→社交舞→新旧国际标准交际舞等发展阶段。体育舞蹈就近来说是社交舞,也称交际舞、交谊舞。国际标准舞始于英国,国标舞的发展促进了国际舞蹈组织的发展,国际奥委会于 1995 年 4 月决定,给予体育舞蹈以准承认资格。国际奥委会的认可,为体育舞蹈开辟了广阔的天地,体育舞蹈将会进一步发展,水平也将迅速提高。

(一)体育舞蹈的特点

体育舞蹈是由属于文艺范畴的舞蹈演变而来的体育项目,它兼有文艺和体育的特点,是介于文艺和体育之间的边缘项目,是以竞赛为目的的、具有自娱性和表演观赏性的竞技舞蹈。它具有以下三个特点:

1. 规范性

规范性表现在技术上。足法、方位、角度的精确要求,是历经百年历史锤炼,几代人的加工而逐渐形成的。

2. 艺术观赏性

体育舞蹈融音乐、舞蹈、服装于一体,通过优美的体态、舞姿等动人的肢体语言展现人的气质和风度,极具观赏的价值,被认为是一种"真正的艺术"。

3. 体育性

体育性一方面体现在竞技性,另一方面表现在锻炼价值上。体育舞蹈选手在完成某舞种成套动作之后的最高心率,女子达到每分钟 197 次、男子每分钟 210 次的运动强度。作为体育锻炼的手段,在生理和心理方面对人体有许多有益的作用。

(二)体育舞蹈的分类

体育舞蹈按舞蹈的风格和技术结构分为摩登舞和拉丁舞两大类。按竞赛项目可分成三类,即摩登舞、拉丁舞和团体舞。摩登舞包括:华尔兹、探戈、狐步、快步和维也纳华尔兹 5 种。拉丁舞包括:桑巴、恰恰恰、伦巴、斗牛舞和牛仔舞 5 种。

1. 摩登舞具有端庄、含蓄、稳重、典雅的风格和绅士风度。舞步流畅、轻柔洒脱,舞姿优美、起伏有序,音乐节奏清晰,舞蹈富于技巧性,是老少皆宜的舞系。在服装方面也相当考究,男士着西服或礼服(燕尾服),女士宜穿晚礼服或露背长裙,显示出庄重、高贵的气质及身材线条的优美。舞鞋也较讲究,男士一般穿黑色或与服装同色的软底跟缚带皮鞋,鞋底用牛皮毛面向外反做,要求轻软、合脚;女士的舞鞋要求鞋面色彩应与衣裙协调,样式为高跟皮鞋,鞋跟的高度为 5～8cm,鞋底用牛皮反做,鞋面还可镶加亮饰。

2. 拉丁舞具有热情、奔放、浪漫的风格特点。舞蹈动作豪放粗犷,速度多变,手势和脚步内容丰富,充满激情,音乐节奏鲜明强烈,尤为中青年人所喜爱。其服饰着重展示人体的曲线美,且带有拉美风格。男士下着体现人体线条的高腰筒裤或萝卜裤,上衣着适合于选手风格的长袖、坎袖衫,紧身或宽松式服装;女士穿露背或露腿的短裙或长裙,以展示背、腰、臀、胯、腿部动作的优美线条,增强风格性。拉丁舞鞋均比摩登舞鞋的鞋跟稍高,女鞋为系带的凉鞋,鞋上可加亮饰,使脚部动作更显醒目。发型要求:男士可留分头,前不遮耳,后不过领,不能蓄长发长须;女士为短发或长发盘鬓,可加头饰,不可披长发。

3. 团体舞是摩登舞或拉丁舞的混合舞,由 8 对选手组成,借助音乐的引导,将 5种舞蹈在变化莫测的队形变动中,编织出丰富多样的图案,它将音乐、舞姿、队形、图案和选手们的和谐配合融为一体,达到了视、听完美的统一,使体育舞蹈的风格特点得到了更为鲜明的表现。

同一系列的舞种除在风格和内容上有其共同特点外,每个舞种在步法、节奏、技术处理以致风格上都有自己的独特之处。

二、各种舞蹈风格特点介绍

(一)华尔兹(Walzel)

“华尔兹”一词最初来自古德文 Walzel。华尔兹舞也称圆舞,在摩登舞中历史最悠久,原是德国南部和奥地利的农民舞,至 18 世纪末才成为极流行的社交舞。莫扎特、肖邦、柴可夫斯基、施特劳斯等音乐大师曾写下不少举世闻名的华尔兹舞曲,这些不朽的名曲对完善和推广华尔兹舞起到了很大的作用。特别是施特劳斯,他使华尔兹成为“舞蹈之王”。随着时间的推移,华尔兹逐渐分为慢华尔兹(华尔兹)和快华尔兹(维也纳华尔兹),也就是平常说的慢三步和快三步。华尔兹舞的风格特点是庄重典雅、华丽多彩、雍容大方。其动作流畅起伏、婉转多变、飘荡旋转、连绵不断。音乐为 3/4 节拍,节奏中等,每分钟 30 小节。其基本步法是一拍跳一步,每小节三拍跳三步,但也有一小节跳两步或四步的特定步法。

(二)探戈(Tango)

探戈舞起源于非洲中西部的民间舞蹈探戈诺舞。16 世纪末至 17 世纪初,随着贩卖黑奴进入美洲,融合了拉美民间舞蹈风格,形成了舞姿优雅洒脱的墨西哥探戈和拉姿挺拔、舞步豪放健美的阿根廷探戈。随后传入欧洲,融汇欧洲民间舞蹈,尤其是受西班牙民间舞蹈的影响,在原有豪放洒脱的基础上,渗入了幽雅含蓄的情趣,形成了西班牙探戈、意大利探戈和英国皇家式探戈。现在跳的探戈大家称之为欧洲闪式探戈。

探戈舞是最早被英国皇家舞蹈教师协会肯定,并加以规范的四个标准舞之一。它综合了世界各种探戈舞的精华,以其刚劲挺拔、铿锵有力、潇洒豪放的风格和独有的魅力征服了舞坛。人称 19 世纪是华尔兹的时代,20 世纪是探戈的时代。

探戈舞步独树一帜,斜行横进,步步为营,俗称"蟹行猫步"。探戈动作刚劲锐利,欲进又退,欲退还前,动静快慢,错落有致,沉稳中见奔放,闪烁中显顿挫。气氛肃穆,以切分为主。

探戈音乐为 2/4 拍,每分钟 33 小节。基本节奏型为慢慢快快(SSQQ)和慢快快慢(SQQS),慢是一拍,快是半拍。

（三）狐步舞(Slow Foxtrot)

狐步舞起源于美国黑人舞蹈。1914 年夏,美国演员哈利·福克斯模仿马在慢步行走时的动作,并设计了一种舞蹈形式,迅速在全美风行,人们因此称狐步舞为福克斯。现在国际上跳的狐步舞是英国的约瑟芬·宾莉改编的。

狐步舞的风格特点,除具有华尔兹的典雅大方、舒展流畅和轻盈飘逸之外,更具有狐步舞独有的平稳大方、悠闲自在、从容恬适的韵味。

狐步舞的舞步轻柔、圆滑、流畅,方位多变且不并步。在动作衔接中呈现出降中有升、升中有降的线行流动状。

狐步舞音乐 4/4 拍,每分钟 30 小节,速度中庸,节奏明快,情绪幽静而文雅,基本节奏型为慢快快(SQQ)。

（四）快步舞(Quick Step)

快步舞起源于英国,20 世纪初才发展起来,流行于欧美。快步舞的最大特点是轻快活泼,在快速的舞步运行中伴以快速的身体运动,加上富有特色的合并步,表现出热情向上的情绪,舞步洒脱自由,极富动感和表现力。当今的快步舞又将芭蕾舞中的一些小跳动作融合在内,因而显得甚为轻快灵巧,更具技巧性和艺术魅力。

快步舞音乐 4/4 拍,每分钟 50～52 小节,基本节奏型为慢慢快快(SSQQ)和慢快快慢(SQQS)。

（五）维也纳华尔兹（Viennese Waltz）

维也纳华尔兹，其前身是德国的土风舞，后来流传于奥地利。它在交际舞历史中最悠久，19 世纪初已成为极为流行的社交舞，被誉为"舞中之王"。其风格特点是动作轻快流畅、旋转性强、连贯活泼、高雅华贵，音乐节奏清晰、欢快优美。

维也纳华尔兹音乐 3/4 拍，每分钟 60～62 小节，每小节三拍，第一拍为重音，第二、三拍为弱音。基本节奏是一步一拍，其速度是华尔兹舞的两倍。

（六）桑巴（Samba）

桑巴舞是从巴西农村的摇摆桑巴舞传入城市演变而来的，后在里约热内卢狂欢节上公开表演后，以它微妙的节奏和强烈的感情倾倒了巴西人，逐步形成为巴西的民族舞，是巴西音乐和舞蹈的灵魂。20 世纪二三十年代桑巴舞传入欧美。桑巴舞的风格特点是舞风粗犷，起伏强烈，舞步奔放、敏捷，富有强烈的感染力。舞步强调上下的弹动以及腰胯、身体的前后摆动，脚的动作完全用脚掌来做，脚掌平踏地面，脚跟不能着地。由于它在移动时沿舞程线绕场进行，因此它是拉丁舞中行进型舞蹈。

桑巴舞音乐 2/4 拍，每分钟 48～56 小节。其节奏型为慢快慢（SQS）。

（七）恰恰恰（cha—cha—cha）

恰恰恰是当今世界上最流行的拉丁舞，虽起源于古巴，但最早也是由非洲黑人带入的。它在发展过程中吸收了古巴当地其他一些舞蹈的成分，然后模仿企鹅的姿态创编而成。雌雄企鹅高兴时相亲相爱一起欢跳；不高兴时，雌企鹅则不理会雄企鹅而独自走在前面，雄企鹅舍命尾随，以求雌企鹅的欢心。故恰恰恰舞在编排上一反其他交际舞由男子领舞的习惯，多是女子领舞，且两人的动作不是整齐划一。恰恰恰舞的风格是诙谐、花哨、欢快、有趣。

恰恰恰音乐 4/4 拍，每分钟 32 小节。其节奏型是慢慢快快慢（SSQQS），每小节走五步，即"2、3、4&1"。

（八）伦巴（Rumba）

伦巴舞起源于古巴，主要是由古巴的土著人和移居古巴的非洲黑人的民间舞蹈融合而成。它在拉丁舞中历史最为悠久，舞型最为成熟，是拉丁舞的代表舞，享有"拉丁舞之灵魂"的美誉。伦巴舞的音乐缠绵、浪漫，舞蹈风格柔媚、抒情，是表现爱情的舞蹈。与其他拉丁舞不同的特点是在舞步运行中，臀部富有魅力地扭摆，上身自由舒展,在抑扬的韵律节奏下,更显文静、含蓄、柔媚,展示了女性婀娜多姿的美态。男子动作以进攻为主,女子动作以防守为主,基本步法特点是臀、胯、膝、踝的有机配合。伦巴舞是一种"地位舞",是在一个相对固定的地方舞蹈,而不是要大幅度的移位。

伦巴舞音乐 4/4 拍,每分钟 27 小节。节奏是四个快拍走三步,作为强拍子的第一拍用在上一小节末了的弹性扭胯动作,等到第二拍的时候再迈出第一步。所以跳伦巴舞时要数"2、3、4、1",数"2、3、4"时一拍走一步,数 1 时扭胯不走步。

(九)斗牛舞(Paso Doble)

斗牛舞是模仿表现斗牛情景的一种拉丁舞蹈,它起源于西班牙。男伴动作模仿斗牛士,女伴则象征斗牛士手中的斗篷,因此男士必须保持一种强壮英武的姿态。斗牛舞特色鲜明、风格迷人,具有强烈的感染力。

斗牛舞音乐 2/4 拍,每分钟 60 小节,每拍走一步。

(十)牛仔舞(Jive)

牛仔舞是由美国西部的牧童发明的,盛行于 20 世纪 20～30 年代。它动作粗放、节奏兴奋,舞伴可互相变换位置,且有各种快速的旋转动作,要求腰胯部自然扭动,越自然越好,体现出音乐的欢快而跳跃、亢奋而热烈。舞步有跃动感、丰富多变,其强烈的扭摆和连续快速的旋转,常使人眼花缭乱、亢奋热烈。

牛仔舞音乐 4/4 拍,每分钟 44 小节。其节奏为:1、2、3＆4、5＆6,共六拍,跳八步。

三、体育舞蹈的运动要求

体育舞蹈是一项可以增强体质、改善心理和净化心灵的运动,属于有氧运动。它向你身体的每一块肌肉提出挑战,可以增强腿、肩、臂和躯干等部位的力量。体验体育舞蹈的同时也检验并改善了你的思维和心理,还能提高平衡、旋转、控制能力,教会你运用肢体去展现美、理解美、欣赏美,感受舞蹈的魅力。也许你不能成为职业选手,但你会发现自己走路、谈话,甚至于思想都带有了几分自信。你会自我感觉更好,睡得更香,而且经常微笑。每当音乐响起时那种内心激动不已的体验,所有这些都是因为你在学习体育舞蹈。

体育舞蹈是一项高度文明的运动,要求人们具有良好的风度。这里我们列出了几条不成文的规定,都是构成这项运动中良好的道德要素。

1. 首先衣着必须整洁舒适、美观大方。忌穿背心、短裤和球鞋。头发一定要梳理整齐,不要戴帽子和手套。不要吃东西。走路脚步要轻盈、谈吐文雅、举止大方。

2.与舞伴合作时要互相帮助、互相谅解、互相尊重、共同提高。

四、体育舞蹈比赛的基本知识

(一)舞程向与舞程线

在一个舞池中,为避免互相碰撞,严格规定舞者必须按逆时针方向行进,这个行进方向叫舞程向。沿舞程向方向行进的路线叫舞程线(见图6-1)

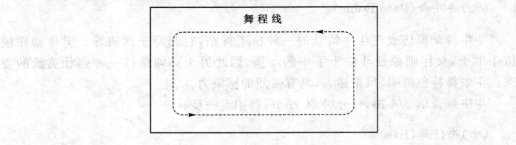

图 6-1

(二)舞　姿

1.合对位舞姿(闭式位舞姿)

"合"指男女交手握抱;"对"指男女面对面。合对位舞姿泛指男女面对双手扶握的身体位置。

2.侧行位舞姿

指男士的右侧与女士的左侧身体紧密贴靠,身体的另一侧略向外展开成"V"形的站立或行进的身体位置。

3.外侧位舞姿

是指在摩登舞中,男女舞伴的一方向另一方的右外侧(常见)或左外侧(较少见)前进所形成的身体位置。

4.并肩位舞姿

指拉丁舞中男女面对同一方向肩臂相并的身体位置。以男士为基准,男士左肩与女士右肩相并叫"左并肩位",男士右肩与女士左肩相并叫"右并肩位"。

5.影子位舞姿

男女舞伴面向同一方向重叠而立、形影相随的身体位置。以女士居前较常见。

6.反身动作

一侧脚前进或后退时,异侧肩和胯后让或前送,使身体与舞步形成反向配合的身体动作。

7. 反身动作位置

在身体不转动情况下,一脚在身前或身后形成交叉,以保证两人身体维持相靠姿态的身体位置,叫反身动作位置。常用于外侧舞伴姿态、侧行位置姿态的舞步中。

8. 升降动作(起与伏)

指在跳舞时身体的上升与下降。升降动作是在膝、踝、趾关节的屈和伸动作的转换中完成的。

9. 摆荡动作

指舞者在身体上升做斜向或横向移动时,像钟摆似的把身体摆动起来。

10. 倾斜动作

指在跳一些舞步时,身体的倾斜。从形体上讲,是指肩的平移线向左向右的倾斜,它与地面的水平线成三角斜线。

11. 节奏

通常指以一定规律反复出现,赋予音乐以性格的具有特色的节拍。

12. 速度

这里指音乐速度,即每 1 分钟内所演奏的小节总数。

13. 组合

2 个或 2 个以上的舞步型的结合。

14. 套路

由若干个组合而串编成的一套完整的舞步型。

(三)技术动作术语

1. 准线

指双脚的位置或双脚方向与房间的关系。

2. 平衡

舞蹈中身体重心的准确分配。

3. 基本舞步

构成一种特定舞蹈的基调舞步型。

4. 滑步

指在第二步双脚并拢的三步组成的舞步。

5. 脚跟转

指向后迈出的脚的脚跟转。在动作过程中并上的脚必须与主力脚平行,旋转结束时身体重心移动至并上的那只脚。

6. 脚跟轴转

不变重心的单一脚跟旋转。

7. 踌躇步

前进暂时受阻的舞步型或舞步型部分,重心停留于一脚超过一拍。

8. 逗留步

身体运动或旋转受阻时的部分舞步型,双脚几乎静止不动。

9. 开式转

三步不是并靠,而是超越第二步的旋转。

10. 轴转

脚掌的旋转,另一脚处于或前或后的反身动作位置。

11. 锁步

脚前后交叉的舞步。

(四)角度、方位、赛场

每个舞步开始、结束时所站立的方向,运步、旋转过程中的方位、角度都有一定的规定。

1. 旋转角度的认定

旋转时以每转 360° 为 1 周;旋转 45° 为 1/8 周;旋转 90° 为 1/4 周;旋转 135° 为 3/8 周;旋转 180° 为 1/2 周;旋转 225° 为 5/8 周;旋转 270° 为 3/4 周;旋转 315° 为 7/8 周。在记录旋转动作时,应先标明旋转的方向,即左转或右转,再标明角度(见6-2)。

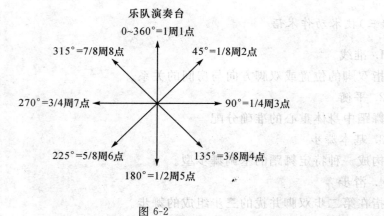

图 6-2

2. 方位的确定

为了便于舞蹈进行中正确地辨别方位和检查旋转的角度,根据国际上记录各种舞蹈的惯例,在舞场上要规定一定的方位。一般情况下,多以乐队演奏台的一面为规定方位的基点,定为"1 点"(也可在场地中任选一个面定为"1 点")。每向顺时针方向转动 45°则变动一个方位,依次类推 2、3、4…共有 8 个点。因此,一个场地中的 4 个面为 1、3、5、7 点,4 个角为 2、4、6、8 点(见图 6-2)。

以上所谈方位,是在一个固定的位置时用的。如果舞蹈者按舞程线不断变换方位,向前移动,则又要与舞程线(L.O.D.)发生联系,因此规定了几条线来指示舞蹈者每个舞步的行进方向。

在国际体育舞蹈中规定了 8 个方向:(1)面对舞程线;(2)面对斜墙壁;(3)面对墙壁;(4)背对斜中央;(5)背对舞程线;(6)背对斜墙壁;(7)背对墙壁;(8)面对斜中央。

只要是沿着舞程线(L.O.D.)的圆周在行进,则无论行进到哪一点,上述的规律都是适用的。

3. 赛场

体育舞蹈比赛的场地是有一定规格的,一般赛场场面应平整光滑,场地面积为 15 米×23 米。赛场长的两边叫 A 线,短的两条边线叫 B 线。比赛选手所编的套路,应按两条线的长短不同,安排适当的动作,不断沿两条线按 L、O、D 方向循序而进。

第二节　实用现代交际舞

交际舞是国际上通用的名称,在 16 世纪的欧洲,交际舞已成为上流社会人与人之间相互交往的一种手段。跳交际舞时,男女舞伴共同合舞,交际舞在英联邦以及北美的一些地区又被称为国际交际舞。在我国,新中国成立前也统称为交际舞。交谊舞是我国特有的称谓,新中国成立前称为交际舞。新中国成立后有人认为"交际"两字不妥,便将其改名为交谊舞,引申为交流、友谊之意。

体育舞蹈是一种在全球范围内颇具影响力的竞技舞蹈项目,主要指的是国际标准交际舞,分为现代舞和拉丁舞两大类,共 10 种舞蹈,其中现代舞起源于欧洲,拉丁舞起源于拉丁美洲。20 世纪 20 年代,英国皇家舞蹈教师协会规范了华尔兹、探戈、狐步、快步四种现代舞,到了 50 年代后期,又陆续增加了几种规范性舞蹈,使其总数增加到 10 种,因此其舞步和技法具有标准性和规范性,被命名为国际标准交际舞。国际标准舞组织将国际标准舞纳入了体育竞技项目,之后便将适用于比赛、含有竞技性的国际标准舞称为体育舞蹈。

不难看出交际舞和体育舞蹈的区别,交际舞的标准性和竞技性要比体育舞蹈的要求低,但是它具有体育舞蹈的所有优点,而且简单易学、实用性强,因此交际舞大受广大人民的欢迎。

一、交际舞在人际交往中的作用

交际舞对加强人与人之间的交往、扩大社交范围、增进友谊等有着很重要的作用。

在交际舞刚刚兴起的时候,它就成为一些贵族阶层联络感情、结交显贵的工具。有些人为了达到取悦宫廷贵族,或是职位升迁等功利性目的,经常采取举办舞会的形式,最初的宫廷舞大都编排缓慢节奏的舞步,如小步舞等,而乐队则以慢三旋律为主要演奏内容,在这样的慢速节拍下翩翩起舞,能够有良好的氛围进行彼此的情感沟通。而舞会上一些优秀的女士更是在这种联络和交往中起到重要的作用,她们服饰华美、修饰精心、仪态端庄、举止优雅,穿行于舞场的各个位置,有效地传达和反馈着舞会主人的各种信息和思想,于是在裙裾飘飘、轻歌曼舞之间,很多功利性很强的目的都变成了现实,这时交际舞的社交作用被极为突出的显现出来。

从宫廷舞到后来的社交舞抑或是交际舞,它的外在形式在不断地发生着改变,但从它的名字可以看出,在很长一段时间里,其始终把社交作为主要目的。许多商界问题以及外交问题,在谈判桌上也许很难达成共识,但到了舞池中一切就迎刃而解了,这是一个不争的事实。这也许是因为交际舞中那种柔和、舒缓的音乐,优雅、轻巧的舞姿,以及绚烂夺目的灯光,能够使人感到由衷的惬意和放松,从而缓和了人们的情绪,使双方可以以更客观、更全局化的眼光看待两者间互存的利益与竞争吧。此外,舞会那种更为人性化的氛围,十分容易让人们解除平日里厚重的伪装,而让人与人之间感觉到彼此的亲近和默契,这些也为"舞厅外交"的成功提供了心理基础。

交际舞的社交作用,很多时候是通过舞会为载体而体现出来的,舞会的特点在于参与人员较多,参与者的地位、身份、学识、工作环境、生活环境都有所不同,所以在这种环境下,能够给人提供很多可供交流的信息,许多平日里无法解决的问题,在舞会上就会变得容易而简单。而对一些单位而言,舞会对于单位之间的人际交往、业务交往,以及感情沟通、信息交流都是一种行之有效的好方法。目前已经有越来越多的组织者认识到这一点,他们把单位与单位之间、团体与团体之间举行的舞会,看做是有效的联谊活动加以推广。

当然,所谓人际交往,并不一定全部出自功利目的,交际舞对于人际交往的作用,也并不局限于获取切实的利益上。对于大多数人来说,跳交际舞最大的益处在于结识一些情投意合、心心相印的好朋友,让彼此以交际舞为媒介,加深交流、增进友谊。朋友多了,整个人的心情就会变得明朗,性格也会更加随和,从而让自己的生活更加快乐、美好。

二、出席舞会的自我修饰

交际舞是一项非常注重礼仪、风度的艺术形式,各种交际舞会更是一个展现自我魅力的场合,所以对于参加舞会的人们来说,得体的装扮和服饰可以使你赢得尊重和赞赏,甚至成为整个舞池中最为靓丽的风景。

选择服装和服饰最重要的原则是要适合自己的个人特征。个人特征包括年龄、性别、形象、气质、身材等。只有你选定的装扮符合你的上述特征,才能称得上拥有了一套得体的服饰。比如,中老年人的打扮就要使自己显得稳重、从容、优雅、端庄;年轻人则可以把自己装扮得相对时尚、靓丽。再比如,女士无论是参加舞会还是在日常生活中,都可以洒一些香水,各种香型均可。但对于男士,就不能随心所欲了,只能选择专用的男士香水,这样才与自己男子汉的性格和气质相符合。

符合个人特征的衣服不一定适合于各种场合,在参加舞会时还要从中作出选择,首先应考虑一下舞会的规模和档次。如果是夏日里简单的露天舞会,那么在服装选择以及服饰搭配上,就不必显得过于隆重,可以把自己装扮得简单、休闲一些,重要的是要使衣服保持整洁,能够给人以清爽大方之感。如果你要参加一个十分隆重而且正式的舞会,舞厅内灯光绚烂、装修豪华,那么你就需要相对精心的修饰一下自己了。

对于男士而言,首先要让自己保持一种容光焕发、健康向上的精神风貌。在服装选择上,西装自然是舞会首选,笔挺、合身的西装能够体现出庄重和高贵,能使男性有一种非凡的气度。年轻人可以选择有条纹修饰的西装,这样可以在庄重中透出勃勃生气,显得潇洒干练。中老年人则适合穿单色西装,这样会令人更加沉稳端庄。在西服的穿着中,要注意纽扣、领口、袖口等细节,使其符合西装的着装规则,不要在这些小节中失掉君子风度。穿西装必须要打领带或领结,领带的松紧长短同样是不可忽视的环节。有了合体的西装还必须有一双皮鞋,才能构成一套完美的搭配,鞋子的品牌、质地都是次要的,最主要的是要保持它的整洁和光亮。

女性无疑是最注重舞会装扮的,得体适度的修饰一定会让你秀色生辉,但任何事情都有个度,如果浓妆艳抹、珠光宝气的过分修饰,反而会让人看了不舒服,从而对你敬而远之。所以在个人打扮时,不仅仅要依照自己的喜好,还应更多地考虑别人的品味,让自己符合大众的审美情趣。在服装选择上要做到庄重但不失妩媚,性感但不失含蓄,不必过分追求奇装异服,服装的主体色调最好不要超过3种,色彩上要有层次变化。选择首饰时,以一两件精致上品为宜,过多则会有凌乱、琐碎、装饰过度之感。在面部修饰上,可以适当以淡妆示人,双唇略染,柳眉微描,恰到好处,力求文静自然、清新大方。

此外,在选择服饰搭配时,还应考虑到不同舞种的风格和特点,服饰风格只有与舞蹈风格相统一,才会体现出协调一致的美感。在正规的交际舞和国标舞比赛中,不同舞种有各自不同的专用服装,这一点也说明了服装对舞蹈能够起到陪衬和烘托作用。我们参加日常舞会,虽然不必像比赛中要求的那样严格,但依然可以从中得到一些舞会着装的经验,将其运用到自己的日常生活中。

三、在交际舞中如何表现自己

交际舞是由男女两个人合力完成的,只有双方都展现出优雅的风采和出色的舞技才能使交际舞完美地呈现在观众面前。

1. 男性在交际舞中举手投足间要表现出阳刚之气,无论是动作、姿态,还是面部神态,都要有男子汉的气魄。

交际舞是一种刚柔并济的艺术形式,男士应该把其中"刚"的一面毫无保留地体现出来,这样才能在舞场中显现王者之风,但遗憾的是,有不少男士,对于这方面并没有意识到。此外,交谊舞的种类众多、风格各异,所谓阳刚之气,在不同舞种中有不一样的表现形式,比如被称为舞中之王的探戈。本身就具有强烈的节奏和力度,要求舞者的动作干净利落。正是由于探戈的这种特性,使男士在整个舞蹈中比较容易展现刚劲、奔放、硬朗的男子汉气度,大多数男士对此掌握得也是恰到好处。但在华尔兹中,无论是舞蹈风格还是音乐风格,都充满了缠绵、委婉、温情之感,很多男士在诠释这一舞种时,就会不自觉地流露出女性化的动作和神态。造成这种情况的主要原因是对舞蹈的特色和风格还没有完全掌握,事实上抒情、浪漫并不等于阴柔之气,在表现抒情舞蹈时,男士应该学会控制自己的气息,用气息把力量传达到肌体中,动作可以轻柔,但力量不能有丝毫消减,要恰到好处地做到柔中带刚,这样便可以在舒展优美的舞姿的同时,依然保持男子汉的风采。此外,男士还可以通过多学多看来提高自己在交际舞中的表现力,很多舞技高超的男士,能够把抒情、优雅与阳刚之气结合得非常好,从他们身上也可以汲取一些有益的信息,从而让自己的形体动作处处包含男性特有的魅力和气度。

2. 在交际舞中,男士应该起到一定的引导、提醒抑或指挥的作用,这样更有利于使双方形成良好的默契,共同展现交际舞的精彩。

一般情况下,在舞蹈中男士处于带舞的位置,舞跳得好坏与男士能否进行有效指挥有着直接的联系。交际舞中男士对舞伴的引导主要通过两种方式,一种是肢体语言,包括手势以及特定动作等;第二种是表情和神态,如眼神等。

在肢体语言中,手势是比较常用的方法,跳舞时,男女双方的手都处于规定姿态下,不能随意移动,在进行引导和提示时,男士多会用不同力量,向不同方向推、拉、按女士的身体,以此来传达相应的信息。在做这些手势动作时,力度要轻,否则会引起对方的不满。

男士通过表情传达给对方的信息,不仅包括双方即将完成的舞蹈动作,还包括对舞蹈、舞曲的理解,以及自己此时内心的思想情感。当然,这是双方配合默契的一种体现,要想达到这一点,需要经过很长时间的合作和摸索。

男士要想做好舞蹈中的引领工作,最重要的一点是要具有深厚的舞蹈基础和音乐常识,对于舞蹈的全套动作都要非常熟练地掌握,同时还需要有一定的手势技巧,能够把自己的意图有效地传达给对方。此外,男士在风度、学识上也必须非常出色。

3. 每一位女士都希望在交际舞中展现迷人的神韵和魅力,成为所有人关注的焦点。优雅的舞姿无疑是最能吸引别人目光的。想象一下,在灯光柔和的舞池里,你裙裾飘飘,熟练优美地展现着高超的舞技,把抒情、浪漫的华尔兹、节奏明快的探戈舞演绎得淋漓尽致、如梦如幻,自己深沉地陶醉在舞蹈的曼妙中;周围的伙伴无不被你的舞姿折服和感染,这时候你一定是所有人心中最美的公主。这一点说来相对简单,做起来却并不容易。首要一点,你必须具有出色的身体素质和舞蹈基本功,这是展现舞蹈魅力的前提;同时你要充分掌握交际舞的技能、技巧,并且拥有极高的音乐素养;此外,你还要尽可能在舞蹈中表现出柔美的一面,这是女性最迷人的特质。即便以上这些都具备了,你离成功还是差一点点,那就是你需要找到一个与你同样出色的男士做自己的舞伴,只有这样你才能够让舞池成为你舞动梦想的天堂。

4. 女士拥有出类拔萃的舞蹈技艺的同时,还必须有一身得体的服饰装扮,这同样是在舞会中展现自己魅力的关键。美丽的服饰可以给你增添信心,让你走入舞池的步伐迈得更加坚定和从容,同时美丽的服饰还能够为你的舞蹈技艺增光添彩,使你本就无可比拟的舞姿展现得更加多姿多彩。舞会中最好以活动自如、长度过膝的裙装为主,颜色以鲜艳的亮色为佳,这样在舞动旋转时,会使你看起来如绽放的花蕾般动人。除服饰打扮外,典雅、高贵的气质也不可缺少,女性的气质是需要着意塑造和熏陶的。

5. 性格也是女性美的重要体现。在舞会上,柔和、顺从的性格,会使你赢得更多的关爱。性格中的柔和,主要体现为行动举止的柔和,以及言谈话语的柔和。性格柔和的女士即使面对想要拒绝的男士,也能够以舒缓、平和的语调和语气表明自己的观点,并真诚地表达出对对方的谢意和歉意,从来不会傲慢无理、目中无人。性格顺从的女士,在和男士跳舞时,能够积极响应和配合对方的引领及指挥,即使在自己不喜欢甚至不适应的情况下,也不会表现出丝毫抱怨的情绪。在舞池内,如果被人不小心撞到或踩到,也会表现得大度、有涵养,不会失去礼貌的乱喊乱叫。

除了以上这些,舞会中的女士还应该毫不吝惜自己甜美的微笑,微笑会让你更加具有魅力以及亲和力,使人们更愿意与你接近,这样你被邀请的机会也会更多。但微笑的同时不应缺少庄重,言谈举止不得流露出轻浮之气,要做到自信、自尊、自重和自爱。女士不要轻易接受别人的赠品,不要与舞伴在舞场外单独约会,这样,你便可以始终保持自己在别人心目中的神圣位置,从而赢得别人的尊重。

四、培养优美的舞姿

富于美感的舞姿一定是标准而流畅的,舞蹈是由动作构成的,不同舞姿是通过动作的变换展现出来的,所以想要有优美的舞姿,必须掌握舞蹈的正确动作。因为正确、规范的动作,是在人们经过长期摸索、研究之后形成的,它既能展示出不同种类交谊舞的风格特点,又具有深厚的美学内涵。所以,按照要求使自己的舞蹈动作符合要求是很有必要的。

学习交际舞,首先要了解和掌握交际舞的几个基本位置,以及在基本位置中应该如何展现正确的姿态动作。舞蹈中的基本位置包括闭位、右侧位、左侧位、开位、大开位等,正确的姿态可以使舞者处于基本位置和基本状态中时给人以舒展、和谐的美感,而这同样也是其他舞蹈动作顺利展开的基础。

1. 闭位是指交际舞中两人站立的基本姿势,也是舞蹈开始前的预备姿势,在舞蹈进程中,这一基本姿势几乎贯穿始终。在处于闭位姿势时,女士头部需要稍稍后倾,并向左侧微转 45°;男士身体需要稍稍向后倾斜,同时右手要轻轻扶在女士肩胛骨下部,左手则要与女士右手相握,一般情况下双方握手的力度不可过重,这样更加方便男士在舞蹈进程中用手来传达信息。女士的两个肘关节需要与肩部在一条水平线上,如果遇到下腰等特殊动作时,两个肘关节的高度与腰部齐平,这样可以使姿态看起来更加和谐、大方。男士的两个肘关节尽量与女士靠近,男士和女士右髋(胯)正面四分之三部分要靠在一起,这样有利于在舞蹈中的动作配合。

2. 右侧位扣左侧位在基本位置中,以男士作为参照,女士站在男士右侧称为右侧位,女士站于男士左侧称为左侧位,它的基本姿势与闭位大致相同。

3. 开位。交际舞蹈中的开位经常用于双方同时进行舞步移动,或需要打开做动作,开位与闭位一样,是交际舞当中最为常见的姿势。在舞者处于开位位置时,需要以两人中心线为参考标准,男士向左、女士向右各转动身体,男士右髋(胯)与女士左髋(胯)相互靠近;男士向左侧上方,女士向右侧上方,挺胸收腰,双方维持原有的闭位姿态,另一手相握,向侧上举起。

4. 大开位是交际舞中经常用到的造型动作,也时常被当作过渡性的动作采用。处于大开位时,男女均面向正前方,内侧胯部相互靠近,女士的左手和男士的右手抱对方的腰部。双方将外侧的手臂向斜上方举起,手背朝上,略略提高腕部,使之形成自然的弧度,手臂举起的高度可以由自己控制,只要感觉舒展大方即可。

除了基本姿势外,在交际舞中还有些常用的动作,这些动作也是使舞姿具有美感的重要环节,其中包括华尔兹的打开造型动作,以及四方步、探戈舞的起式、布鲁斯和探戈舞中的荡腿等,要想正确掌握这些动作,就要多看、多练、多学才能做到。有了基本动作和常用动作作为积累,舞蹈中的美就不会只是空中楼阁了。

五、基本舞步组合

(一)布鲁斯(慢四步)

我国流行的慢四步舞,原名布鲁斯(译音)。布鲁斯舞步很简练,花样不多,但舞步庄重,保留着宫廷舞的特点和古典风格。

布鲁斯的步伐结构是常步和并步,属于滑步型,即脚步贴着地而滑出,有休止。布鲁斯舞变化不大,进退平稳,加上音乐节奏较慢,最适合初学者,被誉为启蒙舞蹈。但步鲁斯的特点是,接头续尾,每一小节的最后一步紧接第五步(下一小节舞步的第一步)。每一小节的节奏均为:慢、慢、快、快,第一、二步为慢步,第三、四步为快步。

1. 基本步练习

准备姿势:闭式舞姿。

练习 6-1　前进正步(见表 6-1)

练习 6-2　后退正步(见表 6-2)

练习 6-3　左侧斜步(见表 6-3)

练习 6-4　右侧斜步(见表 6-4)

表 6-1

步序	男　士	女　士
1	左脚后退,右脚后退向左脚并步	右脚前进,左脚前进向右脚并步
2	右脚前进,左脚前进向右脚并步	左脚后退,右脚后退向左脚并步
3	左脚前进	右脚后退
4	右脚前进	左脚后退

表 6-2

步序	男　士	女　士
1	左脚前进,右脚前进向左脚并步	右脚后退,左脚后退向右脚并步
2	右脚后退,左脚后退向右脚并步	左脚前进,右脚前进向左脚并步
3	左脚后退	右脚前进
4	右脚后退	左脚前进

表 6-3

步序	男　士	女　士
1	左脚向右脚前方进步,右胯与左胯相靠,右脚前跟左脚	右脚向左脚后面退步,左胯与左胯相靠,左脚后跟右脚
2	右脚向左脚后面退步,左胯与左胯相靠.左脚后跟右脚	左脚向右脚前方进步,左胯与左胯相靠.右脚前跟左脚
3	左脚向左侧横步	右脚向右侧横步
4	右脚并左脚	左脚并右脚

表 6-4

步序	男　士	女　士
1	左脚向右脚后方退步,右胯与右胯相靠,右脚后退跟左脚	右脚向左脚前方进步,右胯与右胯相靠,左脚前进跟右脚
2	右脚向左脚前面进步,右胯与右胯相靠,左脚前进跟右脚	左脚向右脚后方退步,右胯与右胯相靠,右脚后退跟左脚
3	左脚向左侧横步	右脚向右侧横步
4	右脚并左脚	左脚并右脚

2. 花步组合(16 小节见表 6-5)

准备姿势:闭式舞姿。

前进正步(4 次)接后退正步(2 次)接前进正步(4 次)接左侧斜步(2 次)接右侧斜步(2 次)接左右斜步。

表 6-5

步序	男　士	女　士
第 1 小节	左脚开始,退、进、进进	右脚开始.进、退、退退
第 2 小节	同第一小节	同第一小节
第 3 小节	同第一小节	同第一小节
第 4 小节	同第一小节	同第一小节
第 5 小节	进、退、退退	退、进、进进
第 6 小节	进、退、退退	退、进、进进
第 7 小节	进、退、进进	退、进、退退
第 8 小节	同第 7 小节	同第 7 小节
第 9 小节	同第 7 小节	同第 7 小节
第 10 小节	同第 7 小节	同第 7 小节
第 11 小节	进、退、横并步,左胯与左胯相靠	退、进、横并步,左胯与左胯相靠
第 12 小节	进、退、横并步,左胯与左胯相靠	退、进、横并步,左胯与左胯相靠
第 13 小节	退、进、横并步,右胯与右胯相靠	进、退、横并步,右胯与右胯相靠
第 14 小节	退、进、横并步,右胯与右胯相靠	进、退、横并步,右胯与右胯相靠
第 15 小节	进、退、横并步,左胯与左胯相靠	退、进、横并步,左胯与左胯相靠
第 16 小节	退、进、横并步,右胯与右胯相靠	进、退、横并步,右胯与右胯相靠

(二)华尔兹(慢三步)

华尔兹是交谊舞中历史最悠久、流传最广泛的舞种,是由奥地利的土风舞改良、演变而成的。现在的华尔兹与土风舞已大不相同,只保留了原有的节拍。华尔兹以其舞曲旋律优美、抒情,舞步自由流畅、起伏性强,舞姿华丽高雅等特点,享有"舞中之后"的美称。华尔兹属于旋转型舞,舞步每小节为 3 步,每小节第一拍为强拍,其他两拍为弱拍。

1. 基本步练习

准备姿势:闭式舞姿。

练习 6-5　前进后退波浪步(见表 6-6)

表 6-6

步序	男　士	女　士
1	左脚前进一步	右脚后退一步
2	右脚前进一步	左脚后退一步
3	左脚前并右脚,重心落在前脚掌	右脚后并左脚,重心落在前脚掌
4	右脚后退一步	左脚前进一步
5	左脚后退一步	右脚前进一步
6	右脚后并左脚,重心落在前脚掌	左脚前并右脚,重心落在前脚掌

练习 6-6　方形步(见表 6-7)

表 6-7

步序	男　士	女　士
1	左脚向前迈一常步	右脚向后退一常步
2	右脚向右旁一步	左脚向左旁一步
3	左脚向右脚并拢	右脚向左脚并拢
4	右脚向后退一步	左脚向前迈一步
5	左脚向左旁迈一步	右脚向右旁迈一步
6	右脚向左脚并拢	左脚向右脚并拢

练习 6-7　左右边步(见表 6-8)

表 6-8

步序	男　士	女　士
1	右脚向左前 45°前进	左脚向有后 45°后退
2	左脚前进,向右转 90°	右脚后退,向右转 90°
3	右脚并与左脚	左脚并与右脚
4	左脚向右前 45°前进	右脚向左后 45°后退
5	右脚前进,向左传 90°	左脚后退,向左传 90°
6	左脚并于右脚	右脚并丁左脚

练习 6-8　180°右转体(见表 6-9)

表 6-9

步序	男　士	女　士
1	右脚向右前斜进一步	左脚向左后斜退一步
2	左向左横步,同时向右转 180°	右脚向右横步,同时向右转 180°
3	右脚向左脚并步	左脚向右脚并步
4	左脚向左后斜退一步	右脚向右前斜进一步
5	右脚向右横步,同时向右转 180°	左向左横步,同时向右转 180°
6	左脚向右脚并步	右脚向左脚并步

2. 花步组合(16 小节,见表 6-10)

准备姿势:闭式舞姿。

前进后退步(3 次)接左右边步(4 次)接交叉位 180°转体(4 次)

接右转开位接开位退(1 次)接开位近(2 次)接女右臂下转 360°结束。

表 6-10

步序	男 步	女 步
第 1 小节	左右左后退波浪步	右左右前进波浪步
第 2 小节	右左右前进波浪步	左右左后退波浪步
第 3 小节	左右左后退波浪步	右左右前进波浪步
第 4 小节	右脚前进边步	左脚后退边步
第 5 小节	左脚前进边步	右脚后退边步
第 6 小节	右脚前进边步	左脚后退边步
第 7 小节	左脚前进边步	右脚后退边步
第 8 小节	右脚前进180°右转体	左脚退180°右转体
第 9 小节	左脚退180°右转体	右脚前进180°右转体
第 10 小节	右脚前进180°右转体	左脚退180°右转体
第 11 小节	左脚退180°右转体	右脚前进180°右转体
第 12 小节	右转开位(右进、左横、右退)	右转开位(左退、右横、左退)
第 13 小节	开位退(左、右、左)	开位退(右、左、右)
第 14 小节	开位进(右、左、右)	开位进(左、右、左)
第 15 小节	开位进(左、右、左)	开位进(右、左、右)
第 16 小节	横步(右、左、右)	举右臂臂下转体360°(左、右、左)

（三）恰恰恰舞

恰恰恰舞起源于墨西哥,舞蹈的方法是每小节4拍跳5步,其风格活泼、风趣、俏皮,动作利落、紧凑,深受年轻人的喜爱。恰恰恰的第一步是从音乐小节的第二拍起步的,初学者往往只注意动作和脚步,而忽视了音乐节奏的掌握,使脚步与节奏一错到底。

1. 基本步练习

准备姿势:开式无相握姿态。

练习6-9 左、右并合步(见表6-11)

并合步分为向左并合步(左右左)和向右并合步(右左)两种,是最能表现恰恰恰舞的节奏及舞步特点的舞步(3~5步),这3步节拍为QQS,又称恰恰恰。男女舞伴可做同一方向的动作练习。

表 6-11

步序	节拍	向左并合步	向右并合步
1	1/2	左脚打横,左膝弯曲,臀部开始向左运动	右脚打横,右膝弯曲,臀部开始向右运动
2	1/2	右脚并向左脚,双膝弯曲,臀部在中线	左脚并向右脚,双膝弯曲,臀部在中线
3	1	左脚打横,双膝伸直,臀部向左	右脚打横,双膝伸直,臀部向右

练习 6-10　左右追步(见表 6-12)

在恰恰恰舞中向前进方向产生的切克步叫做前进切克步,做切克步时,脚要走到身体的前面,固定腿的膝盖可以弯曲并靠近运动腿的膝窝。左右追步主要由切克步和左右合并步组成。

表 6-12

步序	节拍	男士	女士
1	1	左脚向前做切克步	右脚向后退一步
2	1	右脚原地并转移重心	左脚原地并转移重心
3	1/2	左脚打横膝部弯曲,向左侧运动	右脚打横膝部弯曲,向右侧运动
4	1/2	右脚并向左脚,双膝弯曲,臀部在中线	左脚并向右脚,双膝弯曲,臀部在中线
5	1	左脚打横,双膝伸直,臀部向左	右脚打横,双膝伸直,臀部向右
6	1	右脚向后退一步	左脚向前做切克步
7	1	左脚原地并转移重心	右脚原地并转移重心
8	1/2	右脚打横膝部弯曲,向右侧运动	左脚打横膝部弯曲,向左侧运动
9	1/2	左脚并向左脚,双膝弯曲,臀部在中线	右脚来并向左脚,双膝弯曲,臀部在中线
10	1	右脚打横,双膝伸直,臀部向右	左脚打横,双膝伸直,臀部向左

练习 6-11　前进(后退)锁步(见表 6-13)

在拉丁舞中,一条腿交叉在另一条腿前或后所形成的姿态,叫拉丁交叉步。前进(后退)锁步主要由切克步和拉丁交叉步组成。

表 6-13

步序	节拍	男士	女士
1	1	左脚向前做切克步	右脚向后退一步
2	1	右脚原地并转移重心	左脚原地并转移重心
3	1/2	左脚向后	右脚向前

续表

步序	节拍	男士	女士
4	1/2	右脚交叉在左脚前面	左脚交叉在右脚后面
5	1	左脚向后	右脚向前
6	1	右脚向后退一步	左脚向前做切克步
7	1	左脚原地并转移重心	右脚原地并转移重心
8	1/2	右脚向前	左脚向后
9	1/2	左脚交叉在右脚后面	右脚交叉在左脚前面
10	1	右脚向前	左脚向后

练习 6-12　手拉手步（见表 6-14）

手拉手步是男女舞伴运用向左、向右转 1/4 周,结合横并步,由开式姿势到开式反身姿势,再到开式姿势的运动过程。

表 6-14

步序	节拍	男士	女士
1	1	左脚向后,左转 1/4 周	右脚原地并转移晕心
2	1	右脚原地并转移重心	左脚打横,左膝弯曲
3	1/2	左脚打横,左膝弯曲	右脚半并向左脚,双膝弯曲
4	1/2	右脚半并向左脚,双膝弯曲	左脚打横.双膝伸直
5	1	左脚打横,双膝伸直	右脚向后,右转 1/4 周
6	1	右脚原地并转移重心	左脚向后,左转 1/4 周
7	1	左脚打横,左膝弯曲	右脚原地并转移重心
8	1/2	右脚半并向左脚,双膝弯曲	左脚打横,左膝弯曲
9	1/2	左脚打横,双膝伸直	右脚半并向左脚,双膝弯曲
10	1	右脚向后,右转 1/4 周	左脚打横,双膝伸直

2. 套路组合（21 小节,见表 6-15）

准备姿势:开式相握姿态（男士左手握女士右手）。

准备 1 小节接前进后退锁步 4 次接左右追步 4 次接 3 个恰恰恰接手拉手 4 次接反并进纽约步一转体 360°接并进纽约步接转体 360°还原。

表 6-15

小节	男士	女士
第 1 小节	右脚打横,重心移到右脚上	左脚打横,重心移到左脚上
第 2 小节	左右后退锁步	右左前进锁步
第 3 小节	右左前进锁步	左右后退锁步
第 4 小节	左右后退锁步	右左前进锁步

小节	男士	女士
第 5 小节	右左前进锁步	左右后退锁步
第 6 小节	左右追步	右左追步
第 7 小节	右左追步	左右追步
第 8 小节	左右追步	右左追步
第 9 小节	右左追步	左右追步
第 10 小节	左右后退 1 个恰恰恰	右左右前进 1 个恰恰恰
第 11 小节	右左右、左右左后退 2 个恰恰恰	左右左、右左右前进 2 个恰恰恰
第 12 小节	右左右前进 1 个恰恰恰	左右后退 1 个恰恰恰
第 13 小节	左右左、右左右前进 2 个恰恰恰	右左右、左右左后退 2 个恰恰恰
第 14 小节	左后转手拉手	右后转手拉手
第 15 小节	右后转手拉手	左后转于拉手
第 16 小节	左后转手拉手	右后转手拉手
第 17 小节	右后转手拉手	左后转手拉手
第 18 小节	左脚反并进纽约步(2 个恰恰恰)	右脚反并进纽约步(2 个恰恰恰)
第 19 小节	右后转 360°	左后转 360°
第 20 小节	右并进纽约步(2 个恰恰恰)	左并进纽约步(2 个恰恰恰)
第 21 小节	左后转 360°	右后转 360°

　　以上介绍的是舞厅舞中的布鲁斯、华尔兹,以及拉丁舞中的恰恰恰 3 种基本舞步和简单的花样组合,只要你认真学就会感到跳交谊舞并不难,各种千变万化的舞步和花样,都是通过交换基本舞步而形成的,只要通过反复练习与实践,就可以跳出更加丰富多彩的舞步,为继续学习体育舞蹈打下良好的基础。

复习思考题

　　1. 体育舞蹈分哪几种? 试说出两种舞蹈的风格特点?

　　2. 参加舞会时应如何正确的修饰自己?

参考文献

[1]迟兴华,吴枫桐. 青少年形体美练习. 北京:北京体育大学出版社,1999

[2]常意. 形体训练. 北京:高等教育出版社,2002

[3]杨斌. 形体训练纲论. 北京:北京体育大学出版社,2002

[4]向智星. 形体训练. 北京:高等教育出版社,2004

[5]单亚萍. 形体艺术训练. 杭州:浙江大学出版社,2004

[6]曹保莉,王红爱. 形体. 北京:北京体育大学出版社,2005

[7]王忠林. 旅游基础知识. 北京:科技出版社,2003

[8]刘玉贤,杨华. 形体训练(修订本). 北京:中国物资出版社,2006

[9]王锦芳. 形体舞蹈. 杭州:浙江大学出版社,2006

[10]鲍恩荣. 大众体育指南. 北京:中国工人出版社,2000

[11]范晓清. 大众健美操与舞蹈健身. 北京:人民军医出版社,2005

[12]梭伦. 宾馆酒店员工培训教程. 北京:中国纺织出版社,2004

[13]孟繁华. 再造形体. 北京:中国文联出版社,2005

[14]李育林. 健与美教程. 南京:南京大学出版社,2002

[15]江英军. 现代旅游饭店筹建实务. 北京:中国旅游出版社,2003

[16](美)特蕾泽·埃克努. 意念——身体健身运动. 北京:机械工业出版社,2004

[17]刘建军,孟昭新. 体育舞蹈. 北京:北京体育大学出版社,2004

[18]体育学院通用教材. 健美运动. 北京:人民体育出版社,1991

[19]李洪志,于丽艳,赵顺来. 现代体育实用技术和方法. 长春:辽宁美术出版社,1995

[20]陈智勇. 现代大学体育教程. 北京:北京体育大学出版社,2004

[21]王安利. 健身运动的误区. 北京:北京体育大学出版社,2001

参考文献